Rebecca St. James/Lynda Hunter Bjorklund

Sie

Frausein nach dem Herzen Gottes

Über die Autorinnen

Rebecca St. James ist international bekannt als innovative Künstlerin und Sängerin im Bereich christlicher Popmusik. Sie hat mittlerweile sieben eigene Alben herausgebracht und drei Bestseller geschrieben. Für ihre musikalische Arbeit wurde sie bereits mit dem begehrten *Grammy* ausgezeichnet.

Lynda Hunter Bjorklund ist promovierte Psychologin und Herausgeberin der Zeitschrift *Family's Single Parent,* die unter dem Dach der Organisation *Focus on the Family* erscheint. Außerdem ist sie eine gefragte Rednerin auf Konferenzen und in Funk und Fernsehen. Sie ist verheiratet und hat drei Kinder.

Rebecca St. James/Lynda Hunter Bjorklund

Sie

Frausein nach dem Herzen Gottes

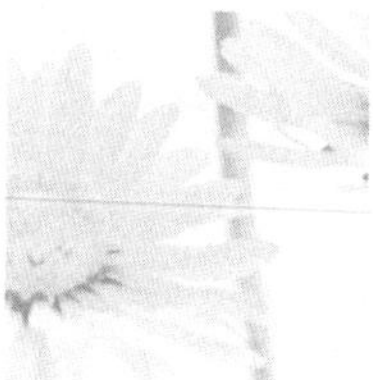
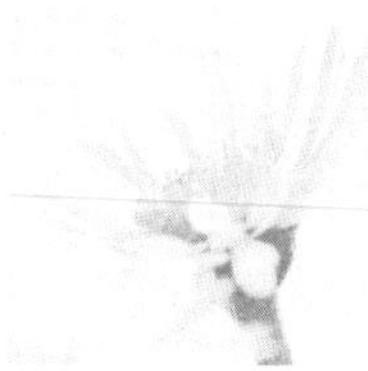

Gerth Medien

Die amerikanische Originalausgabe erschien im Verlag
Tyndale House Publishers, Inc., Wheaton Illinois, USA
unter dem Titel »SHE«.

Aus dem Amerikanischen übersetzt von Ulrike Becker.

Falls nicht anders vermerkt, wurde für die Bibelzitate
die »Gute Nachricht Bibel« verwendet.

Best.-Nr. 816 035
ISBN 3-86591-035-1
1. Auflage 2005
Umschlaggestaltung: Hanni Plato
Umschlagfoto: Brian MacDonald
Satz: Die Feder GmbH, Wetzlar
Druck und Verarbeitung: Schönbach-Druck, Erzhausen
Printed in Germany

Inhalt

”

Ich komme mir so verletzlich vor.

Ich fühle mich in meinem Körper
nicht wohl.

Ich schaffe die viele Arbeit
zu Hause und im Job nicht mehr.

Ich muss mich ständig beweisen.

Warum fühle ich mich nur so einsam?

Ich habe Angst vor der Zukunft.

Ich will nicht wieder so verletzt werden.

Ich kann mich von meinen Schuldgefühlen
einfach nicht frei machen.

Wann ist denn auch mal jemand
für mich da?

Ich habe das Gefühl,
dass mir alles entgleitet.

Habe ich denn überhaupt
etwas zu sagen?

“

Vorwort der Autorinnen

Vielleicht haben Sie dieses Buch in die Hand genommen, weil Sie in letzter Zeit ähnliche Sätze gesagt oder auch nur gedacht haben. Die meisten von uns haben schon einmal so empfunden. Das Leben einer modernen Frau kann sehr widersprüchlich und kräftezehrend sein, denn das gesellschaftliche Umfeld flüstert uns die eine Botschaft ein, aber unser Herz sagt etwas ganz anderes und schon geraten wir unter Druck:

- unter Druck, Kompromisse zu schließen,
- unter Druck, stark und unabhängig zu sein,
- unter Druck, die Superfrau schlechthin zu sein.

Manchmal sind wir wie tickende Zeitbomben. Wenn wir dann schließlich explodieren, treffen die Splitter jeden, der uns in die Quere kommt und zerstören so unsere Beziehungen.

Keiner kann sich den Unbilden des Lebens entziehen. Es spielt auch keine Rolle, wie viel wir schon erreicht haben oder wie gut wir alles im Griff zu haben scheinen. Tief in unserem Herzen bleiben wir verletzlich, fühlen uns unsicher, ängstlich und unzulänglich. Wenn solche Gefühle unser Leben lahm legen, brauchen wir dauerhafte Veränderung.

Wir glauben, dass die Quelle für eine solche bleibende Veränderung Gott selbst ist. Die Bibel verspricht uns das (vgl. Psalm 71,20; Römer 12,2; Kolosser 1,6) und wir beide konnten es bereits im Leben unzähliger Frauen beobachten. Und auch wir haben seinen Trost und seine Weisheit selbst erfahren und dabei erkannt, dass Gott mehr will als unser nacktes Überleben. Inmitten aller Herausforderungen wartet bei ihm ein erfülltes und von Freude bestimmtes Leben auf uns (vgl. Johannes 10,10).

Deshalb laden wir Sie ein, sich mit uns auf Entdeckungsreise zu begeben: Lassen Sie uns gemeinsam die Lügen des Teufels entlarven, mit denen er uns an sich binden und durcheinander bringen will. Entdecken Sie mit uns die Wahrheit, die uns frei machen kann. Wir wollen nicht eher ruhen, als bis wir das Beste gefunden haben, das Gott für uns bereithält.

Wir wollen uns in das Bild Ischas verwandeln lassen, in das Bild der Frau, die Gott ursprünglich in uns angelegt hat.

Ihre
Rebecca und Lynda

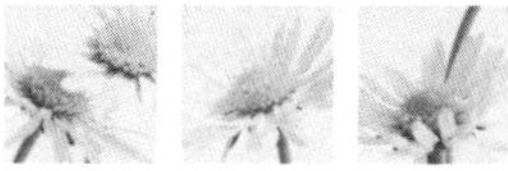

I

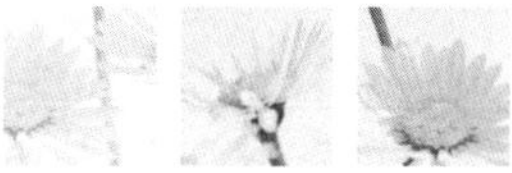

Wer ist Ischa?

Ich lebe täglich mit einer Angst - einer äußerst gesunden Angst ... dass ich etwas von dem verpasse, was Gott für mich bereithält ... Ich will mir keinen der Reichtümer Gottes rauben lassen, nur weil ich ihm nicht die Gelegenheit gebe, in mein Leben einzudringen. Oder weil ich nicht auf das höre, was er mir zu sagen hat. Oder indem ich zulasse, dass der Alltag oder die dringlichen Angelegenheiten in meinem Tagesplan mir die Zeit stehlen, die ich für die aufregendste und bereicherndste Beziehung der Welt brauche.
Carole Mayhall[1]

Das endlich ist Bein von meinem Bein und Fleisch von meinem Fleisch. Frau (hebr. Ischa) soll sie heißen.
1. Mose 2,23 (Einheitsübersetzung)[2]

Es ist etwas faul. Die moderne Frau ist völlig überlastet. Ständig wechselt sie zwischen den verschiedenen Rollen, die sie zu spielen hat, hin und her - der Rolle

- als Ehefrau,
- als Angestellte,
- als fürsorgliche Mutter,
- als Mama-Taxi,
- als Hausfrau,
- als ehrenamtlich Engagierte,
- als Nachhilfelehrerin,

- als Nachbarin,
- als Chefin,
- als Seelsorgerin,
- als Freundin.

Und während sie zwischen all ihren Pflichten ums Überleben kämpft, dringen immer neue widersprüchliche Botschaften auf sie ein – sei es über die Medien, sei es in der Freizeit oder am Arbeitsplatz. Diese Botschaften legen fest, welchen Platz sie im Leben einzunehmen hat – ob es nun um ihre Beziehungen, ihren Glauben oder ihre Identität als Frau geht. Sie versucht, sich schön zu finden, obwohl sie nicht die superschlanke Frau aus der Werbung ist. Ihr fehlt die schützende Nähe einer dauerhaften Partnerschaft in einer Generation, die zunehmend vom Zerfall der Familie heimgesucht wird. Sie kämpft gegen ihre Einsamkeit an, weil in unserer Zeit die Kunst der Seelsorge zunehmend verloren geht. Verwirrt ringt sie darum herauszufinden, was Frausein wirklich bedeutet, während feministische Botschaften auf sie einhämmern. Reinheit von Körper und Geist ist für verheiratete wie unverheiratete, jüngere wie ältere Frauen ein regelrechter Kampf, denn Sex ist in unserer Welt ein Gut, mit dem sehr verantwortungslos und kommerziell umgegangen wird. Selten werden körperliche, emotionale oder geistliche Grenzen gesetzt und geachtet. Es ist schwer, dem Leben einen Sinn zu geben, wenn weltlicher Erfolg groß und Treue gegenüber der Familie, Freunden oder Gott klein geschrieben werden. Und selbst die moderne Frau, die so sehr darum gekämpft hat, die Verletzungen und Lasten der Vergangenheit abzuschütteln, findet keine wirkliche Freiheit.

Wen wundert es da, dass sie so zu kämpfen hat!

Vielleicht haben Sie bereits unzählige Bücher gelesen, Talkshows verfolgt oder sich christlichen Frauengruppen angeschlossen, um eine Antwort auf das Dilemma der modernen Frau zu finden. Auf jeden Fall wissen Sie nur zu gut, wie sie sich fühlt, nicht wahr? Wie jede Frau in unserer Zeit haben Sie mehr als genug zu tun. Sie wollen Ihr Bestes geben, Sie wollen das Beste aus Ihrem Leben machen – wenn Sie nur wüssten, was das Beste ist und wie man es erreicht.

Unsere Gesellschaft lässt uns mit den Fragen allein, während wir nach einer Antwort schreien. Doch zum Glück gibt es einen

Ort, an dem wir die Wahrheit darüber, wie wir als moderne Frauen unser Leben gestalten können, finden. Und mit dieser Wahrheit werden wir auch die Hilfe finden, die wir brauchen, damit das Abenteuer Leben gelingen kann.

Bevor wir uns ins Thema stürzen, wollen wir noch einen Augenblick innehalten. Wir als Autorinnen sehen dieses Buch als eine Reise an, zu der sich Schwestern mit ganz unterschiedlichen Lebenswegen und Hintergründen zusammenfinden. Es handelt sich um eine Reise, bei der wir mit Herz und Hand die Wahrheiten Gottes entdecken wollen, die uns in unserer heutigen Zeit zum Leben befähigen. Wir beide wurden durch unsere jeweilige Lebensgeschichte zu der Überzeugung gebracht, dass es ein Buch wie dieses braucht.

Rebecca

Ich stamme eigentlich aus Australien, war jedoch die letzten Jahre als Verfasserin und Interpretin christlicher Musik viel unterwegs und hatte so Gelegenheit, Frauen aus aller Welt zu begegnen. Ich bin - ähnlich wie viele der Frauen, die ich traf - gerne Frau. Ich habe Freude an dieser Mischung aus Weiblichkeit, Fürsorglichkeit, Kraft und Sensibilität, die unsere natürlichen Gaben als Frau ausmachen. Ich kann momentan viele Lebensziele verwirklichen. Trotzdem träume ich davon, einen Ehemann zu finden, der mich beschützt und wertschätzt. Ich stelle mir vor, wie es einmal sein wird, wenn ich Mutter bin und meinen Kindern das weitergebe, was ich während meines abenteuerlichen Lebens und als Älteste von sieben Geschwistern gelernt habe.

Lynda

Auch ich bin mit Leib und Seele Frau, doch ich bin beinahe doppelt so alt wie Rebecca und sehe mein Frausein im Sinne *Ischas* mit etwas anderen Augen. Und ich habe erkannt, dass sich das Leben nicht immer so entwickelt, wie wir es uns erhofft haben.
Ich habe meinen Traumprinzen gefunden und geheiratet - sein Name ist David. Doch zuvor musste ich mich über 14 Jahre als allein

erziehende Mutter durchschlagen. Durch meine Arbeit als Autorin und Redakteurin einer Zeitschrift für allein Erziehende der Organisation *Focus on the Family* erfuhr ich viel über die Nöte und Sorgen anderer Frauen aus aller Welt. Immer wieder war ich erstaunt, wie in den unterschiedlichsten Lebensgeschichten ein gemeinsames Thema durchklang: die Suche nach unserer Identität als Frau, nach einer Spiritualität, die uns entspricht, und einem ausgeglichenen Leben.

Ischa ist der hebräische Begriff, der unserem Wort Frau oder in der alten Luther-Übersetzung dem Wort »Männin« entspricht, und der die Frau meint, die Gott zu Beginn der Welt geschaffen hat. Wir werden im Laufe dieses Buches diesen Begriff immer dann einsetzen, wenn es um eben diese Frau geht, die von Gott einzigartig und wunderbar gemacht wurde. Dabei sind wir als Frauen nicht nur einfach anders als die Männer, wir besitzen auch jede für sich eine Lebensgeschichte, die uns von jeder anderen Frau unterscheidet. Diese Einzigartigkeit ist Grund zur Freude und wir beide haben sie beim Schreiben dieses Buches immer wieder genossen.

Lynda ist verheiratet, Rebecca ist Single. Rebecca freut sich darauf, einmal Kinder zu haben, während Lynda bereits auf die Enkelkinder wartet. Rebecca hat mit dem prämenstruellen Syndrom zu kämpfen, während Lynda Hitzewallungen bekommt. Unser Musikgeschmack ist grundverschieden. Rebecca geht ein paar Stunden bevor Lynda morgens aufsteht zu Bett.

Doch wir sind beide Frauen von heute, die wie Sie versuchen, Ausgeglichenheit, Freude und Sinn im Leben zu finden. Unsere Unterschiedlichkeit steht für das bunte Mosaik der Weiblichkeit. Tief im Herzen teilen wir die gleiche Leidenschaft: Wir wollen wie *Ischa* Frauen sein, die Geborgenheit erfahren, die ein ausgewogenes Leben führen und die von Gott befähigt sind, aus ihrem Leben das Beste zu machen und kommenden Generationen von Frauen einen Weg aufzuzeigen.

Das Wesen Ischas

Nun, nachdem Sie etwas mehr über uns wissen, wollen wir zu der Frage zurückkehren, wer diese *Ischa* eigentlich ist.

Bei einem Erkundungsausflug in eine größere Buchhandlung entdeckten wir, dass viele populäre Bücher und Zeitschriften für Frauen die ausgepowerten, verletzten, Orientierung suchenden Gefühle unserer Zeit widerspiegelten. Viele Zeitschriften wie *Glamour, Cosmopolitan, Fit for Fun* und *Shape* geben die Ich-Bezogenheit unserer Gesellschaft wieder. Und Bücher, die unsere nie endende Sehnsucht nach Selbstverwirklichung ansprechen, sind wahre Bestseller.

Doch ein Thema überraschte uns besonders. Viele der Bücher sprachen vom Scheitern der feministischen Bewegung und der Überzeugung moderner Frauen, diese enorme Last schultern zu müssen. Eine Ausgabe der Zeitschrift *Talk* brachte zum Beispiel einen Artikel mit dem Titel »Liebe, Sex, Familie, Karriere – es sollte doch alles so einfach sein!«

Besonders überzeugend fanden wir die Aussagen der Autorin Cathi Hanauer über die verbreitete Unzufriedenheit unter heutigen Frauen. Sie schreibt: »Frauen besitzen heute mehr Entscheidungsmöglichkeiten denn je, doch viele kluge, ehrgeizige Frauen unserer Tage sind wütend, unzufrieden und ausgebrannt.«[3]

Im gleichen Buch zitiert sie auch Kristin van Ogtrop:

Das sind einige der Aussagen meiner Kollegen über mich: »Du bist durch nichts zu erschüttern.« »Bist du denn niemals schlechter Laune?« Und das sind ein paar der Dinge, die Menschen in meinem familiären Umfeld über mich gesagt haben: »Mami ist immer so mürrisch.« »Warum bist du so verspannt?« »Du bist viel zu gemein, um in diesem Haus zu leben. Ich wünschte, du würdest wieder in deinem Büro verschwinden und dort für den Rest deines Lebens bleiben!«[4]

Danielle Crittenden, die Initiatorin und Herausgeberin der Zeitschrift *The Women's Quarterly*, hat einen Bestseller mit dem Titel *What Our Mothers Didn't Tell Us: Why Happiness Eludes the Modern Women* (dt. Was unsere Mütter uns nicht erzählt haben: Weshalb die moderne Frau nicht glücklich ist) verfasst. Crittenden schreibt: »Wenn Sie sich mit Frauen unter vierzig unterhalten, werden sie

Ihnen sagen, dass sie zwar mehr erreicht haben, als frühere Generationen je zu träumen wagten, dass sie aber dennoch mehr Unsicherheit und Orientierungslosigkeit empfinden als je zuvor.«[5] Die Autorin wendet sich dann den großen Themen zu: Sex, Ehe, Mutterschaft, Beruf, Alter und Politik. Sie behauptet, eine ganze Generation von Frauen sei in die Irre geleitet worden – man habe sie gelehrt, die Männer für alles verantwortlich zu machen und Unabhängigkeit um jeden Preis zu verfolgen. »Frauen können ihr Glück finden«, schreibt Crittenden, »aber nur, wenn sie ihre Köpfe von den veralteten Standpunkten des Feminismus frei machen.«[6]

Unglücklicherweise erging es den christlichen Frauen nicht besser. Sie leiden unter Umständen sogar noch mehr unter Depressionen und Ängsten als Frauen, die Gott nicht kennen. Wir erleben nicht nur wie jede andere Frau die hohen Anforderungen von Familie, Beruf und eigenen Wünschen, sondern viele von uns haben zusätzlich auch noch das Gefühl, ihre Schwäche und Verunsicherung nicht zeigen zu dürfen. Eine gute Christin sollte doch nicht überlastet, wütend oder manchmal sogar verbittert sein. Und so überhäufen wir uns mit Scham- und Schuldgefühlen. Und unsere Entmutigung wächst.

Rebecca

Neulich besuchte ich die Abschlussfeierlichkeiten einer Freundin, die bei einer bekannten Organisation eine fundierte seelsorgerliche Ausbildung absolviert hatte. Während dieses Festaktes fiel mir unweigerlich die unnahbare Aura der Leiterin dieses christlichen Werkes auf. Sie war die Verkörperung der erfolgreichen Frau von heute. Ihre Arbeit blühte weltweit; sie selbst war schlank und gut aussehend und strahlte als Leiterin eine große Selbstsicherheit aus. Doch statt von ihrem Erfolg und ihrer Leiterschaft beeindruckt zu sein, tat sie mir Leid. Ihre harsche, übertrieben unabhängige »Ich kann alles!«-Haltung stieß mich ab. Ich hatte den Eindruck, hinter der harten Schale verbarg sich eine sensible, unsichere Frau, die für alle anderen stark war, aber sich selbst dabei verloren hatte.

Wir alle leiden unter dieser Tendenz, uns als Frauen in einer von den Lügen des Satans überfluteten Gesellschaft hart zu machen.

Wenn wir uns umschauen, sehen wir in den Augen jeder Frau diesen inneren Konflikt. Ganz tief drin wissen wir, dass dies nicht den Absichten Gottes entspricht. Da ist etwas schief gelaufen! Bitte, *Ischa*, zeig uns, wer du bist!

Eine neue Definition von Frausein

Wir haben nicht auf alles eine Antwort gefunden. Wir wollen hier auch nicht in Selbstmitleid baden oder gemeinsam ein paar Tränen vergießen, um uns danach ein bisschen besser zu fühlen. In diesem Buch geht es nicht um schnelle Lösungen. Vielmehr wollen wir lernen, umzudenken und unser Frausein neu zu definieren und zu gestalten. Wir suchen dauerhafte Veränderung - einen neuen Blick auf uns selbst und auf unsere Rolle in dieser Welt, in der Familie und im Beruf. Wir suchen neue Perspektiven für ein Frausein, das geprägt ist von Stärke und Weiblichkeit, Sanftheit und Durchsetzungskraft, Fürsorge für andere und Versorgtsein durch andere. Solche Perspektiven brechen mit dem feministischen Geist, der uns auf subtile, oft unerkannte Weise beeinflusst.

Lassen Sie uns die Ratgeber und Frauenzeitschriften beiseite legen und uns den zeitlosen Wahrheiten der Bibel zuwenden. Wer könnte besser wissen, wie eine Frau sein soll, als Gott, der uns geschaffen hat?

Die Bibel lehrt uns, dass wir wirkliche, dauerhafte Veränderung nur erfahren werden, wenn wir auf Gott schauen und zulassen, dass er uns verändert. Aus eigener Kraft können wir lernen, besser Grenzen zu setzen, disziplinierter zu sein und unser Selbstbewusstsein zu stärken, so wie die Zeitschriften im Supermarkt es uns verheißen. Doch die Bibel sagt uns, dass Gott der Weg zu bleibenden Veränderungen, zu echter Freude und Hoffnung und wahrem Frieden ist (Johannes, 15,9-11, Psalm 25,3).

Während der Vorbereitungen zu diesem Buch fuhren wir für eine Woche nach Breckenridge in Colorado, um dort ungestört zu arbeiten. Ich kann Ihnen sagen: Wir haben in unserer Skihütte für unser Werk ganz schön geschwitzt! Wir haben in dieser Zeit eine Liste aufgestellt, die sowohl die Bedürfnisse umfasste, die wir selbst empfanden, als auch die Sorgen, die uns andere Frauen in Briefen,

E-Mails und persönlichen Gesprächen mitgeteilt hatten. Diese ergänzten wir durch ein paar Zitate, Artikel, Buchausschnitte und Bibelstellen, die wir entdeckt hatten. Wir tippten all diese Informationen in den Computer, druckten sie aus, schnitten sie auseinander und verteilten die Zettel wahllos auf dem Boden unserer Hütte. Dann sortierten wir sie in verschiedene Kategorien. Aus dieser Übung – die wir mit viel Gebet anreicherten – ergaben sich neun Schlüsselbereiche, in denen Frauen heute am meisten zu kämpfen haben:

- Geborgenheit und Schutz
- Vertrautheit und Nähe
- Weiblichkeit
- Schönheit
- Reinheit
- Freiheit
- Seelsorge
- Gesunde Grenzen
- Sinn und Ziel

Dann gingen wir essen und baten Gott, uns zu zeigen, welche grundlegenden Themen das Buch abdecken sollte, nämlich die Themenbereiche

- Wege zur Geborgenheit
- Leben in Balance
- Von Gott zum Leben befähigt

Und der rote Faden, der dieses Buch durchzieht, besteht in der Aussage, dass wir Frauen bestimmte Lügen geglaubt haben. Die Bibel sagt uns aber, dass es Lügen des Satans sind (vgl. Johannes 8,44). Und welche Folgen hat das konkret für uns? Wir bleiben in der Mittelmäßigkeit, sind überlastet, egozentrisch, ineffizient und verlieren völlig die Freude am Leben.

Doch Gott sei Dank gibt es Hoffnung. Es ist an der Zeit, dass wir unser Frausein neu definieren. Wir nennen es den »neuen Feminismus« – eine Wiederentdeckung zeitloser Wahrheiten, die über die Lügen hinausweisen, welche uns so lange belastet und ausgelaugt haben. Diese Lügen werden uns nicht länger davon abhalten können, uns aus den Klauen der Erschöpfung, Unzufriedenheit und Wut loszureißen. So können wir das erfahren, was die Bibel

»Leben in der Fülle« nennt (Johannes 16,24; Psalm 16,11). Lassen Sie uns Schicht um Schicht abtragen und entdecken, welche Absichten Gott für uns Frauen hat.

Jesus selbst hat uns das Geheimnis offenbart, wie wir von einem ungeborgenen, ungesunden und kraftlosen Frausein zu einem Leben in Geborgenheit, Ausgewogenheit und Kraft finden; wie wir diese *Ischa* sein können, die sich nicht den Lügen Satans beugt, sondern stattdessen in der Wahrheit Gottes lebt. Im Johannesevangelium, Kapitel 8, warnt Jesus vor der Lüge:

Ihr seid Kinder des Teufels, der ist euer Vater, und ihr wollt nur ausführen, wonach ihm der Sinn steht. Er ist von Anfang an ein Mörder gewesen und hat niemals etwas mit der Wahrheit zu tun gehabt, weil es in ihm keine Wahrheit gibt. Wenn er lügt, so entspricht das seinem Wesen; denn er ist ein Lügner, und alle Lüge stammt von ihm.
Johannes 8,44

Aber er hat auch eine gute Nachricht für uns:

Dann werdet ihr die Wahrheit erkennen, und die Wahrheit wird euch frei machen.
Johannes 8,32

Gott ist gut und liebevoll und größer als all unsere Lebensumstände, Beziehungen und Sorgen, die uns zu erdrücken drohen. Wir müssen die Lügen nur erkennen und durch die Wahrheit ersetzen. Und dann finden wir zur Freiheit.

Die Anfänge Ischas

Jesus war bekannt dafür, dass er die zeitlosen Wahrheiten Gottes so in seine Zeit übersetzte, dass die Menschen sie verstehen konnten. Wir wollen seinem Beispiel folgen und an die Anfänge zurückkehren, um zu verstehen, wie Gott sich das Leben gedacht hatte, bevor alles schief ging.

Am Anfang stand Gott, der sich eine Welt schuf. Er füllte diesen kostbaren Ort mit allerlei Schönem – im Himmel, im Wasser und auf der Erde. Und er nannte all diese Dinge und Lebewesen »gut«. Doch Gott wollte noch mehr. Er wollte das »sehr Gute«. Und er wollte jemanden, der zu seinem Bilde geschaffen war, dem er seine Liebe erweisen konnte. Darum schuf er den Menschen – zunächst als Mann – und gab ihm die Aufgabe, allem was Gott geschaffen hatte, einen Namen zu geben. Anschließend schuf Gott die Frau, »ein Wesen ..., das ihm hilft und das zu ihm passt« (1. Mose 2,18).

Mann und Frau waren durch eine lebenslange, von gegenseitiger Verantwortung geprägte Beziehung miteinander verbunden. Sie zeigten sich einander und Gott nackt und unverhüllt. Sie schämten sich nicht, denn sie wurden nicht von Dingen angezogen, die Gott nicht gefielen – bis zu dem Tag, an dem die Sünde in ihre Welt hineinbrach und sie verführte, den Blick von Gottes Wahrheit abzuwenden und den Lügen Satans zu folgen.

Satan versprach ihnen Macht und Weisheit und Schönheit und Leben. Doch sobald die beiden Menschen auf sein Spiel hereingefallen waren, wurde das Band zwischen ihnen durchtrennt. Ihre Augen wurden geöffnet, sie schämten sich und versuchten sich vor Gott zu verbergen. Von nun an konnten sie nicht mehr nackt und ohne Scham vor ihren Schöpfer treten.

Der Mann gab der Frau die Schuld. Die Frau schob es auf die Schlange. Mann und Frau – und Schlange – mussten die Konsequenzen ihres Handelns tragen, denn sie hatten das, was richtig war, verworfen, um dem nachzulaufen, was im Augenblick anziehend schien, was gut aussah, aber dennoch falsch war. Eine Täuschung, die zur Trennung von Gott und letztlich zum Tod führte.

Dieses Erbe hat Eva, die erste Frau, an alle kommenden Frauen weitergegeben. Das reine und erfüllte Leben, das Gott den Menschen ursprünglich geschenkt hatte, wurde zu einer Sehnsucht, für die Frauen seit jenem Tag alles geben würden.

Aber eines Tages wird Gott wiederkehren und sich eine neue Welt schaffen. Er wird diese Welt mit Männern und Frauen bevölkern, die sich entschlossen haben, ihm nachzufolgen - *Isch* und *Ischa*, die wieder ein ganzheitliches Leben frei von Scham führen. Gemeinsam werden sie ewig leben, befreit von Fehlern und Schuld und geistiger Verirrung. Jede von uns, die beschließt, mit Gott zu leben, wird eines Tages wirkliche Freiheit und ein von der Schlange befreites und von Freude geprägtes Leben im Angesicht Gottes führen. Doch bis dahin kriechen noch eine Menge Schlangen herum und versuchen uns von Gott und dem Guten, das er geschaffen hat, abzubringen. Das kann uns sogar das Leben kosten.

Wir sind alle auf dieser Reise unterwegs, unabhängig von Hautfarbe, Alter, Ansehen oder Herkunft. Tag für Tag fällen wir Entscheidungen - und wir können dabei entweder auf die Lügen Satans hereinfallen und unsere Fehler vor Gott zu verbergen suchen oder wir können ihn um seine Führung bitten und in seinen Wegen gehen.

Lynda

Ich bewundere Menschen wie Rebecca. Sie hat sich schon sehr früh entschieden, im Licht und in der Wahrheit Gottes zu wandeln. Bei mir war das nicht so. Ich bin zwar in einem christlichen Elternhaus aufgewachsen, doch als ich etwa 21 Jahre alt war, habe ich »von der verbotenen Frucht gegessen« und mich so auf einen Weg begeben, der mich von Gott wegführen sollte. Es folgten über zehn Jahre, in denen ich falsche Wege ging und mir selbst die Freude und Unbeschwertheit meiner Jugend raubte. Schließlich brachte mich aber die Angst, als allein erziehende Mutter ohne Gottes Führung die Zukunft meistern zu müssen, wieder zum Herrn zurück. Im September 1985 unternahm ich mit der Bibel unter dem Arm einen Spaziergang über die Felder hinter unserem Haus. Ich setzte mich auf einen Stein und blickte zum Himmel hinauf. Ich bat Gott, mir meine Schuld zu vergeben und wieder die Herrschaft über mein gesamtes Leben (nicht nur über meine Bedürfnisse als allein Erziehende) zu übernehmen. Dieses Gebet veränderte mein Leben bis heute. Ich entwickelte aus dieser Erfahrung heraus eine tiefe Leidenschaft, anderen Frauen zu einer Entscheidung für die Wege Gottes zu helfen, damit sie nicht die gleichen Fehler machen müssen wie ich. Und ich wünsche mir auch für Sie, dass Sie den Gott, dessen Güte ich so spürbar erfahren habe, kennen lernen. Wenn wir alles vermasselt haben, ist er trotzdem bereit, uns zu vergeben und uns zu heilen; er will uns helfen, in einer tragenden Beziehung zu ihm unseren Weg zu gehen. Diese Leidenschaft bringe ich auch in meinen Anteil an diesem Buch ein. Ich möchte mit Ihnen gemeinsam lernen und wachsen und zu der Ischa werden, die Gott von Anbeginn an geschaffen hat.

Welche Eigenschaften besaß diese erste Frau, die Sie und ich mit Gottes Hilfe für uns selbst zurückgewinnen können? Bevor Eva sündigte, war ihr Leben von drei Dingen gekennzeichnet: von Geborgenheit, einem ausgewogenen Leben und von der Kraft Gottes, sodass sie ihr Leben im Einklang mit Gott führen konnte. Auch wir können diese Eigenschaften besitzen.

Geborgenheit – ein sicherer Halt

Im Garten Gottes, so wie er ursprünglich war, musste Eva niemals um ihre Sicherheit fürchten. Wenn wir geborgen sind, sind wir vor Risiken, Gefahren, Verletzungen und Unheil geschützt.

Rebecca

Ich lernte durch die Begegnung mit einem kleinen Mädchen, was Geborgenheit tatsächlich bedeutet. Ich begleitete damals meinen Bruder Joel auf eine Reise nach Ecuador, wo er das Kind besuchte, für das er über die Organisation *Compassion International* eine Patenschaft übernommen hatte. Wir besuchten die fröhlichen Kinder, die diese Organisation in den entlegensten Dörfern einer wunderschönen Bergregion betreute, halfen bei der Verteilung von Lebensmitteln und sangen Lobpreislieder. In der Schule eines dieser Dörfer fiel mein Blick auf ein etwa achtjähriges Mädchen. Sie wurde beinahe völlig von einem in Decken gehüllten Bündel verdeckt. Mit ihrer Erlaubnis wühlte ich mich mit der Hand durch die Decken hindurch und entdeckte das Gesicht eines winzigen, nur ein paar Wochen alten Babys. Das Baby spürte die kalte Luft und die Hand der Fremden, die in seinen kleinen, sicheren Hafen eingedrungen war, und begann zu schreien. Die »Ersatzmutter« - wie sich später herausstellte, die Cousine des Babys - brachte das Kleine zu seiner wirklichen Mutter, die als Lehrerin an dieser Schule arbeitete. Schlagartig wurde mir bewusst, wie sehr ich mich in ähnlicher Weise danach sehne, so geborgen zu sein - eingehüllt in einen Mantel der Liebe und vor allen Gefahren geschützt.

Das Bedürfnis nach Sicherheit gehört zu den menschlichen Grundbedürfnissen. Doch ob mit oder ohne Absicht - immer wieder reißen Menschen uns die schützende Hülle fort und setzen uns dem schneidenden Wind des Lebens aus. Diese Schutzlosigkeit raubt uns das Gefühl der Geborgenheit und führt dazu, dass wir uns zukünftigen Gefahren gegenüber verletzlich fühlen. Um dieses Gefühl zu kompensieren, wenden wir uns anderen Schutz verheißenden Quellen zu, nur um ein gewisses Empfinden von Sicherheit und Geborgenheit zurückzugewinnen.

Wir Frauen sind für solche Bewältigungsstrategien besonders empfänglich. Das liegt einfach daran, dass Frauen statistisch gesehen häufiger Opfer von Gewalttätern werden. Doch wir brauchen emotionale Geborgenheit ebenso sehr wie rein äußerliche Sicherheit. Wir haben in der Regel einen guten Zugang zu unseren Verletzungen und Emotionen. Um ein Gefühl von Sicherheit herzustellen, geben wir uns nur zu leicht mit unvollkommenen Quellen zufrieden - und sei es nur, um eine Zeit lang das Gefühl zu haben, es sei jemand da, der für uns sorgt. Die Medien machen uns weis, wir wären stark, wenn wir alles selbstständig erreichen, und so opfern wir dafür die echte Nähe kostbarer Beziehungen zu Menschen und - wichtiger noch - zu Gott. Ultrafeministische Ansichten sagen uns, wir müssen unsere Grenzen durchbrechen, um uns unseren Wert zu beweisen. Und deshalb akzeptieren wir ein falsches Bild von unserer Weiblichkeit, weil wir glauben, echte Femininität mache uns für Gefahren noch anfälliger.

Doch Gott bietet uns wirkliche Geborgenheit vor den Stürmen des Lebens. Wir können die Gewissheit gewinnen, dass Gott uns zu jeder Zeit und unter allen Umständen in seinen Armen birgt.

Lynda

Ich habe einmal über einen Hühnerstall, der Feuer gefangen hatte, eine Geschichte gelesen. Nachdem das Feuer gelöscht war, durchstöberten die Besitzer die Überreste und fanden dabei eine Henne, die ihre Flügel über ihr Nest gebreitet hatte, um ihre Eier zu schützen. Die Henne war dabei zwar zu Tode gekommen, doch durch ihren Schutz hatten die Eier die Gefahr unbeschadet überstanden.

Jesus benutzt ein ganz ähnliches Bild in Matthäus 23,37. Er sagt zu Jerusalem, wie sehr Gott sich danach sehnt, sein Volk wieder zu sammeln und zu behüten wie eine Henne ihre Küken. Heute will Jesus das Gleiche für uns tun. Wir können entweder weiterhin aus eigener Kraft gegen die Flammen kämpfen, indem wir uns auf Menschen und Dinge verlassen, oder wir können unter die Flügel Gottes kriechen. Die Bibel sagt uns: »Er breitet seine Flügel über dich, ganz nahe bei ihm bist du geborgen. Wie Schild und Schutzwall deckt dich seine Treue« (Psalm 91,4).

In den folgenden Kapiteln werden wir über die Frage nachdenken, wie es geschehen kann, dass wir zu einer behüteten, femininen und durch und durch geborgenen Frau werden, die die Freude echter Nähe aus eigener Erfahrung kennt.

Ausgewogenheit – wie steht es um Ihre innere Balance?

Sich sicher und geborgen zu fühlen gehört zu einem erfüllten Leben. Emotionale Gesundheit ist eine weitere wichtige Notwendigkeit.

Lynda

Als mein Mann mich verließ, war ich mit unserem dritten Kind schwanger und meine beiden Mädchen waren gerade einmal ein und drei Jahre alt. Ich wollte keine Scheidung und so war es nur natürlich, dass ich mich innerlich zurückzog, mich selbst bemitleidete und meine Wunden leckte. Doch dann bewegte sich zum ersten

Mal mein Junge spürbar in meinem Bauch, während meine beiden Mädchen gerade im Haus Fangen spielten. Da wurde mir bewusst, dass meine Kinder Spaß am Leben hatten und dass ich für sie da sein musste. Wenn ich an meinem Schmerz festhielt, würde das für uns alle nur noch mehr Schmerz und ungute Entscheidungen mit sich bringen. Damit meine Kinder zu gesunden Menschen heranwachsen konnten, musste ich selbst heil werden. Und so begann für mich der Prozess innerer Gesundung.

Emotional gesund zu sein, bedeutet Kraft und Energie zu haben und sich nach Krisen schnell wieder zu erholen. Und solche Krisenzeiten gibt es zur Genüge. Unsere Gesellschaft fordert von uns, nach außen hin immer gut auszusehen, egal, was es kostet. Sie ermutigt uns auch, immer das zu machen, wonach uns gerade ist und so unsere eigenen Verhaltensregeln zu missachten. Und wenn es darum geht, auf das Fehlverhalten anderer zu reagieren, macht uns die Welt weis, dass jedes Mittel erlaubt sei. Doch wenn wir auf solche Ratschläge hören, werden wir uns niemals von einer Krise erholen.

Und es kommt noch schlimmer. Im ich-bezogenen Klima unserer Tage werden uns Botschaften eingehämmert wie: »Hol dir, was dir zusteht!« oder: »Es ist uns ein Vergnügen, Sie glücklich zu machen.« Das hat zwei mögliche Konsequenzen. Entweder sagen wir uns: »Jetzt bin ich dran«, und folgen nur noch unseren eigenen Wünschen, egal, wen wir dabei verletzen, vernachlässigen oder niederwalzen. Oder wir sagen uns: »Ich bin nie an der Reihe«, und geben uns weiter ganz für andere hin, ohne auf unsere eigenen Träume und Wünsche Rücksicht zu nehmen.

In jedem Fall aber führt dies zu ungesunden Reaktionen, bei denen unsere Gefühle und Emotionen auf der Strecke bleiben und die uns hindern, ein erfülltes Leben zu führen.

Gott jedoch bietet uns eine Alternative an. Die Bibel sagt uns, dass Gott uns Heilung bringt: »›Darum werde ich dich wiederherstellen!‹, sagt der Herr. ›Ich werde deine Wunden heilen!‹« (Jeremia 30,17) Und sie versichert uns seiner Absicht, dass es uns »in jeder Hinsicht gut geht« und wir »gesund sind« (vgl. 3. Johannes 1,2).

Schönheit, Reinheit und Freiheit sind Begriffe, mit denen man die emotionale, körperliche und geistliche Balance umschreiben kann, die wir finden, wenn wir Gott unsere Wunden heilen und uns eine gesunde Lebensführung lehren lassen.

Von Gott zum Leben befähigt – ausgestattet mit allem, was es braucht

Und schließlich erobert sich eine Frau, die Geborgenheit und Ausgewogenheit gefunden hat, das, was es braucht, um ein Leben aus der Kraft Gottes zu führen. Sie kennt ihre Grenzen, sie lernt gerne von anderen Frauen und sie weiß, worum es in ihrem Leben geht und für wen sie lebt – nämlich für Gott.

Rebecca

Vor Jahren lernte ich während eines Urlaubs mit meiner Familie das Windsurfen. Für jemanden, der noch nie auf einem Surfbrett gestanden hat, kann das leicht in einer Katastrophe enden, doch glücklicherweise kam es nicht dazu.

Wir hielten uns an der wunderschönen *Sunshine Coast* in Queensland in Australien auf. Das Wetter war gut, der Strand nur ein paar Minuten entfernt und das funkelnde Wasser lockte mich. Ich war wild entschlossen, dem Surfbrett zu zeigen, wer hier das Sagen hat und mich nicht von ihm in die Knie zwingen zu lassen. Nach ein paar Anweisungen durch den Surflehrer wagte ich mich aufs Brett. Ein paar Mal verlor ich die Balance, doch dann segelte ich solo über das Wasser – es war ein erhebendes Gefühl, vom Wind über die Wellen getragen zu werden.

Als Anfänger musste ich mich beim Surfen ziemlich konzentrieren. Jeder Muskel war angespannt. Aber auch geübte Windsurfer würden mir Recht geben, dass man es nur dann zu etwas bringt und die volle Kraft des Windes nutzen kann, wenn man konzentriert ist, auf die Anweisungen des Trainers hört und viel Mühe und Übung investiert. Wenn man nicht zum Stillstand kommen will, muss man alles investieren.

Wenn wir Frauen sein wollen, die aus der Kraft Gottes leben, müssen wir uns ihm bedingungslos anvertrauen und alles einem christlichen Lebensstil unterordnen. Wenn wir die Freude und Freiheit, die Gott uns schenken möchte, in Fülle erleben wollen, dürfen wir uns nicht den Wind aus den Segeln nehmen lassen. Wir müssen auf unserem Kurs bleiben und Gott gestatten, dass er uns seine Kraft schenkt, indem er uns verändert. Wir müssen von Gottes Ordnungen geprägte Grenzen aufbauen, die nicht zulassen, dass Menschen oder Ereignisse auf uns eindringen, die uns gefährlich werden können. Wenn wir Gottes Ziele entdecken und verfolgen, bleiben wir auf Kurs und lassen uns nicht so leicht von Gott ablenken und uns die Kraft rauben, die er uns schenken will.

Während Sie die Veränderungen Gottes in diesen Lebensbereichen zulassen, kann es gut sein, dass negative Menschen oder Situationen sich ebenfalls verändern. Konflikte lösen sich, Hindernisse verschwinden. Statt Zeit und Kraft zu verschwenden und darauf zu warten, dass andere Menschen oder Umstände sich ändern, können wir darauf bauen, dass Gott *uns* verändern wird – so bleiben wir in seinem Kraftfeld. Es ist doch wirklich befreiend zu wissen, dass es allein Gott ist, der uns zum Leben befähigt – mehr brauchen wir nicht. Sie werden noch entdecken, dass sich diese Grundaussage wie ein roter Faden durch unser gesamtes Buch zieht.

Zu Gottes Art, uns zum Leben zu befähigen, gehört, dass er der ist, der sich in uns investiert, der Dinge ins Rollen bringt und uns zurüstet. In einer Welt, in der sich alles um Macht dreht, scheint es widersinnig, die eigene Kontrolle aufzugeben und Gott das Ruder zu überlassen. Doch genauso handelt Gott. Er gibt uns Kraft: »Ehrfurcht gebietend ist Gott, wenn er aus seinem Heiligtum hervortritt! Er ist der Gott Israels, er verleiht seinem Volk Stärke und Macht. Gott sei gepriesen!« (Psalm 68,36).

Sie können Fleiß und Mühe investieren, um die Tochter Gottes zu werden, zu der Sie geschaffen wurden – eine Frau, die sich von Gott führen lässt, die gesunde Grenzen zieht und ihr Lebensziel kennt. Dann werden Sie erleben, wie der Wind Gottes Ihre Segel füllt und Ihnen die Kraft gibt, auf neue Ziele zuzusteuern.

Zwanzig Fragen

Bevor wir Geborgenheit, Ausgewogenheit und Gottes Kraft finden können, müssen wir wissen, wo wir in der Vergangenheit ungeborgen, schutzlos, ohne Balance oder kraftlos waren. Lesen Sie sich die unten stehenden Fragen durch und antworten Sie so ehrlich wie möglich. Überlegen Sie nicht zu lange; die spontanste Antwort ist meist am zutreffendsten. Stufen Sie sich auf einer Skala zwischen 0 und 5 ein:

0 = nie; 1 = selten; 3 = manchmal; 5 = immer

1. Wie oft überkommt Sie Wut oder ein Gefühl der Verletztheit?

0 1 2 3 4 5
nie immer

2. Wie oft kommen Ihnen unmoralische Gedanken?

0 1 2 3 4 5
nie immer

3. Haben Sie Angst davor, dass andere Sie so sehen könnten, wie Sie wirklich sind?

0 1 2 3 4 5
nie immer

4. Wie oft geben Sie unberechtigten Forderungen nach?

0 1 2 3 4 5
nie immer

5. Wie oft haben Sie das Gefühl, Ihr Leben sei aus dem Gleichgewicht geraten?

0 1 2 3 4 5
nie immer

6. Haben Sie Zweifel an Ihren Begabungen und Ihrem Lebenssinn?

0 1 2 3 4 5
nie immer

7. Sind Sie nachtragend? Fällt es Ihnen schwer zu vergeben?

0 1 2 3 4 5
nie immer

8. Empfinden Sie es als beleidigend oder peinlich, wenn ein Mann zuvorkommend ist (Ihnen z. B. die Tür aufhält)?

0 1 2 3 4 5
nie immer

9. Wie häufig sind Sie mit Ihrem geistlichen Wachstum unzufrieden?

0 1 2 3 4 5
nie immer

10. Haben Sie oft Mühe mit Ihrem Selbstbild?

0 1 2 3 4 5
nie immer

11. Wie oft kommen Sie (z. B. durch Zeitschriften oder das Fernsehen) mit Dingen in Berührung, die sexuell verwerflich sind?

0 1 2 3 4 5
nie immer

12. Wie oft kommt es vor, dass Sie andere Frauen (im Bekanntenkreis oder in den Medien) um ihr Aussehen beneiden?

0 1 2 3 4 5
nie immer

13. Fehlt es in Ihrem Leben an gelebter Seelsorge (dass eine erfahrenere Frau Sie im Glauben begleitet oder dass Sie eine jüngere Frau seelsorgerlich begleiten)?

0	1	2	3	4	5
nie					immer

14. Wie oft kämpfen Sie damit, zu sehr oder zu wenig von anderen Menschen abhängig zu sein?

0	1	2	3	4	5
nie					immer

15. Fühlen Sie sich zu Hause oder im Beruf schutzlos und verletzlich?

0	1	2	3	4	5
nie					immer

16. Wie oft fühlen Sie sich vom Feind Gottes entmutigt oder angegriffen?

0	1	2	3	4	5
nie					immer

17. Wie häufig kommt es vor, dass Sie sich von den Erwartungen anderer oder von Ihren eigenen Erwartungen erdrückt fühlen?

0	1	2	3	4	5
nie					immer

18. Wie oft haben Sie das Gefühl, Gottes Liebe nicht verdient zu haben?

0	1	2	3	4	5
nie					immer

19. Gibt Ihnen Ihre Familie ein Gefühl emotionaler Ungeborgenheit?

0	1	2	3	4	5
nie					immer

20. Haben Sie im Bezug auf das, was Sie sind und erleben, manchmal das Gefühl, das könne im Leben doch nicht alles sein?

0	1	2	3	4	5
nie					immer

Errechnen Sie jetzt Ihre Punktzahl.

1–25 Sie sind eine erstaunliche Frau! Trotz all der negativen gesellschaftlichen Einflüsse bleiben Sie mit Gottes Hilfe standhaft. Sie besitzen eine von Gottes Willen geprägte Lebenseinstellung und leben ganz aus seiner Kraft. Machen Sie weiter so.

26–50 Sie machen Ihre Sache gut. Dieses Buch wird Ihnen in Gebieten helfen, in denen Sie bereits verstanden haben, worum es geht. Aber jedem tut es gut, im Glauben weiter zu wachsen.

51–75 Wir sind froh, dass Sie dieses Buch zur Hand genommen haben! Sie suchen offensichtlich in vielen Gebieten nach Orientierung und Gott wird mit seiner Weisheit und Wahrheit in Ihre konkrete Lebenssituation hineinsprechen.

76–100 Liebe Schwester, es ist höchste Zeit, ein paar Dinge klar zu kriegen! Die folgenden Kapitel werden verschiedene Bereiche aus Sicht der Bibel beleuchten und können so Hilfestellungen geben. Aber sie sind kein Ersatz für Seelsorge. Zögern Sie diese nicht länger hinaus! Suchen Sie sich eine kluge Frau, die Gott achtet und älter ist als Sie selbst, und erzählen Sie ihr von Ihren Problemen. Und falls es nötig ist, sollten Sie auch nicht zögern, therapeutische Hilfe in Anspruch zu nehmen. Sie sind so wertvoll – Sie sollten sich das Gute, das Gott Ihnen schenken will, nicht entgehen lassen.

Diese Übung sollte Ihnen helfen herauszufinden, wo Sie stehen. Nun wollen wir uns gemeinsam auf den Weg machen - wir fangen dort an, wo wir stehen, und machen uns auf, unser Potenzial zu entfalten. Lassen Sie uns zu der *Ischa* werden, zu der Gott uns Frauen berufen hat.

Lieber Herr,
ich weiß nur zu gut, wie man sich als Frau fühlt, wenn man keine Geborgenheit hat und ein Leben ohne Ausgeglichenheit und Kraft führt. Ich will das nicht länger. Herr, du hast mir gezeigt, dass Frausein mehr ist als das, was ich bisher erlebt habe. Mach du mich frei von der Last vergangener Fehler. Ich will erkennen, wie sehr du mich liebst. Ich will deine Liebe in mich aufsaugen und in dir Geborgenheit und Heilung erfahren. Verändere mich, Herr; reiß mich von den alten Gewohnheiten los. Löse mich von falschem Denken und ersetze es durch deine Wahrheit. Brich die Macht, die die Lügen Satans über mich haben. Hilf mir, Ischa *zu werden. Ich vertraue dir mein Leben an. Dich liebe ich, Herr. Handle du an meinem Herzen und Geist. In Jesu Namen, Amen.*

So ist Ischa

Die alte Art zu denken und zu leben hat versagt. Nur Gott kann uns echte Geborgenheit geben, nur er kann uns heilen und zum Leben befähigen. Nur Gott kann uns in Ischa verwandeln.

---

[1] Carole Mayhall, *From the Heart of a Woman*, NavPress, 1976, S. 10-11.

[2] Isch - Mann - und Ischa - Frau - sind die hebräischen Begriffe für Mann und Frau, wie sie im Alten Testament verwendet werden.

[3] Cathi Hanauer, *The Bitch in the House*, HarperCollins, 2002.

[4] Ebenda.

[5] Danielle Crittenden, *What Our Mothers Didn't Tell US: Why Happiness Eludes the Modern Women*,Touchstone, 2000.

[6] Ebenda.

Teil I

Bei Gott geborgen

2

Unter Gottes Schutz geborgen

Nehmen Sie sich einen Augenblick Zeit, um im Gebet diesen Zufluchtsort zu betreten und sich vorzustellen, wie Sie unter seinem Schatten Zuflucht finden. Stellen Sie sich eine Felsspalte vor, die Ihnen Schutz gewährt ... Und dann genießen Sie es, ganz unbelastet in seinem Schatten zu verweilen.
Joni Eareckson Tada[1]

Wohl allen, die bei ihm Schutz suchen!
Psalm 2,12

Rebecca

Viele Menschen denken vielleicht, ich führe ein Traumleben. Ich reise um die Welt und gebe vor Tausenden von begeisterten Menschen Konzerte. Das alles sieht so leicht aus, so aufregend, so toll ... von außen betrachtet.

Doch wenn man drinsteckt, sieht es ganz anders aus. Nur wenige meiner besten Freunde und meine Familie wissen, wie viel Unruhe und Schmerz mich dieses *privilegierte* Leben kostet. Seit ich mit sechzehn aus meiner Liebe zur Musik einen Beruf gemacht habe, besteht mein Leben daraus, Songs zu schreiben, CDs aufzunehmen und Konzertreisen zu machen. Ich bin jedes Jahr acht oder neun Mo-

nate auf Achse, mit manchmal bis zu hundert Auftritten, mit vielen Interviews – ständig muss ich mich auf neue Situationen und Menschen einstellen.
Im Herbst 1999 – ich hatte gerade eine aufreibende 13-monatige Konzerttournee hinter mir – beschloss ich, mir einen lebenslangen Traum zu verwirklichen und als Missionarin nach Rumänien zu gehen. Zwei Monate lang teilte ich belegte Brote an Straßenkinder aus, spielte mit den Mädchen in einem Waisenhaus, putzte, betete und tat, was ich konnte, um diesen Kindern etwas Liebe zu schenken. Es war eine großartige Reise, doch anschließend spürte ich, wie viel Kraft mich die Konzerttournee und der anschließende Einsatz gekostet hatten.
Zurück in Nashville fühlte ich mich ziellos, emotional verletzlich und völlig ausgepowert. Irgendetwas stimmte nicht mit mir, aber ich wusste nicht, was ich dagegen machen sollte. Ich spürte den Druck von allen Seiten: Ich musste Songs für ein neues Album schreiben. Ich musste mich wieder an das Leben zu Hause gewöhnen, musste mit meiner emotionalen und körperlichen Erschöpfung zurechtkommen. Und weil ich ständig von anderen beobachtet wurde, musste ich mit diesem ganzen Stress fertig werden, ohne mir etwas anmerken zu lassen.
Mein erster Impuls war, davonzulaufen und dem inneren Druck irgendwie auszuweichen. Um den Kopf frei zu kriegen und weil unsere Kultur von mir erwartete, unabhängig zu sein, zog ich von zu Hause aus und nahm mir ein kleines Haus in einem idyllischen Viertel von Franklin, Tennessee. Ich hatte die romantische Vorstellung, dass ich so mein Leben wieder auf die Reihe bekommen, mich mit den Nachbarn anfreunden und mein inneres Gleichgewicht wieder finden könnte. *Nur Gott und ich,* dachte ich mir, *sonst nichts! Behütet vor den Stürmen des Lebens. Ein sicherer Hafen. ...*Doch es sollte anders kommen.
In der Abgeschiedenheit dieses Hauses verbrachte ich die schlimmsten Stunden meines Lebens. Ich kehrte nach einem stressigen Tag im Studio »nach Hause« zurück, aber da war niemand, der sich um mich kümmerte; niemand, mit dem ich hätte reden können. Ich fühlte mich schrecklich einsam, desillusioniert und schutzlos. Ich war der Lüge auf den Leim gegangen, dass ich alles allein meistern muss, und nun ging Schicht um Schicht all das verloren, was mir Geborgenheit gab. Selbst Gott schien mir fern. Ich weinte oft und be-

tete voller Verzweiflung. Ich kann mich noch gut daran erinnern, wie ich einmal auf dem Boden lag und zu Gott schrie, er möge mir einen Ausweg aus dieser Dunkelheit und Traurigkeit zeigen. Aber es kam keine Antwort. Die Zukunft erschien mir düster und leer. Bei dem Gedanken, dass mein ganzes weiteres Leben so aussehen könnte, steigerte sich meine Panik ins Unermessliche.

Ich spürte, wie ich mich zu schützen versuchte. Um den Schmerz zu ertragen, begann ich mich innerlich zu verschließen. Ich hatte das Gefühl, den Verstand zu verlieren, deshalb sprach ich mit unserem Pastor über meine Situation. Er gab mir damals einen klugen Rat: »Rebecca, ist Gott vertrauenswürdig? Dann vertrau ihm auch!«

Es ist schon erstaunlich, wie leicht man solche einfachen Wahrheiten aus den Augen verliert, solange man nicht zutiefst auf sie angewiesen ist. Die Kraft, die von diesen einfachen Sätzen ausging, war für mich, als hätte plötzlich jemand in einem Leuchtturm das Feuer entzündet und nun strahlte es hell und wies mir den Weg. Endlich begriff ich, wie sehr ich auf meine eigene Stärke und Unabhängigkeit gebaut hatte, statt mich auf Gottes Kraft zu verlassen und von ihm meine Identität und meinen Schutz zu beziehen. Ich erkannte, dass ich gescheitert war, weil ich den Schutzraum der Familie und gläubiger Freunde verlassen hatte.

Ich zog zurück in die Gemeinschaft, die ich brauchte. Doch noch wichtiger als diese Entscheidung war die Einsicht, die ich dabei gewonnen hatte. Ich hatte durch diese Erfahrung viel über die Kraft und Bedeutung von Gemeinschaft gelernt – ich hatte erkannt, dass wir dazu geschaffen wurden, füreinander da zu sein, statt als einsame Cowboys zu leben. Mir wurde klar, wie sehr ich dem falschen Streben unserer Kultur nach völliger Unabhängigkeit auf den Leim gegangen war. Und ich erkannte, dass viele Frauen – möglicherweise auch Sie – viel schlimmere Erfahrungen gemacht haben als ich und vielleicht immer noch mit diesem verzweifelten Gefühl der Einsamkeit und Schutzlosigkeit zu kämpfen haben.

Die eigene Schutzlosigkeit entlarven

Lynda

Ich kenne einige dieser *vielen Frauen*, von denen Rebecca schreibt. Und ich kann mich mit ihnen identifizieren. Jede Frau erlebt dieses Gefühl der Schutzlosigkeit, wenn auch in unterschiedlichem Maß. Als Rhonda ein kleines Mädchen war, hat ihre Mutter sie nicht vor den sexuellen Übergriffen des Vaters geschützt, weil sie die Situation nicht erkannt hatte. Connie wurde wegen einer anderen Frau von ihrem Mann verlassen, nachdem ihr elftes Kind zur Welt gekommen war. Susan hatte sich mit Herz und Leidenschaft für die Frauenarbeit in ihrer Gemeinde engagiert. Doch dann kam es zu Missverständnissen und sie wurde von ihrem Pastor aufgefordert, ihre Ämter niederzulegen – die Gemeinde ließ sie fallen. Anne vertraute sich ihrer besten Freundin an – und wurde bitter enttäuscht, weil die Freundin nicht verschwiegen war. Ellen glaubte der Lüge, dass Kondome einen sicheren Schutz bieten – jetzt leidet sie an einer Geschlechtskrankheit. Als Tammys Mutter nach einem Schlaganfall starb, rief Tammy nur: »Sie darf nicht sterben! Sie ist mein Fels!«

Kommt Ihnen die Situation einer dieser Frauen bekannt vor? Vielleicht treffen eine oder mehrere der folgenden Fragen auf Ihre momentane Lage zu:

- Haben Sie sich schon einmal auf etwas oder jemanden verlassen, um dann die Erfahrung zu machen, dass Sie im Stich gelassen wurden oder der erhoffte Schutz ausblieb?
- Haben Sie das Gefühl, dass Menschen, die in Ihrem Leben eine wichtige Rolle gespielt haben, ihre Verantwortung nicht richtig wahrgenommen haben; dass sie mehr für Sie hätten da sein müssen, aber jetzt sind sie fort?
- Wurden Sie schon einmal durch Unaufrichtigkeit eines anderen Menschen verletzt?
- Fällt es Ihnen schwer, anderen zu vertrauen, weil Sie von Menschen verlassen oder enttäuscht wurden?

- Macht es Ihnen Ihre eigene Unsicherheit schwer, sich am Leben zu freuen und ganz Sie selbst zu sein?
- Fühlen Sie sich allein und schutzlos?

Schutzlosigkeit hinterlässt hässliche Spuren im Leben der Menschen, die von anderen verletzt wurden – egal ob dies absichtlich geschah, wie im Fall von Connies Mann, oder unabsichtlich, wie durch den Tod von Tammys Mutter oder durch Rhondas Mutter, die einfach nicht gesehen hat, was sich direkt vor ihren Augen abgespielt hat. Jede von uns erlebt irgendwann die kalte Wirklichkeit einer solchen Schutzlosigkeit. Irgendjemand oder irgendetwas reißt unseren Schutzschild in Stücke. Manchmal geschieht das überraschend – wir sind völlig unvorbereitet und wissen nicht, wie wir damit umgehen sollen. Manchmal wird unser Schutzschild scheibchenweise zerstört – ein kleiner Schlag nach dem anderen trifft uns, bis unser Innerstes offen liegt wie eine blutende Wunde. Ob plötzlich oder nach und nach, der Prozess verläuft immer gleich:

Abhängigkeit

Wir vertrauen jemandem (oder wir vertrauen auf etwas) und machen unsere Sicherheit von dieser Person (oder Sache) abhängig.

Blossstellung

Die Person (oder Sache), die wir für vertrauenswürdig oder sicher hielten, lässt uns im Stich oder wird sogar selbst zum Angreifer.

Angriff

Wir werden an einer Stelle, an der wir besonders empfindlich sind, verletzt.

Schaden

Wir waren schutzlos dem Angriff ausgesetzt, nun müssen wir mit den Folgen zurechtkommen.

Reaktion

Wir verschließen uns, schlagen zurück oder entwickeln Verhaltensmuster, mit denen wir den Teufelskreis endlos wiederholen - so lange, bis wir einen besseren Weg finden, damit umzugehen.

Nach einem schwer wiegenden Verlust, wie einer Scheidung oder dem Tod eines geliebten Menschen, kann es Jahre dauern, bis wieder so etwas wie Normalität einkehrt. Die Art und Weise, wie wir mit unserem Verlust umgehen, bestimmt darüber, wie lange die Heilung dauert, wie sehr wir abstumpfen oder wie ungeschützt wir uns künftigen Verletzungen aussetzen. Verletzungen können heilen und wir können daraus für die Zukunft etwas lernen; sie können aber auch zu offenen Wunden werden, die nie verheilen und sämtliche Bereiche unseres Lebens vergiften. Wenn das geschieht, haben wir keine Chance, mit unserem Leben und unserer Person im Reinen zu sein oder unser volles Potenzial als Frau auszuschöpfen.

Wir besitzen ein angeborenes Bedürfnis nach Schutz

Das Wort Schutz bedeutet, verteidigt, bewahrt und beschirmt zu werden. Wir möchten uns hier auf zwei Formen des Schutzes konzentrieren: den körperlichen und den emotionalen Schutz. Der körperliche Schutz erhält unser Äußeres unversehrt, der emotionale Schutz bewahrt unser Denken und unser Fühlen.

Rebecca

In meinem Fall war es so, dass ich, während ich nicht bei meiner Familie wohnte, äußerlich in Sicherheit war, doch meine Emotionen gerieten völlig durcheinander. Ständig wurde ich von Zweifeln geplagt. Wie hat es mit mir nur so weit kommen können? Wie kam es zu diesem Schmerz? Wer wird mich in Zukunft vor einer solchen Verletzlichkeit bewahren?

Jeder Mensch - aber Frauen im Besonderen - besitzen ein natürliches Bedürfnis, beschützt zu werden. Der Schriftsteller John Eldredge schreibt, im Herzen einer Frau lebe eine dreifache Sehnsucht - die Sehnsucht, dass jemand um sie kämpft, nach ihr verlangt und um sie wirbt; die Sehnsucht nach einem Abenteuer, das sie mit einem Menschen teilen kann; und die Sehnsucht nach Schönheit, die sich dem Betrachter enthüllt. Der Mann soll ein Held sein; wir eine Heldin. Doch Männer wie Frauen erfahren Verletzungen. Und unsere Verletzlichkeit stört diese Entwicklung und lässt manches ungeschehen.[2]

1954 stellte der Psychologe Abraham Maslow der Öffentlichkeit seine mittlerweile berühmte Hierarchie der Bedürfnisse vor, zu der unter anderem das menschliche Verlangen nach Sicherheit gehört. Er gliederte die Bedürfnisse in drei Kategorien: Physiologische Bedürfnisse (zum Beispiel Nahrung und Schlaf) sowie das Bedürfnis nach Sicherheit, emotionale Bedürfnisse (nach Geborgenheit und Liebe sowie nach Wertschätzung) und das Bedürfnis nach Selbstverwirklichung. Maslow glaubte, dass Menschen erst dann ihr Potenzial voll ausschöpfen und die Liebe, Geborgenheit und Selbstachtung entwickeln können, nach der sie sich sehnen, wenn ihre körperlichen Grundbedürfnisse gestillt sind. Zu diesen Grundbedürfnissen gehören neben Nahrung und Flüssigkeit das Bedürfnis, sich sicher zu fühlen.

Man kann Maslows Schema mit den Kategorien in unserem Buch vergleichen. Wir denken, die physiologischen Grundbedürfnisse, die emotionalen Bedürfnisse sowie das Bedürfnis nach Selbstverwirklichung könnten auch mit den Begriffen: »Geborgen und bewahrt«, »Leben in Balance« sowie »zum Leben befähigt« umschrieben werden. Dann sähe das Schema in etwa so aus:

Maslows und Ischas Hierarchie der Bedürfnisse

Selbstverwirklichung

»Zum Leben befähigt«

Das Bedürfnis, sein eigenes Potenzial voll zu entfalten.

Emotionale Bedürfnisse

»Leben in Balance«

Das Bedürfnis nach Wertschätzung: etwas zu erreichen, anerkannt und geachtet zu sein. Das Bedürfnis nach Geborgenheit und Liebe: das Gefühl der Zugehörigkeit und Annahme

Grundbedürfnisse

»Geborgen und bewahrt«

Das Bedürfnis nach Sicherheit: sich vor Gefahren geschützt zu fühlen. Physiologische Grundbedürfnisse: die Befriedigung von Hunger- und Durstgefühlen sowie der sexuellen Triebe.

Wir können auf unserer Suche nach einem echten Frausein im Sinne *Ischas* nicht in tiefere Regionen – wie zum Beispiel die Frage nach unseren Lebenszielen – vorstoßen, solange wir uns nicht um unser grundlegendes Bedürfnis nach Sicherheit und Geborgenheit gekümmert haben. Mehr denn je wirken in unserer Gesellschaft Faktoren, die dem Gefühl, sicher und geborgen zu sein, entgegenwirken. Unsere Schnelllebigkeit, das Scheitern von Ehen, die Abwesenheit der Väter und die Verwirrung über die Rolle der Geschlechter tragen zu diesem Verlust an Sicherheitsempfinden bei. Vielleicht haben Sie selbst Verletzungen wie diese erfahren:

- ein Elternteil hat Sie körperlich, mental oder emotional missbraucht oder vernachlässigt;
- eine Freundin/ein Freund hat Ihnen durch einen falschen Rat geschadet oder Ihnen einen hilfreichen Rat vorenthalten;
- Ihr Ehemann hat Sie verlassen oder betrogen;
- Ihr Pastor oder Ihre Gemeinde haben Ihnen nicht die geistliche Leitung und Begleitung gewährt, die Sie gebraucht hätten;
- die Gesellschaft hat Ihnen ein falsches Bild vom Frausein vermittelt;
- Gott hat Sie vermeintlich im Stich gelassen.

Persönliche Erfahrungen wie diese, verbunden mit globalen Ereignissen wie dem Terroranschlag vom 11. September 2001, rauben uns jegliche Grundlage, uns sicher und geborgen zu fühlen.

Als Folge davon haben viele Frauen es aufgegeben, von anderen Sicherheit zu erwarten, und setzen ihre Energien lieber in die Suche nach inneren Quellen, die ein Gefühl von Sicherheit geben. Frauen ohne Geborgenheit neigen zu Härte, Unabhängigkeit, Egoismus und Isolation. Unsere massive Suche nach Sicherheit führt zu falschen Lösungen und krank machenden Versuchen, Gefühle wie Liebe, Zugehörigkeit, Selbstachtung und Gottes Eingreifen in unserem Leben zu erfahren. Der Feminismus, der Materialismus, die Unmoral und die besessene Sucht nach körperlicher Schönheit sind einige der Masken, hinter denen wir uns auf unserer verzweifelten Suche nach der verlorenen Geborgenheit verstecken.

Oft können wir die Faktoren, die zu unserem Mangel an Geborgenheit beitragen, kaum beeinflussen, aber wir können darüber bestimmen, wie wir auf diesen Mangel reagieren wollen. Wir können zulassen, dass unsere inneren Konflikte uns zerstören und unsere Lebensenergien binden oder wir können uns mit unserer Not in die Arme Gottes werfen.

Die erste Reaktion führt dazu, dass wir scheitern oder die alten Verhaltensmuster wiederholen, dass wir liebevollen und vertrauenswürdigen Beziehungen aus dem Weg gehen und dass unser Leben kraftlos bleibt. Wenn wir uns jedoch Gott in die Arme werfen, erlauben wir ihm nicht nur, unseren Schmerz zu lindern, sondern auch, unsere Verletzungen zum Guten zu wenden und uns seine Macht zu zeigen. Er behütet sein Volk seit Anbeginn der Zeiten. Wir wollen stellvertretend die Geschichte einer Frau erzählen, die Gottes Schutz ganz persönlich erfahren hat.

Hagar findet neuen Schutz (1. Mose 16)

Hagar hatte 25 Jahre lang treu für Abram und Sarai gearbeitet. Mit Sicherheit waren sie in dieser Zeit für Hagar mehr als nur Arbeitgeber geworden. Vermutlich hörte Hagar, wie Abram und Sarai über die Verheißung Gottes sprachen, ihnen in ihrem hohen Alter noch einen Sohn zu schenken. Sie muss mitbekommen haben, wie sie über die Jahre immer mutloser wurden, weil sich die Zusage nicht erfüllte und ihre altersschwachen Körper stattdessen nur von immer mehr Leiden geplagt wurden.

Und da entschloss sich Sarai, Gott etwas nachzuhelfen. Sie befahl Hagar, mit Abram zu schlafen und ihm den verheißenen Sohn zu schenken. Wie immer gehorchte Hagar. Schließlich waren Abram und Sarai ihre Beschützer; sie war von ihnen abhängig. Ihnen sollte sie doch wohl vertrauen können, oder etwa nicht? (Offensichtlich nicht.)

Hagar wurde schwanger und Sarai wurde eifersüchtig. Ein einziges Mal tat Hagar etwas, womit sie sich schutzlos und angreifbar machte, und erfuhr statt der gewohnten Geborgenheit Leid und Ablehnung von eben den Menschen, denen sie über Jahre hinweg vertraut hatte. Nicht einmal das Gesetz trat für sie ein – es verhinderte vielmehr, dass Abram für Hagar eintreten und sie vor Sarais Rache bewahren konnte. Und Sarai war keineswegs bereit einzulenken.

So floh Hagar in die Wüste, um dort Schutz zu suchen.

Schutz und Geborgenheit – und wie Sie beides erleben können

Seit es die Menschheit gibt, hat mangelnder Schutz das Leben von Menschen völlig aus der Bahn geworfen. Doch auch Gottes Bereitschaft und Macht, Schutz zu gewähren, kann Leben von Grund auf verändern. Nachdem Hagar alles verloren hatte, was sie hätte schützen können, schrie sie zu Gott und er erhörte sie:

In der Wüste rastete Hagar bei dem Brunnen, der am Weg nach Schur liegt. Da kam der Engel des Herrn zu ihr und fragte sie: »Hagar, Sklavin Sarais! Woher kommst du? Wohin gehst du?«
1. Mose 16,7–8

Gott begegnete Hagar dort, wo sie schutzlos und verletzlich war. Er kannte ihre *Vergangenheit* und wusste, was sie durchgemacht hatte. Er begegnete ihr in ihrer *gegenwärtigen* Situation und kümmerte sich um sie. Und er gab ihr eine Perspektive für die *Zukunft*. Nach dieser Begegnung mit Gott in der Wüste wusste Hagar, dass Gott sie liebte:

Du bist der Gott, der mich anschaut.
1. Mose 16,13

Verlassen wir Hagar an dieser Stelle und kehren in die heutige Zeit zurück. Machen Sie doch einmal einen Spaziergang durch Ihr Wohnviertel. Ist Ihnen schon einmal aufgefallen, wie viele Menschen sich und ihr Hab und Gut durch Alarmanlagen und Kameras schützen? Während wir an diesem Buch schrieben, unterhielten wir uns mit einem Freund namens Bob, der solche Sicherheitssysteme verkauft.

Da Frauen schon immer ein hohes Sicherheitsbedürfnis hatten, sollte es uns nicht wundern, dass sie in der Regel das volle Programm von der Alarmanlage bis hin zur Kameraüberwachung wünschen, während Männer die damit verbundenen Kosten scheuen und auch ihre traditionelle Rolle als Beschützer nicht aufgeben wollen. Bob meinte, es gäbe zwei Gründe, warum Leute sich ein solches Sicherheitssystem anschaffen: entweder, um ihr Leben zu schützen, oder um ihr Hab und Gut zu sichern. Frauen wollen ein solches System, um sich und die Ihren sicher zu wissen, Männer zum Schutz ihres Besitzstandes.

So wie Bob das Haus seiner Kunden untersucht, um ein passendes Sicherheitssystem anzubieten, können Sie in Gottes Wort nach der Gebrauchsanweisung für ein Sicherheitssystem forschen, das genau auf Ihre Bedürfnisse abgestimmt ist. Wenn Sie das tun, werden Sie ein normales, gesichertes Leben führen können, ohne sich ständig um Ihre Sicherheit sorgen zu müssen.

Schlüpfen Sie einmal in Hagars Sandalen. Gott wusste, wo und wann sie in Vergangenheit, Gegenwart und Zukunft einen Mangel an Geborgenheit und Schutz erleben würde. Trotzdem hätte sie sein Angebot zurückweisen können, dass er für sie sorgen wolle. Doch sie verwarf die Lüge, dass Gott sie nicht kennt und sie ihm völlig egal ist, und ließ sich auf die Wahrheit Gottes ein – dass Gott der ist, der sie anschaut.

Gott ließ aus dem Schlimmen, das Hagar widerfahren war, Segen erwachsen. Er kann das Gleiche in Ihrem Leben tun (vgl. Römer 8,28). Auch wir, Sie und ich, müssen der Lüge Satans widerstehen und unseren Schutz in der Wahrheit Gottes suchen:

Ischa richtet ihr Leben auf die Wahrheit Gottes aus

➤ **Ich muss mir darüber im Klaren sein, dass Gefahren auf mich lauern.**

Lüge: Ich bin in meinem Leben nur selten verletzt worden, also brauche ich kein Sicherheitssystem.

Die meisten Menschen machen sich nicht die Mühe, ihr Leben mit einem Sicherheitssystem zu schützen. Bob erzählte uns, dass weniger als 20 % aller amerikanischen Haushalte mit einem solchen System ausgerüstet sind. Und dort, wo die Kriminalitätsrate gering ist, sinkt der Anteil noch weiter. Doch das Fehlen eines solchen Systems wiegt uns in einer falschen Sicherheit und macht uns für Gefahren äußerst anfällig. Auch unsere Sicherheit in emotionaler Hinsicht oder in Bezug auf unsere Beziehungen halten wir möglicherweise für selbstverständlich. Doch wenn wir uns bewusst machen, dass Satan »der Vater der Lüge« (Johannes 8,44; Luther) ist, werden wir erkennen, dass er alles und jeden benutzen wird, um seine bösartigen Ziele zu erreichen. Wir müssen auf der Hut bleiben.

Rebecca

Ich hätte all das, was ich durchmachen musste und wovon ich weiter oben berichtet habe, niemals erlebt, wenn die geliebten Menschen um mich gewesen wären, denen ich so sehr vertraute. Ich lernte dadurch, mit der Hilfe Gottes und der Menschen, die er mir gegeben hat, bewusst ein schützendes Netzwerk um mich herum aufzubauen, damit ich dem brüllenden Löwen jederzeit entgegentreten kann.

Sie sollten nicht verängstigt sein, aber Sie sollten auch nicht arglos sein. Bleiben Sie wachsam. Halten Sie nach Gefahren Ausschau. Wählen Sie mit Bedacht, welchen Menschen Sie Zugang zu Ihrer Welt geben. Sie können niemals alle Gefahren ausschließen, aber Sie können lernen, weise damit umzugehen, wenn Gefahren drohen.

➤ **Gott ist vertrauenswürdig und er sorgt für meinen Schutz.**
Lüge: Es gibt keinen sicheren Ort im Leben, weil ich die Erfahrung gemacht habe, dass man niemandem trauen kann.

Gott bietet uns auf vielfältige Weise seinen Schutz an. Geborgenheit finden wir nicht nur im Gebet, in seinem Wort, in seinem Frieden, sondern auch in den Armen unserer Familien oder einer schützenden Gemeinschaft.

Gott schuf die Familie als einen Ort, an dem wir Liebe, Trost und Geborgenheit finden. Wir können dazu beitragen, dass dieses Ziel Gottes erreicht wird, indem wir als Tochter, Schwester, Ehefrau und Mutter unser Bestes geben. »Haltet in derselben Gesinnung zusammen und habt Mitgefühl füreinander! Liebt euch gegenseitig als Brüder und Schwestern! Seid gütig und zuvorkommend zueinander!« (1. Petrus 3,8). Diese Worte erinnern uns daran, dass wir auf mancherlei Weise helfen können, unser Zuhause zu einem Ort zu machen, an dem wir emotionalen

Schutz finden und auch geben, ob wir nun verheiratet sind oder Single.

Doch was tun wir, wenn wir in unserer Familie die Geborgenheit und den Schutz, nach denen wir uns sehnen, nicht finden?

Rebecca

Eine Freundin erzählte mir einmal, dass sie in ihrer Familie, schon solange sie denken kann, die Rolle ihrer Eltern übernommen hat. Ihre Eltern waren entweder nicht da oder so voll mit Drogen und Alkohol, dass sie nicht in der Lage waren, sich um sie zu kümmern. Später fand sie ältere Christen, die sie unter ihre Fittiche nahmen und ihr den Schutz und die Unterstützung gaben, die sie brauchte.

Um zu verhindern, dass wir an falschen Orten Schutz suchen, zum Beispiel in einer Männerbeziehung, die uns nicht entspricht, müssen wir uns gute Seelsorger suchen, die die mangelnde Unterstützung durch unsere Familie ausgleichen können. Wenn wir Gott darum bitten, wird er uns Menschen zeigen, die helfen können, unser Bedürfnis nach Familie und Geborgenheit zu stillen.

Auch durch die Gemeinschaft mit anderen Christen gibt Gott uns Geborgenheit. »Wo viele Ratgeber sich einig werden, da ist Sicherheit« (Sprüche 11,14). Wenn Sie es zulassen, können diese vielen Ratgeber für Sie zu einem schützenden Netzwerk werden, zu dem nur solche Menschen Zugang haben, denen Sie vertrauen können, und das Sie vor nicht vertrauenswürdigen Menschen bewahrt. Fragen Sie ältere, gläubige Frauen, welche Kriterien zeigen können, ob eine Person oder Situation sicher oder gefährlich ist. Sprechen Sie mit Ihnen über wichtige Dinge, zum Beispiel wie Sie sich fühlen oder welche Entscheidungen für Sie anstehen. Und wenn Sie Ihr Sicherheitssystem installiert haben, sollten Sie auf die Alarmglocken achten und mit Ihrer Seelsorgerin sprechen, sobald Sie ein ungutes Gefühl bekommen.

Unterm Strich gesehen liegt die Entscheidung in unserer Hand – wie damals bei Hagar: Wir können unsere eigenen Wege gehen und uns selbst zu schützen versuchen oder wir können unseren

Schutz ganz in Gottes Hand legen und zusätzlich die Geborgenheit in Anspruch nehmen, die uns die Familie oder die Gemeinschaft mit anderen Christen bietet. Wer regelmäßig in diese Sicherheitsmaßnahmen investiert, findet zu einem ungekannten Maß an Geborgenheit und Selbstvertrauen.

➤ Gott rüstet mich mit Werkzeugen aus, die mir helfen können, mich selbst sinnvoll zu schützen.

Lüge: Um Schutz zu erfahren, bin ich völlig von den äußeren Umständen und den Menschen in meinem Umfeld abhängig. Ich kann nichts dazu tun.

Sie kennen sicher das Sprichwort: Wer vorgewarnt ist, ist auch vorbereitet. Auch Jesus ging es um diese Wahrheit, als er seinen Jünger Petrus vor Satans Plänen warnte und ihm sagte, er müsse vorbereitet sein: »Gott hat dem Satan erlaubt, euch auf die Probe zu stellen und die Spreu vom Weizen zu scheiden. Aber ich habe für dich gebetet, dass dein Glaube an mich nicht aufhört« (Lukas 22,31-32).

Vorgewarnt zu sein, bedeutet auch zu wissen, dass Gott letztlich die Macht über das Böse um uns herum hat. Und es bedeutet zu wissen, dass Jesus, dem als Sohn Gottes alle Macht gegeben ist, für Sie betet und Ihnen die miesen Tricks des Feindes enthüllt.

Wir nennen Ihnen drei Werkzeuge, damit Sie gut gerüstet sind, wenn es darauf ankommt, vorgewarnt und vorbereitet zu sein:

Ihr Gewissen

Gott hat Sie mit einem wunderbaren Schutz ausgerüstet – mit dem Gewissen. Christen wissen, dass das Gewissen ein Werkzeug des Heiligen Geistes ist. Doch nur, wer Jesus als seinen Heiland annimmt, kann das leise Drängen des Heiligen Geistes als Führung verstehen. Gottes Stimme wird uns vertraut, wenn wir jeden Tag im Gebet mit ihm reden und in seinem Wort lesen. Es gibt Situationen, in denen uns das Gewissen vor einer Katastrophe bewahren kann, z. B.:

- Eine verheiratete Frau lehnt die scheinbar harmlose Einladung ihres männlichen Kollegen zum Kaffee ab.
- Eine ledige junge Frau entscheidet sich, sich nicht mit dem attraktiven Kommilitonen von der Uni anzufreunden, der nicht an Gott glaubt.

- Eine Frau spricht ihre beste Freundin auf deren Co-Abhängigkeit an und schützt sich so vor emotionalen Grenzüberschreitungen.

Ihre Intuition

Gott hat uns unseren Verstand gegeben, damit wir unter dem Flügel der Weisheit Schutz finden. Wir können zu unserem Schutz beschließen, selbst in vermeintlich sicheren Gegenden nachts nie alleine zu Fuß unterwegs zu sein. Wir können uns emotional schützen, indem wir auf unsere Intuition achten, was potenziell schädliche Beziehungen angeht. Schließlich leben wir in einer Zeit, in der Co-Abhängigkeiten und dysfunktionale Beziehungsmuster zunehmen.

Rebecca

Hin und wieder hatte ich schon Probleme mit Fans, die mich verfolgten. Einmal wurde mir vor dem Konzert gesagt, dass ein verdächtiger Kerl, der sich schon bei anderen Konzerten merkwürdig verhalten hatte, an diesem Abend wieder im Publikum war. Nach dem Konzert vergaß ich diese Warnung für einen Augenblick und ging ohne Begleitung hinter die Bühne, als mich plötzlich meine Intuition wachrüttelte. Ich ging wieder zur Bühne und bat meinen Bassisten, mich zur Garderobe zu begleiten. Kurz darauf entdeckten wir diesen Kerl, wie er am Fuß der Treppe herumlungerte, die zu meiner Garderobe führte.

Möchten Sie noch andere Beispiele hören, in denen Sie Ihrer weiblichen Intuition folgen sollten? Nehmen Sie keine Anhalter mit. Heiraten Sie niemanden, der sich schwer tut, bei der Wahrheit zu bleiben. Bleiben Sie nicht länger in einer Gemeinde, die die Aussagen der Bibel verdreht.

Selbstverteidigung

Vergewaltigungen durch Bekannte und sexueller Missbrauch nehmen massiv zu. Da ist es vielleicht keine schlechte Idee, wenn Sie lernen, sich selbst zu verteidigen. Der Satz: »Vorsorgen ist besser als heilen«, war nie zutreffender als heute.

Rebecca

Als ich kürzlich in Australien war, lernte ich von meinem Cousin – er hat einen schwarzen Gürtel in Karate – ein paar Griffe zur Selbstverteidigung. Auch eine meiner besten Freundinnen hat einen Kurs in Selbstverteidigung gemacht. Meine Gemeinde hat ebenfalls Kurse angeboten, in denen Frauen lernen können, sich gegen Angreifer zu verteidigen. In diesem Bereich kann man gar nicht vorbereitet genug sein. Wir lernen durch solche Selbstverteidigungskurse, uns nicht in Situationen zu begeben, in denen wir körperlichen Gefahren ausgesetzt sind.

Ebenso wie man durch Karate lernen kann, seinen Körper zu schützen, gibt es Methoden der emotionalen Selbstverteidigung, die uns die Warnzeichen unseres Herzens erkennen lassen. Gott hat uns das Gewissen, die Intuition und Möglichkeiten der Selbstverteidigung gegeben. Wenn wir diese Gaben trainieren und uns im Ernstfall darauf besinnen, besitzen wir gute Werkzeuge, um im Alltag für unsere eigene Sicherheit zu sorgen.

➤ **Ich sollte bereit sein, Wagnisse einzugehen, solange ich mich auf von Gott geführten und beschützten Wegen befinde.**

Lüge: Wer sicher sein will, darf niemals Risiken eingehen.

So wie ein Haus nie zu 100 Prozent sicher ist, können auch Sie sich nicht vor allen Gefahren abschotten. Und in dem Moment, in dem Sie Christ werden, springen Sie sogar geradewegs mit dem Fallschirm über dem Schlachtfeld ab. Der Feind, Satan, hat viel zu verlieren, wenn Sie Ihr Leben so führen, dass Gott sich daran freut. Also wird er alles daransetzen, Sie zu vernichten. Der Unterschied zwischen dieser Gefährdung und der, der wir uns ausgesetzt haben, bevor wir Christus kannten, besteht in der Gewissheit, die wir nun haben, dass unsere Seite am Ende siegen wird. Und wir kämpfen um mehr als unser Überleben im Hier und Heute – wir kämpfen um die Ewigkeit. Wir werden in diesem Leben nicht um Leid herumkommen, aber wir dürfen wissen, dass uns dieses Leid dank Christus nicht zerstören wird. Unsere physische Existenz wird eines Tages enden, doch wir sind geschützt durch ein himmlisches Sicherheitssystem. Der Code, den wir in dieses System eingeben, ist ein auf Gott ausgerichtetes Denken, das weiß: »Letztlich geht es in diesem Leben nicht um mich, sondern um dich, Herr. Wenn ich deshalb Leid und Verfolgung erfahren muss, dann darf ich wissen, dass du mein eigentlicher Schutz bist.«

Lynda

Ich erinnere mich noch daran, wie ich als Kind im Wagen meiner Eltern saß und zuhörte, wie sie sich mit einer Frau unterhielten, die sie an jenem Abend in die Gemeinde mitnahmen, in der mein Vater als Pastor arbeitete. Sie hatte Christus als ihren Heiland angenommen und sprach nun davon, wie viel besser ihr Leben in Zukunft sein würde und dass Gott all ihre Sorgen wegnehmen würde. Meine Eltern mussten ihr diese Illusionen nehmen. Ich fragte mich, ob sie die Frau nicht zu sehr entmutigten, als sie ihr klarmachten, dass sie jetzt als Christin erst recht mit Schwierigkeiten rechnen müsste, dass sie aber keine Angst mehr haben brauche, weil Gott in allem bei ihr sein werde.

Das ist doch kein schlechtes Geschäft: Es geschehen unweigerlich schlimme Dinge im Leben, aber Gott beschützt uns, wenn wir es zulassen. Wenn wir das wissen, müssen wir uns nicht in einer Ecke verkriechen und jedes Risiko meiden.

Rebecca

Ich las einmal von einer Befragung unter Männern und Frauen, die alle neunzig Jahre und älter waren. Die Frage lautete: »Was würden Sie anders machen, wenn Sie Ihr Leben noch einmal leben könnten?« Eine der drei häufigsten Antworten war, sie würden mehr Risiken eingehen. Einer meiner Lieblingsfilme ist *Strictly Ballroom*, in dem es um das Tanzen geht und um das Motto: »Ein Leben, das von der Angst bestimmt wird, ist nur ein halbes Leben.« Wenn wir zulassen, dass die Angst uns kontrolliert, und nicht wagen, die Risiken einzugehen, zu denen Gott uns aufruft, werden wir kein *Ischa*-Leben führen können und nicht das Werkzeug sein, das Gott gebrauchen kann.

Im Matthäusevangelium, Kapitel 14, ruft Jesus seinen Jünger Petrus auf, aus dem Boot zu steigen und auf dem Wasser zu gehen. Petrus hätte sich weigern können und alles wäre beim Alten geblieben, doch er entschloss sich, das Risiko zu wagen. Ihm war bewusst, dass er Jesu Kraft auf ganz neue Weise erfahren konnte, wenn er diesen Schritt wagte. Als er den Fuß auf das Wasser setzte, machte Petrus sich klar, wer für seine Sicherheit verantwortlich war. Er erfuhr, dass er nicht sinken würde, solange er auf Jesus schaute.

Auch Sie werden nicht untergehen, solange Sie auf Jesus blicken und das tun, was er Ihnen sagt. Sie werden Zeiten der Ungewissheit durchmachen und manchmal werden Sie erschrecken, wenn in Ihrem Leben etwas beinahe schief geht. Doch das ist ein kleiner Preis verglichen mit all dem, was Sie gewinnen und lernen werden. Sie können sich für ein bequemes - und langweiliges - Leben im sicheren Boot entscheiden, oder Sie können den Schritt hinaus auf das Wasser wagen und das Abenteuer all dessen erleben, was Jesus Ihnen zeigen will.

Entschließen Sie sich zu der Bereitschaft, dort Risiken einzugehen, wo Sie erstens leidenschaftlich für etwas engagiert sind und zweitens im Einklang mit der Wahrheit Gottes stehen. Lassen Sie sich nicht von anderen davon abhalten, Risiken in Bereichen einzugehen, die diesen beiden Kriterien entsprechen. Wählen Sie kein sicheres Leben in Untätigkeit, wählen Sie lieber die Ungewissheit eines risikoreichen Lebens. Das Leben *Ischas* ist voller Abenteuer, die sie bestehen kann, weil sie in der Weisheit Gottes und im Glauben Schritte wagt. Sperren Sie sich nicht gegen solche Wagnisse!

➤ **Ich muss mich selbst und die Menschen, die ich liebe, beschützen und mich gegen Angriffe zur Wehr setzen.**

Lüge: Ich habe nicht die Macht, Gefahren abzuwehren.

So wie Einbrecher beim ersten Ton eines Martinshorns Fersengeld geben, flieht auch Satan, wenn er merkt, dass wir seine Taktik durchschauen und auf seine Angriffe vorbereitet sind. Wir wollen doch nicht den Fehler machen, uns erst nach dem ersten Einbruch ein Alarmsystem anzuschaffen. Wir wollen auf das Unvorhersehbare vorbereitet sein.

Lynda

Ich liebe dieses Bild, das in Matthäus 12,29 beschrieben wird: »Oder wie kann einer in das Haus eines Starken eindringen und ihm seine Beute rauben, wenn er den Starken nicht zuvor gefesselt hat? Dann erst kann er sein Haus ausrauben!«
Ich stelle mir vor, wie ich zusammen mit meinem Mann vor der Tür unseres Hauses Wache halte, damit der Feind nicht eindringt und uns und unsere Familie bedroht. Wir sitzen nicht mit einer Waffe in der Hand an der Tür, sondern mit der aufgeschlagenen Bibel. Wir lesen darin von der Wahrheit Gottes und geben diese Werte an unsere inzwischen erwachsenen Kinder weiter. Und während wir dies tun, widersetzen wir uns den Versuchen des Feindes, unser Leben und unsere Beziehungen zu zerstören.
Vor vielen Jahren hörte ich einen Pastor sagen, wir sollten jeden Morgen – noch bevor wir die Füße aus dem Bett strecken – Epheser 6,14–17 im Gebet über unserer Familie aussprechen. Ich habe das seitdem mit eigenen Worten immer so gemacht. Ob im Auto, an der Haustür oder am Telefon – meine Kinder kennen dieses Gebet auswendig und erinnern mich daran, wenn ich es einmal vergesse: »Herr, gib uns den Helm des Heils und den Panzer der Gerechtigkeit. Gürte unsere Lenden mit Wahrheit und beflügle unsere Füße, dem Evangelium des Friedens den Weg zu bereiten. Gib uns das Schwert des Geistes, welches das Wort Gottes ist, und den Schild des Glaubens, um die feurigen Pfeile des Bösen abzuwehren.«
Bis auf das Schwert ist diese Waffenrüstung ganz und gar defensiv ausgelegt. Nur das Wort Gottes ist eine Offensivwaffe – die Wahrheit, auf deren Fundament wir unser Leben und unsere Schlachten führen. Vor kurzem stand meine 1,83 m große und mittlerweile studierende Tochter wie schon unzählige Male zuvor im Türrahmen und wartete darauf, dass ihre Mutter sie mit diesem Gebet und dem Wort Gottes bewaffnete. Wir werden frühestens in der Ewigkeit erfahren, wovor uns diese Gebete bewahrt haben, aber ich glaube, meine Kinder werden einmal ihre eigenen Kinder mit dem gleichen Gebet in den Tag schicken.

Also, wachsam bleiben und keinen Zentimeter Boden verschenken! Tun Sie alles, um sich mit den nötigen Waffen auszurüsten – für die Verteidigung und für den Angriff.

➤ **Ich bin Gott nicht egal. Er kennt mich mit Namen.**

Lüge: Wenn ich Gott wirklich etwas bedeuten würde, würde er nicht zulassen, dass mir Schlimmes widerfährt.

Es ist bei Ihnen nicht anders als bei Hagar: Gott weiß um das, was Sie gerade durchmachen und er ruft Sie mit Namen. Er ist der einzig verlässliche Schutz und alles in Ihrem Leben hängt von ihm ab. »Diese Hoffnung ist für uns wie ein sicherer und fester Anker« (Hebräer 6,19).

Stellen Sie sich eine wunderschöne Jacht vor. Wenn sie keinen sicheren Anker hat, wird sie von den Wellen losgerissen und umhergeworfen. Gott ist unser Anker. Darum sind wir geschützt. Das dürfen wir wissen und dessen sollen wir gewiss sein.

Es gibt zwei Wege, wie Gott uns seinen Schutz auf sanfte Art zuteil werden lässt. Sie werden bestimmt auch bei Ihnen funktionieren:

Durch sein Wort

Die Bibel ist Gottes Liebesbrief an Sie. Und sie gibt Ihnen die nötige Wegweisung für die Entscheidungen, die Sie in Ihrem Leben zu treffen haben. Es ist wichtig, dass wir jeden Tag in der Bibel lesen. Verse, die auf Ihre augenblickliche Situation zutreffen, sollten Sie auswendig lernen oder in Ihr Tagebuch schreiben. Denn Gottes Wahrheit ist unumstößlich (vgl. Matthäus 24,35). Darauf haben Sie sein Wort!

REBECCA

Es ist schon unzählige Male vorgekommen, dass ich mit etwas zu kämpfen hatte und dann genau die Bibelstelle las, die auf diese Situation zutraf. Oft standen mir Tränen in den Augen, weil ich erkennen konnte, auf welch wunderbare Weise Gott mich immer wieder ermutigt und mich wissen lässt, dass er mich durch die schlechten Zeiten ebenso hindurchträgt wie durch die guten.

Durch das Gebet

Gott weiß, dass Sie seine Liebe und seinen Schutz dann am deutlichsten spüren werden, wenn Sie sich für ein ganz vertrautes Gespräch mit ihm die Zeit nehmen. Wenn Sie erst einmal begreifen, dass *Gott selbst* Ihnen zuhört, zu Ihnen spricht und Ihnen die tiefe Gewissheit schenkt, dass er für Sie sorgt, kann das Leben kaum schöner sein.

Nehmen Sie sich wenigstens zehn Minuten am Tag, um in der Bibel zu lesen und auf das zu hören, was Gott Ihnen auf diese Weise sagen will. Und dann nehmen Sie sich mindestens weitere zehn Minuten, um zu beten und ihm zu sagen, was Sie auf dem Herzen haben. Mit der Zeit werden Sie feststellen, dass Sie immer mehr Zeit mit ihm verbringen möchten, um ihn mehr und mehr kennen zu lernen. Sie werden den Tag nicht mehr ohne ihn beginnen wollen.

Lynda

Gott sagt durch die Bibel zu uns: »Gebt Acht, ich stehe vor der Tür und klopfe an! Wenn jemand meine Stimme hört und öffnet, werde ich bei ihm einkehren. Ich werde mit ihm das Mahl halten und er mit mir« (Offenbarung 3,20). Ich habe herausgefunden, dass der Morgen für mich die beste Zeit ist, um zu beten und in Gottes Wort zu lesen. Stellen Sie sich vor, Sie würden mit Gott frühstücken! Ich kann ihm erzählen, was ich auf dem Herzen habe und erfahren, was ihn bewegt. Wenn ich den Tag so beginne und auch zwischendurch bei der Arbeit oder beim Autofahren immer wieder Stoßgebete spreche oder Lobpreislieder singe, spüre ich seinen Schutz hautnah. Denn meine Schlachtfelder werden so zu seinen.

Jeder Mensch, der Sicherheitssysteme vertreibt, wird Ihnen bestätigen, dass die meisten Verkäufe über Mund-zu-Mund-Propaganda zustande kommen. Wer sich so ein System anschafft, erkennt seinen Wert und empfiehlt anderen, sich ebenfalls eines zuzulegen. Auf ähnliche Weise können auch wir von Menschen, die Schutz finden, zu Menschen werden, die anderen Schutz geben. Jeder von uns braucht Schutz und Geborgenheit. Doch ebenso werden jedem von uns irgendwann im Leben Menschen anvertraut, denen wir Schutz und Geborgenheit geben sollen. Ob dies nun Kinder, Eltern oder Freunde sind, irgendwann müssen wir in die Rolle dessen schlüpfen, der bewacht und beschützt. Dann werden wir auch lernen, dass beides zusammengehört, zu beschützen und loszulassen.

Lynda

Meine wichtigste Rolle als Beschützerin begann, als ich Mutter wurde, insbesondere als ich allein erziehend war. Statt meine Aufgabe mit einem verlässlichen Ehemann teilen zu können, musste ich allein damit fertig werden. Nachdem ich mit den Kindern gerade wegen meines Jobs bei *Focus on the Family* nach Colorado umgezogen war, musste ich sie gleich wieder ins Flugzeug setzen, damit sie den nächsten Monat bei ihrem Vater sein konnten. Zuvor war ich nie länger als eine Woche von ihnen getrennt gewesen und die Situation, in die sie kamen, war alles andere als ideal. Das schmerzte mich. Ich spürte Angst, Sorge und Wut zugleich. Ich weinte ständig und hatte Mühe, meine Arbeit zu machen. Selbst in den Augenblicken, in denen mein Vertrauen auf Gott stark war, fragte ich mich immer wieder: Geht es ihnen auch gut?

Gut eine Woche, nachdem sie abgereist waren, betete ich wieder einmal für sie, während ich mich anzog, um in den Gottesdienst zu gehen. Im Gebet hörte ich deutlich das Wort »Jochebed«. Ich hatte dieses Wort noch nie gehört, aber da ich so verzweifelt war, stellte ich keine Fragen. Ich suchte in der Konkordanz nach dem Wort. Schließlich fand ich Jochebed. Sie war die Mutter von Mose. Ich las, wie sie ihr Kind drei Monate lang vor den Männern des Pharao versteckte. »Länger konnte sie es nicht verbergen. Deshalb besorgte sie sich ein Kästchen aus Binsen, dichtete es mit Pech ab, sodass es kein Wasser durchließ, und legte das Kind hinein. Dann setzte sie das Kästchen ins Schilf am Ufer des Nils« (Exodus 2,2–3).

Da erkannte ich, dass es Jochebed genauso ergangen war wie mir. Ihre Rolle als Beschützerin war gestört worden. Sie musste ihr winziges Baby loslassen: Körperlich musste sie es den Gefahren des Wassers aussetzen. Geistlich gesehen bestand die Möglichkeit, dass der Junge sich für ein Leben ohne den Gott seiner jüdischen Vorfahren entschied. Und emotional blieb ihr nur die Ungewissheit, wen er einmal seine Mutter nennen würde. Ich musste ebenso handeln. Ich musste alles tun, um meine Kinder vor Gefahren zu schützen, und dann musste ich sie ganz dem Schutz Gottes anbefehlen – körperlich, geistlich und emotional.

Es ist über zehn Jahre her, dass ich Jochebed begegnet bin, doch seitdem habe ich meine Kinder im Sinne Jochebeds beschirmt und losgelassen. Ob die Menschen, die wir lieben, den Führerschein machen oder alt werden oder studieren oder von ihrer ersten großen Liebe verlassen werden, wir müssen lernen, sie loszulassen, uns zurückzunehmen und zuzulassen, dass Gott ihr Beschützer ist.

Mit Gottes Hilfe werden wir Menschen, die nicht mehr schutzlos sind, sondern unter seinen Flügeln Zuflucht haben und diesen Schutz auch an andere weitergeben können. Und das gilt auch dann noch, wenn Menschen uns verlassen oder belügen oder im Stich lassen, die uns eigentlich hätten schützen sollen. Es gilt auch dann, wenn wir selbst noch verletzt sind und es uns schwer fällt, zu vertrauen. Gott weiß um unsere Schutzlosigkeit in Vergangenheit und Gegenwart. Er will uns unter dem Schatten seiner Flügel Zuflucht geben und uns aus dieser Geborgenheit heraus einen spannenden Weg führen, den wir mutig gehen können. Machen Sie sich auf den Weg! Probieren Sie es aus! Es gibt keinen sichereren Ort als diesen.

So ist Ischa

Eine wirklich geborgene *Ischa* findet ihren Schutz bei Gott und durch ihn in der Familie oder der Gemeinschaft anderer Christen; und sie findet ihn in der Weisheit, die er ihr schenkt.

---

[1] Joni Eareckson Tada, *A Quiet Place in a Crazy World,* Multnomah, 1993, S. 36–37.

[2] John Eldredge, *Wild at Heart,* Thomas Nelson, 2000, S. 16–17 (dt. Der ungezähmte Mann, Brunnen, 2003).

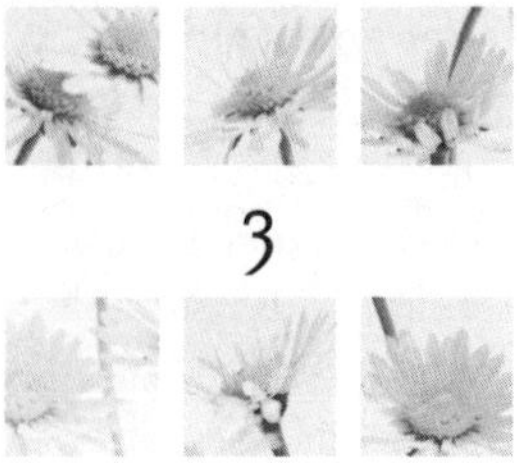

3

Vertrautheit – Abschied von der selbst gewählten Isolation

Mit Intimität verbinden wir Vertrautheit und Nähe. Sie berührt unser tiefstes Wesen und ist gekennzeichnet durch eine warmherzige, schon lange währende Freundschaft. Damit eine solch vertraute Beziehung zu einem anderen Menschen entstehen kann, muss er sich als zuverlässig erweisen - als jemand, dem wir unsere Geheimnisse bedenkenlos anvertrauen können.
Cynthia Heald[1]

Der Herr ist denen Freund, die ihn fürchten; und seinen Bund lässt er sie wissen.
Psalm 25,14 (Luther)

Rebecca

Die folgende E-Mail bekam ich von einem 15-jährigen Mädchen: Ich habe in meinem Leben bereits eine Menge durchgemacht. Sieben Jahre lang wurde ich von meinem Vater sexuell missbraucht, dann starb mein Großvater und nun vor kurzem meine beste Freundin. So ziemlich jeder, der mir gesagt hat, ich bedeute ihm etwas, hat mich verletzt oder verlassen. Das ist hart, und deshalb fällt es mir schwer zu glauben, dass Gott mich liebt. Wenn ich Gott im Gottesdienst näher komme, bekomme ich so eine Panik, dass ich rausgehen muss, weil mein Leben mich gelehrt hat, dass man nur verletzt wird, wenn man andere an sich ranlässt.

Es ist nicht verwunderlich, dass es diesem Mädchen so schwer fällt, andere Menschen an sich heranzulassen. Ihre Geborgenheit und Sicherheit wurde in ihrem jungen Leben immer und immer wieder angetastet. Sie kennt nur einen Weg, sich vor weiterem Schmerz zu schützen: Sie verschließt ihr Herz mit eisernen Ketten. Wer wollte ihr das zum Vorwurf machen? Doch es hat zur Folge, dass sie nicht einmal mehr Gott vertrauen kann. Das Leben hat sie eines gelehrt: die Konsequenz von Nähe ist, verletzt zu werden.

Das führt uns zum zweiten Merkmal einer geborgenen *Ischa:* Sie erkennt immer mehr, welche Geborgenheit aus echter Vertrautheit entsteht.

Nehmen Sie sich ein paar Minuten Zeit, bevor Sie weiterlesen, und fragen Sie sich, wie gut Sie sich mit diesem Mädchen identifizieren können. Vielleicht haben Sie keinen Missbrauch und kein solches Maß an Verlassenheit erlebt. Doch jeder Mensch erfährt hin und wieder, wie es ist, von anderen verletzt zu werden. Und einige von uns kennen die Geschichte dieser jungen Frau nur zu gut – weil sie Ähnliches erfahren haben. Können Sie eine der folgenden Fragen mit Ja beantworten?

- Sperren Sie sich gegen die Nähe anderer, weil Sie Angst haben, verletzt zu werden?
- Misstrauen Sie Gott aufgrund der Erfahrung, von Menschen im Stich gelassen worden zu sein?
- Haben Sie das Gefühl, dass niemand Sie wirklich versteht?
- Fühlen Sie sich häufig einsam?
- Ist Vertrautheit für Sie ein Fremdwort?

Vertrautheit – unsere grösste Sehnsucht und unsere grösste Angst

Wir hören ständig davon, wie wichtig es ist, gute, vertraute Beziehungen aufzubauen, und wie arm Menschen sind, die keine solchen Beziehungen besitzen. Besonders Frauen neigen dazu, sich über ihre vertrauten oder intimen Beziehungen zu definieren; Männer definieren sich in ähnlicher Weise über den Beruf.

Eine intime Atmosphäre verbinden wir mit dem schnuckeligen Tisch in der hintersten Ecke eines Restaurants, mit tiefen Gesprächen unter Freundinnen, mit dem Sexualakt zwischen Liebenden oder eben auch der persönlichen Beziehung zu Gott. Manche sehen Intimität als ein emotionales Erleben an; andere beschränken es auf das rein Körperliche. Manche sagen, es sei nur eine Frage des Denkens, andere sagen, man findet sie nur im Bett. Ein Begriff, viele Ansichten.

Das Wort »Intimität« finden wir in der Bibel nicht, wir können uns also auch nicht dorthin wenden, um den Begriff eindeutig zu klären. Wir wollen in diesem Kapitel »Intimität« – oder besser »Vertrautheit« – definieren als »die Fähigkeit, mit einem anderen Menschen eine tiefe Beziehung einzugehen«. Eine solche Beziehung kann sich auf unterschiedlichen Ebenen ereignen: emotional, körperlich, geistlich, romantisch oder platonisch.

Intimität ist zudem etwas Komplexes. Wir wünschen uns Vertrautheit, weil wir hoffen, uns auf diese Weise versorgt und geborgen zu fühlen. Wir wollen zutiefst verstanden und geliebt werden. Wir hoffen, dann nie mehr einsam zu sein. Aber Intimität besitzt eine zweite Seite und von der sind wir weniger begeistert.

Vertrautheit lebt aus unserem *tiefsten Sein*; sie bleibt nicht an der Oberfläche. Wirklich gute Beziehungen erreichen das, was tief in uns verborgen ist – an Gedanken, Fehlern, Schwächen, Ängsten und Scham, aber auch an positiven Qualitäten. Vertrautheit kann auch Angst machen. Wenn ein anderer Mensch uns *wirklich* kennt, sieht er auch unsere intimsten Seiten – das, was uns peinlich ist, unseren ekeligsten Müll. Und diese Person hat dann die Macht, ihr Wissen gegen uns einzusetzen. Unsere Geheimnisse sind offenbar geworden; unser übelstes Ich liegt bloß – völlig ungeschützt. Das macht Angst.

Lynda

Selbst als Kind wusste ich um den Schmerz, den Vertrautheit manchmal mit sich bringt. Hinter meinem Elternhaus gab es ein Waldstück. Dort am Waldrand saß ich oft stundenlang auf einem Zaunpfosten und träumte vor mich hin: was ich einmal sein wollte, wen ich heiraten, wie ich die Welt verändern und meine eigenen Schwächen und Unsicherheiten überwinden würde. Doch selbst mit meinen wildesten Träumen blieb ich allein. Ich sprach mit niemandem über das, was mein Herz im Tiefsten bewegte. Ich weiß noch, dass ich Angst hatte, jemand könne meine grandiosen Pläne mitbekommen und über mich lachen oder schlimmer noch, meine Träume zerstören. Und je länger ich vor mich hin träumte, umso lieber war mir, mich in der Sicherheit meiner Isolation zu verkriechen, statt jemandem zu gestatten, mir nahe zu kommen.

Ganz offensichtlich ist es uns nicht geheuer, einem anderen Menschen unsere schlimmsten – oder auch besten – Seiten zu offenbaren, wenn wir uns nicht sicher sind, dass diese Person uns trotzdem nicht verletzen oder verlassen wird. Sie muss sich als vertrauenswürdig und sicher erweisen. Zur Vertrautheit gehört also auch *Weite* – sie wächst durch all das, was wir mit dem anderen reden und erleben und woran wir uns in unserer Freundschaft über die Jahre erinnern.

Die Zeit stellt jede Freundschaft auf die Probe, entweder wird sie dadurch gestärkt oder zerstört. Wir erleben uns in vielen unterschiedlichen Situationen, Umfeldern, in Freude und im Streit. Zur Vertrautheit gehört *Dauerhaftigkeit* – sie entwickelt sich über Jahre oder über einen ganzen Lebensabschnitt hinweg.

Weil zur Vertrautheit Tiefgang, Weite und Dauerhaftigkeit gehören, wird sie das Beste und das Schlechteste in uns und im andern offenbaren. Und darum wünschen wir uns Vertrautheit ... oder lieber doch nicht ... Doch in Wirklichkeit sehnen wir uns danach.

Im Jahr 2000 führte George Barna eine Studie durch unter dem Titel: »Was Amerikaner vom Leben erwarten«. Das Ergebnis:

- 75 % der Erwachsenen nannten als eine der wichtigsten Prioritäten den Wunsch nach engen, persönlichen Freundschaften.
- Ein fast genauso hoher Prozentsatz, nämlich 7 von 10 Amerikanern nannten als ein wichtiges Lebensziel eine persönliche Gottesbeziehung.
- 30 % der Amerikaner versuchen wenige gute Freunde zu finden[2].

Zeitschriften füllen ganze Regale in dem Bemühen, eine Antwort auf unsere Sehnsucht nach Vertrautheit zu geben. Fernsehserien wie *Friends* leben von der Popularität dieses Themas und Pastoren lehren uns in ihren Predigten, wie wichtig Vertrautheit ist.

Rebecca und Lynda

Wir hören ständig von Frauen wie jener, die wir am Beginn des Kapitels erwähnten, die sich nach einer vertrauten Beziehung zu einem anderen Menschen, dem ihre tiefsten Wünsche nicht egal sind, sehnen. Dabei ist es egal, wer dieser Jemand ist. Wir sehen an den Folgen dieses Verhaltens, dass es vielen Frauen an Vertrautheit zu Menschen und zu Gott fehlt. Aber wir glauben auch, dass wir zu guten menschlichen Beziehungen fähig werden, wenn wir lernen, eine tiefe Beziehung zu Gott zu pflegen. In der Tat kann vollkommene Vertrautheit zwischen Menschen nur dort entstehen, wo diese zuerst die tiefe Nähe Gottes erfahren haben.

Vertrautheit in der Beziehung zu Gott

Gott möchte eine persönliche Beziehung zu Ihnen aufbauen. Berührt Sie dieser Gedanke in Ihrem Herzen? Der Gott des Universums hat Sie geschaffen und weiß alles von Ihnen – und er hat alle Hindernisse, die auf dem Weg zu ihm bestehen könnten, ausgeräumt und hat alles in seiner Macht Stehende getan, damit Sie sich dem Schutz seiner Liebe anvertrauen können. Er kennt Sie durch und durch – Ihre Schwächen und Ihre Stärken, Ihre guten Entscheidungen und Ihre schlechten, Ihre Zuversicht und Ihre Unsicherheit. Und er ist Ihnen in jeder Minute Ihres Lebens nachgegangen (vgl. Psalm 27,8; Johannes 3,16–17; Römer 5,8).

Man kann etwas *über* Gott *wissen,* ohne ihn wirklich zu *kennen.* Doch er bietet Ihnen ein wunderbares Geschenk an: eine vertraute Beziehung zu ihm. In allem, was sich zwischen Genesis und Offenbarung ereignet – gestern oder zu irgendeinem Zeitpunkt der Zukunft – sucht Gott eine tiefe, persönliche Beziehung zu jedem einzelnen seiner Kinder. Der Theologe A. W. Tozer schreibt:

Tief im Innern eines jeden Menschen befindet sich ein persönliches Heiligtum, ein verborgener Ort, an dem allein Gott wohnen kann. Er hat etwas von sich selbst (seine Ewigkeit) in jede menschliche Brust eingepflanzt ... eine von Gott geschenkte Sehnsucht nach Sinn, die nichts und niemand stillen kann als Gott allein.[3]

Doch entweder wissen die meisten von uns nicht, dass eine persönliche Beziehung zu Gott möglich ist, oder begreifen nicht, wie lebensnotwendig diese Wahrheit für uns ist. Oder wir verzichten auf diese Nähe Gottes, weil unser Bild vom himmlischen Vater befleckt wurde durch das Bild, das wir durch unseren irdischen Vater vermittelt bekamen, sodass wir Mühe haben, Vertrautheit mit Gott als etwas Positives zu erkennen. Joseph Stowell, Leiter des *Moody Bible Institute* in Chicago, sagt zu diesem Thema, fehlende Vertrautheit gegenüber Gott ist so, als würde man beim Fernsehen von einem Sender zum nächsten zappen, immer auf der Suche nach etwas Packendem. Man gewöhnt sich daran, in der Distanz zu Gott zu leben, und glaubt schließlich, dass Gottes Nähe nicht hält, was sie verspricht. Unsere Vertrautheit gegenüber Gott – oder das Fehlen derselben – bestimmt, wie vertraut wir mit dem Leben sein werden.

Lynda

Einmal kam die Frau eines Pastors auf mich zu, nachdem ich während einer Freizeit ein Referat über die vertraute Gottesbeziehung gehalten hatte. Mit Tränen in den Augen sagte sie: »Ich weiß nicht, wie ich zu einer vertrauten Beziehung zu Jesus kommen soll. Ich weiß nur, wie man beim Beten und Bibellesen alles richtig macht. Aber Nähe Gottes? Ich weiß einfach nicht, wie das geht.«
Der Autor, Pastor und Theologe Calvin Miller nennt Vertrautheit ein »nach-innen-gerichtet-Sein«. Und er weist auch auf unsere Tendenz hin, diese Vertrautheit durch andere Dinge zu ersetzen, wenn wir sie bei Gott nicht finden: »Wenn Gott das Vakuum nicht füllt, werden unsere besten Absichten durch eine Vielzahl von verzehrenden Gelüsten zunichte gemacht.«[4]
Vertrautheit gegenüber Gott: Dazu sind wir geschaffen und wir leiden auf vielerlei Weise, wenn wir sie nicht erlangen. Wo diese Vertrautheit ausbleibt, klafft eine Lücke, eine Leerstelle, ein Loch im Herzen, das durch nichts und niemanden gefüllt werden kann. Und mehr noch: Wenn uns eine vertraute Beziehung zu Gott fehlt, haben wir Mühe, die Nähe anderer Menschen auszuhalten.

Vertrautheit in der Beziehung zu anderen Menschen

Gott selbst schuf uns, damit wir in vertrauten Beziehungen mit anderen Menschen zusammenleben und in der Lage sind, anderen in der Tiefe zu begegnen. Er sagte: »Es ist nicht gut, dass der Mensch so allein ist. Ich will ein Wesen schaffen, das ihm hilft und das zu ihm passt« (1. Mose 2,18).

Wir brauchen einander. Doch schon bald, nachdem Gott den Menschen geschaffen hatte, wurden wirklich vertraute Beziehungen unter Menschen die Ausnahme. Nach der ersten Sünde durch Adam und Eva, sagte Gott zu Eva: »Es wird dich zu deinem Mann hinziehen, aber er wird über dich herrschen« (1. Mose 3,16). Die Sünde trennte sie (und uns) also nicht nur von Gott, sondern sie ruinierte auch die Beziehungen der Menschen untereinander.

Rebecca

Einmal ging ich an einem herrlichen Septembertag in einen Park, um zu schreiben. Der Tag hätte schöner nicht sein können. Am Himmel zogen weiße Wölkchen vorbei und eine sanfte Brise wehte mir ums Gesicht. Ich erwartete einen überfüllten Park, doch zu meiner Überraschung traf ich nur ein paar Jogger und einige Jungs, die auf dem Spielplatz Fußball spielten. Ich fragte mich, wo all die Leute waren und kam zu dem Schluss, dass Eltern und Kinder wohl getrennten Unternehmungen nachgingen. Es machte mich ein wenig traurig, dass der Park nicht von Familien oder Freunden bevölkert war, die gemeinsam ihre Freizeit verbrachten: spielten, lachten, aßen und redeten. Ich erkannte daran den Mangel an Gemeinschaft in unserer heutigen Gesellschaft.

Irgendwann haben wir Menschen verlernt, wie wichtig tiefe und dauerhafte Beziehungen sind. Der renommierte Psychologe Larry Crabb schreibt darüber:

Die meisten Menschen haben in ihrem ganzen Leben nie einem anderen Menschen Dinge gesagt, die aus tiefstem Herzen kommen, und die meisten Menschen hören auch niemals Worte, die dieses tiefste Innere erreichen, das wir Seele nennen. Doch uns allen ist die Macht gegeben, anderen Menschen so zu begegnen, dass wir sagen können: »Da ist etwas in mir - und auch etwas in dir - das dich dem Bild und der Persönlichkeit näher bringen könnte, zu der Gott dich bestimmt hat, egal ob sich etwas an deinen Umständen ändert oder nicht. Dieses Etwas gilt es zu erkennen, erkunden, entdecken, berühren und freizusetzen.«[5]

Heute führt die »Feindschaft«, die Gott anstelle von Vertrautheit unter den Menschen vorausgesagt hatte, dazu, dass die Hälfte aller ersten Ehen und 60 Prozent aller zweiten Ehen mit einer Scheidung enden und beide im Mittel weniger als acht Jahre halten. Und in vielen der Ehen, die intakt bleiben, finden die Ehepartner niemals zu wirklicher Vertrautheit.[6]

Was sind die Gründe, die diese so lebensnotwendige und so tief begehrte Vertrautheit, zu der Gott uns Menschen geschaffen hat, verhindern und zerstören? Einige sind uns eingefallen:

- Isolation
- Schnelllebigkeit
- Zerfall der Familie
- ungenügende Vorbilder
- Selbstsucht
- falsch gesetzte Prioritäten
- kulturell bedingte Lügen
- Betonung der Unabhängigkeit in unserer Gesellschaft
- Scham
- übervolle Terminkalender

Wenn wir zulassen, dass diese und andere Dinge unsere wesentlichen Beziehungen hindern oder kaputtmachen, suchen wir oft zerstörerische Dinge oder Beziehungen als Ersatz, um unser Bedürfnis nach einem Gegenüber zu füllen. Die Psychologen nennen so etwas falsche Vertraute. Sie verhindern, dass wir zu tiefen Beziehungen zu Gott und anderen Menschen gelangen und unterdrücken unsere Entwicklung zu Einzelindividuen. Solche Verletzungen können zu einer Mentalität führen, bei der wir wie der einsame Held im Western allein auf uns gestellt gegen den Rest der Welt kämpfen. Doch weil wir uns im Innersten ungeborgen fühlen, verhalten wir uns anderen Menschen gegenüber aggressiv oder besitzergreifend und reagieren mit Eifersucht und Misstrauen. Wir stoßen andere weg und vollenden so den Teufelskreis der Ablehnung – es kommt zu einer sich selbst erfüllenden Prophezeiung.

Wie hoch ist Ihr persönlicher Vertrautheitsquotient?

Liebe gehört ganz natürlich zu einer vertrauten Beziehung dazu. Liebe zu erfahren ist jedoch für jeden Menschen etwas ganz Besonderes. Liebevolle Beziehungen sind so unterschiedlich wie die Menschen, die sie erleben, weil jeder in der frühen Kindheit Liebe unterschiedlich erfahren hat. Genauso wie Babys die Zuwendung ihrer Eltern brauchen, um von diesem emotional geschützten Boden aus die Welt zu erobern, brauchen auch Erwachsene von Liebe geprägte Beziehungen, um das nötige Maß an Selbstbewusstsein und Selbstwert zu entwickeln, um ihr Potenzial und ihre kreativen Fähigkeiten voll zu entfalten. Wenn wir uns die folgenden drei verschiedenen Beziehungsstile[7] zwischen Kleinkindern und ihren Eltern anschauen, werden wir besser verstehen, warum wir als Erwachsene vertraute Beziehungen wagen oder nicht. Was entspricht am ehesten Ihrem Empfinden?

1. Mir fällt es relativ leicht, die Nähe Gottes und anderer Menschen auszuhalten, und ich fühle mich wohl damit, dass ich andere brauche und sie mich. Ich mache mir nur selten Gedanken darüber, dass mich Menschen verlassen oder mir zu nahe treten könnten.

2. Ich fühle mich in der Nähe Gottes und anderer Menschen ein wenig unwohl. Auch fällt es mir nicht leicht, anderen zu vertrauen und mir zuzugestehen, dass ich sie brauche. Wenn mir jemand zu nahe kommt, macht mich das nervös und ich habe oft das Gefühl, dass mir Gott oder Menschen näher sein wollen, als mir selbst angenehm ist.

3. Ich habe immer das Gefühl, die anderen zögern, mit mir eine so enge Beziehung einzugehen, wie ich sie mir wünsche. Oft denke ich mir, dass sie mich vielleicht gar nicht mögen, und frage mich, ob sie mich nicht lieber verlassen würden. Mein Wunsch, ganz mit der anderen Person zu verschmelzen, löst Angst vor emotionaler Erstickung aus, was den anderen dann oft zur Flucht veranlasst.

Wenn Punkt 1 Ihr Empfinden am besten beschreibt, wollen wir Sie als jemanden bezeichnen, der für vertraute Beziehungen sehr empfänglich ist. Sie gehen mit sicherem Empfinden Beziehungen mit anderen Personen ein. Sie vertrauen den Menschen, die Sie lieben, und wissen darum auch, dass Sie dieser Liebe wert sind. Sie haben keine Mühe, die Nähe anderer auszuhalten und sich auf sie zu stützen. Sie haben keine Angst, verlassen zu werden oder in eine vereinnahmende oder verletzende Beziehung gedrängt zu werden. Gleichaltrige erleben Sie als selbstbewusste, liebenswerte und offene Person. Sie würden Ihre Eltern vermutlich als fürsorglich und mitfühlend bezeichnen.

Ist Ihre Wahl auf Punkt 2 gefallen, so sind Sie jemand, der Vertrautheit meidet. Wenn Ihnen jemand nahe kommt, fühlen Sie sich unwohl. Es fällt Ihnen schwer, anderen völlig zu vertrauen, und Sie sind auch nur ungern von anderen abhängig. Vielleicht würden Sie von sich sagen, dass Sie nicht an die romantische Liebe glauben und so etwas auch nicht brauchen – als wollten Sie Ihre innere Unsicherheit kompensieren. Andere beschreiben Sie als relativ abweisend. Sie würden Ihre Eltern vermutlich als feindselig, gleichgültig, kalt oder abweisend beschreiben.

Falls Sie sich mit Punkt 3 identifizieren konnten, sind Sie jemand, der dazu neigt, vertraute Menschen abzustoßen. Sie haben oft Angst, andere könnten Sie nicht wirklich lieben und würden Sie darum schon bald verlassen. Ihr Wunsch, anderen nahe zu sein, stößt Ihr Gegenüber oft ab. Falls Sie Single sind, erleben Sie vielleicht häufig, dass sich alles um die Sehnsucht nach *der großen Liebe* dreht, dass Sie ständig Beziehungen anfangen und wieder beenden, ohne die *wahre* Liebe zu finden. Falls Sie verheiratet sind, fällt es Ihnen vermutlich schwer, Sie selbst zu sein und sich in der Ehe geborgen zu fühlen. Als Mensch, der durch sein Nähebedürfnis andere abstößt, finden Sie häufig keine echten Freunde und Ihr Selbstbild ist geprägt von emotionalen Schwankungen und Zweifeln. Gleichaltrige würden Sie als eine Person beschreiben, die sich selbst bespiegelt, unsicher wirkt und bei der sich ständig alles um Beziehungsfragen dreht. Sie beschreiben Ihre Eltern vermutlich sehr ambivalent, einerseits positiv und andererseits negativ, und deuten damit auf einen inkonsequenten Erziehungsstil hin.

Psychologen sagen, dass der Beziehungsstil, den ein Mensch einmal entwickelt hat, in der Regel dauerhaft bleibt.[8] Doch Gott sagt etwas völlig anderes. Er ist schon seit mehreren tausend Jahren als Seelsorger tätig und er kann Veränderungen in Ihrem Leben und im Leben derer, die Sie lieben, bewirken (vgl. 2. Mose 15,26; Jeremia 31,3–4). Es gibt keine Verletzung, die er nicht heilen, und keine Kette, die er nicht sprengen könnte.

Bedeutungsvolle und bleibende Beziehungen zu Gott und anderen gehören zu einem gesunden Menschsein dazu. Wenn Sie gerade festgestellt haben, dass Sie zu Beziehungstyp 2 oder 3 gehören, dann wünschen wir Ihnen, dass Sie im vorliegenden Kapitel Hinweise finden, wie Sie zu einem Punkt-1-Beziehungsstil finden können.

- Wollen Sie zu einem besseren Verständnis und zu besseren Beziehungen gegenüber den Menschen kommen, die Ihnen am nächsten stehen?
- Wollen Sie oberflächliche Freundschaften hinter sich lassen, um zu wirklich bedeutungsvollen Beziehungen zu finden?
- Wollen Sie mehr Intimität und Nähe in Ihrer Ehe erleben und gesündere Beziehungen zu Ihren Kindern entwickeln?
- Wollen Sie Gott in einer vertrauten Beziehung kennen lernen?
- Wollen Sie aufhören so zu tun, als wäre alles okay, und endlich ehrlich mit sich selbst und anderen werden?

Im Folgenden möchte ich Ihnen zwei Frauen vorstellen, die erkannt haben, dass Geborgenheit dort entsteht, wo sie Jesus ihr Herz öffnen und ihn erkennen, so wie er sie erkannt hat.

Maria und Maria – und wie sie zu einer vertrauten Jesusbeziehung kamen (vgl. Markus 15–16; Lukas 10; Johannes 11–12)

Maria aus Bethanien und Maria Magdalena sind zwei Frauengestalten der Bibel, die sich gegenüber einer vertrauten Beziehung zu Jesus geöffnet haben.

Maria aus Bethanien beherbergte Jesus. Maria Magdalena verdankte ihm sogar ihr Leben. Sie kamen aus einem völlig unterschiedlichen sozialen Hintergrund, doch eines verband sie – ihre Liebe zu Jesus. Sie begegneten Jesus auf recht unterschiedliche Weise und wurden auf verschiedene Art von ihm geprägt. Doch beide fanden in ihm einen sicheren Ort für die tiefsten Bedürfnisse ihres Herzens. Durch die Zeit, die sie mit ihm verbrachten, wurde ihr Leben heil, Gottes Weisheit prägte sie und sie fanden auch zu vertrauten Beziehungen mit Menschen. Doch schauen wir uns ihre Lebensgeschichten einmal genauer an.

Maria aus Bethanien

Bethanien war ein Ort, der von Jerusalem nur etwa drei Kilometer entfernt war. Wenn Jesus in Bethanien war, wohnte er oft bei Maria, ihrem Bruder Lazarus und ihrer Schwester Marta. Der biblische Bericht über Maria zeigt, wie wichtig ihr die gemeinsame Zeit mit Jesus war - ein Umstand, der umso mehr überrascht, als Frauen in der damaligen Gesellschaft nicht viel galten. Aus Überlieferungen wissen wir, dass eines der Gebete, die männliche Juden zu jener Zeit allmorgendlich beteten, folgenden Inhalt hatte: »Danke, Herr, dass du mich nicht als Sklaven geschaffen hast, auch nicht als Heiden und nicht als Frau.« Jesus begegnete Frauen mit einer ungewohnten Achtung und Maria konnte sich oft in seiner Nähe aufhalten. In drei wichtigen Szenen tritt sie an der Seite Jesu auf. Jede lässt uns erahnen, wie nahe sie Jesus stand.

Zum ersten Mal begegnen wir Maria, als Jesus in ihrem Haus einkehrte (vgl. Lukas 10, 38–42). Marta war in der Küche beschäftigt, um die Gäste zu bewirten, Maria saß zu Jesu Füßen und hing förmlich an seinen Lippen. Sie nahm die Worte, die er lehrte, in sich auf und machte sie zu ihrem Lebensinhalt. Als Marta sich beschwerte, weil Maria nicht in der Küche half, machte Jesus ihr den Unterschied deutlich zwischen einer Gottesbeziehung, die vom *Tun* geprägt ist, und einer, die aus der *Vertrautheit* lebt. »Marta, Marta, du machst dir so viele Sorgen und verlierst dich an vielerlei, aber nur eines ist notwendig. Maria hat die gute Wahl getroffen; sie hat sich für das unverlierbar Gute entschieden, das ihr nicht genommen werden kann« (Lukas 10,41–42).

Wir hören in Johannes 11 ein weiteres Mal von Maria, und zwar nachdem ihr Bruder Lazarus gestorben war (vgl. Johannes 11,1–44). Nachdem Lazarus erkrankt war, hatten Marta und Maria nach Jesus geschickt, doch er zögerte sein Kommen hinaus, um seine Herrlichkeit zu erweisen. Als Jesus schließlich eintraf, war

Lazarus schon tot. Maria suchte ihren vertrauten Platz auf – zu Jesu Füßen – und schüttete ihr Herz bei ihm aus: »Herr, wenn du hier gewesen wärst, hätte mein Bruder nicht sterben müssen« (Johannes 11,32). Jesus weinte mit Maria und ging dann hin, um Lazarus von den Toten aufzuwecken. Dass Jesus erst jetzt gekommen war, gab Maria die Gelegenheit, ihn und seine Macht noch tiefer zu erfahren.

Bevor wir uns der letzten Begegnung mit Maria zuwenden, müssen wir uns fragen, was sich wohl nach diesen beiden Ereignissen, von denen die Bibel berichtet, ereignet hat. Ist Maria wohl eines Tages auf den Markt gegangen und hat dort gehört, wie zwei Soldaten davon sprachen, dass man vorhabe, Jesus zu kreuzigen? Rannte sie dann die gepflasterten Straßen zurück zu ihrem Haus, um den Platz zu berühren, an dem sie zu seinen Füßen gesessen und ihm zugehört hatte? Oder starrte sie auf jenes Bett, in dem ihr nun wieder lebendiger Bruder gestorben war? Litt sie darunter, dass sich ihre gemeinsame Zeit mit Jesus nun wohl dem Ende zuneigte? Wusste sie, was Jesus nun erleiden musste?

Wir wissen nur so viel: Sechs Tage vor seinem Tod ging Jesus mit seinen Jüngern in das Haus Simons, des Vaters von Judas Iskarioth, um dort zu essen (vgl. Matthäus 26,6–13; Markus 14,3–9; Johannes 12,1–11). Während sie zu Tisch saßen und sich unterhielten (vielleicht über Simons Heilung von Lepra oder über die Auferweckung des Lazarus) öffnete sich die Tür und Maria trat ein – ihr dritter Auftritt in der Bibel. Es wurde still im Raum, während sie vor Jesus hintrat und sich – wieder einmal – zu seinen Füßen beugte. Sie hatte einen Krug mit kostbarem Nardenöl dabei, ein teures Parfüm, das aus einer Pflanze hergestellt wurde, die an den Hängen des Himalaja wuchs. Vermutlich war es das Kostbarste, was sie je besessen hatte. Mit diesem wertvollen Gut salbte sie Jesus die Füße – eigentlich ein Zeichen der Ergebenheit eines Nichtadligen gegenüber dem König. Sie goss das Öl über seine Füße, obwohl die anderen einwandten, dies sei eine Verschwendung und sie hätte das Öl lieber verkaufen und das Geld den Armen geben sollen. Mit schlichten Worten trat Jesus für sie ein: »Arme wird es immer bei euch geben, aber mich habt ihr nicht mehr lange bei euch« (Johannes 12,8). Und so war bald das ganze Haus erfüllt von dem kostbaren Duft der Hingabe eines Menschen, der diese vertraute Beziehung zu Jesus von ganzem Herzen gesucht und erfahren hatte.

Maria Magdalena

Magdala war eine am westlichen Ufer des Sees Genezareth gelegene Stadt. In diesem Gebiet begegnete Maria Magdalena Jesus, der sieben Dämonen aus ihr austrieb (vgl. Lukas 8,2). Wir wissen nicht, um welche Art von Dämonen es sich gehandelt hat, doch wir erfahren von den Auswirkungen, die diese Befreiung auf Marias Leben hatte. Maria verließ Magdala und folgte Jesus von da an bis zu seinem Tod auf Schritt und Tritt. Ihr Name taucht in den Evangelien unzählige Male auf - immer an der Seite Jesu.

Es sollte uns nicht überraschen, dass ihre Sehnsucht, Jesus nahe zu sein, zum Teil von der Erinnerung daran herrührte, wie zerrissen ihr Leben ohne Jesus gewesen war. Sie wusste aus erster Hand, was es bedeutet, vom Bösen geknechtet und geplagt zu werden. Und sie hatte bei Jesus Freiheit und Geborgenheit gefunden. Wenn sie also in seiner Nähe blieb, dann auch um vor zukünftigen Attacken des Feindes geschützt zu sein.

Aus ihrer Geschichte wird deutlich, wie wertvoll ihr die Beziehung zu Jesus war. Es ging ihr um Vertrautheit. Sie wollte ihrer Liebe und Dankbarkeit Ausdruck verleihen. Sie hielt sich beständig in seiner Nähe, lauschte seiner Stimme, erblickte das Mitgefühl in seinen Augen und sog seine Worte in sich auf. Sie blieb bis zum Schluss bei ihm. Sie folgte ihm, als er das Kreuz nach Golgatha hinauftrug. Sicher hat sie geweint, als sie seine Qualen mit ansehen musste (vgl. Markus 15,40-41; Johannes 19,25).

Früh am Morgen des Auferstehungstages herrschte in den Straßen noch Ruhe. Maria schloss sich einer Gruppe von Frauen an, die zum Grab gingen, um den Leichnam zu salben (vgl. Markus 16,1; Lukas 24,1.10). Sie hatten diese Arbeit am Freitagabend unterbrechen müssen, weil dann die Sabbatruhe begonnen hatte. Nun war es Zeit, ihm zum letzten Mal ihre Liebe zu erweisen und seinen Körper mit Salböl einzubalsamieren. Doch plötzlich hörte sie hinter sich seine Stimme: »Maria!«, rief er sie (Johannes 20,16).

Es ist eine Sache zu begreifen, dass wir Jesus kennen lernen können; aber es ist noch etwas ganz anderes, wenn wir die Erfahrung machen, dass er uns kennt. Er kennt uns und ruft uns beim Namen. Marias Antwort zeigt, wie vertraut ihre Beziehung war: »Rabbuni« nennt sie ihn, im Aramäischen ein sehr persönliches Wort für einen Lehrer. In diesem Augenblick wurde Maria die erste Zeugin der bedeutendsten Wahrheit der Erlösung: der Auferstehung Jesu. Jesus sagte ihr dann, sie solle ihn nicht berühren, sondern den Jüngern sagen, dass er am Leben sei (vgl. Johannes 20,17).

Weil Maria eine so vertraute Beziehung zu Jesus hatte, wurde es ihr geschenkt, seine Auferstehung mitzuerleben und dies Ereignis den anderen zu verkünden. Ihre Freundschaft zu Jesus war damit vollendet, doch ihre geistliche Reise hatte gerade erst begonnen – ebenso wie unsere.

Sieben Wochen nach dieser Begegnung kam der Heilige Geist am Pfingsttag über die, die Jesus nachgefolgt waren. Marias Name wird in dem Bericht nicht erwähnt, doch die Gelehrten sind sich ziemlich sicher, dass sie dabei gewesen sein muss. Dieser Heilige Geist lehrte Maria und mit ihr alle, die an Christus glauben, wie eine vertraute Beziehung zum auferstandenen Herrn im Alltag gelingen kann.

Vertrautheit – und wie Sie sie erleben können

Beide Marias hatten verstanden, worum es bei vertrauten Beziehungen zu Gott und zu Menschen geht. Maria Magdalena besaß eine wunderschöne Art, Jesus ihre Liebe und Ehrfurcht zu erweisen. Bis zuletzt sorgte sie für ihn. Aber sie besaß auch Freunde unter den Menschen. In beinahe jeder biblischen Geschichte, in der wir von ihr lesen, befindet sie sich in der Gemeinschaft anderer. Gemeinsam erlebten sie die alles entscheidenden letzten Tage im Leben Jesu. Maria war kein Einzelgänger. Sie scheute die Gemeinschaft und Freundschaft anderer Menschen nicht.

Am besten können wir anderen unsere Liebe zeigen, wenn wir Gottes Liebe erfahren haben.

LYNDA

Es war meinen Kindern vermutlich nicht bewusst, doch sie haben mich den Zusammenhang zwischen einer vertrauten Gottesbeziehung und vertrauten Beziehungen zu Menschen gelehrt. Mehr als einmal haben sie, wenn ich wieder einmal mürrisch oder abweisend war, zu mir gesagt: »Mama, solltest du nicht vielleicht auf dein Zimmer gehen und dir etwas Zeit mit Gott gönnen?«

Wir lernen, andere Menschen zu lieben, indem wir Zeit mit dem Gott der Liebe verbringen. Wir lernen, Beziehungen zu anderen zu gestalten, indem wir erfahren, wie Gott seine Beziehung zu uns gestaltet. Wenn wir in Gott Geborgenheit finden, können wir andere ohne Angst lieben. Wir müssen die anderen nicht mehr aus unserer Co-Abhängigkeit heraus aussaugen, um uns als ganze Menschen zu fühlen, weil wir bereits in Christus heil sind. Stattdessen schwappt der Überfluss unserer vertrauten Gottesbeziehung in unsere Beziehungen zu anderen über.

Lassen Sie uns den Lügen auf den Grund gehen, denen wir so oft erliegen – Lügen, die unsere Beziehungen zu Gott und zu den Menschen zerstören.

Ischa richtet ihr Leben auf die Wahrheit Gottes aus

➤ **Wenn ich mir nicht die Zeit für eine vertraute Gottesbeziehung nehmen kann, dann muss ich an meiner Zeitplanung etwas ändern.**

Lüge: Ich habe keine Zeit für eine vertraute Beziehung zu Gott.

Es kostet weniger Zeit, eine vertraute Gottesbeziehung zu pflegen und zu genießen, als die Folgen wieder gutzumachen, die es hat, wenn wir zu Gott auf Distanz gehen oder uns von ihm abgelehnt fühlen. Die Vertrautheit, die Maria aus Bethanien und Maria Magdalena in ihrer Beziehung zu Jesus erlebten, war eine natürliche Folge ihrer alltäglichen Gemeinschaft mit ihm. So einfach ist das. Maria, die Schwester Martas, saß regelmäßig zu Jesu Füßen, egal ob die äußeren Umstände gut (wie bei seinem Besuch in ihrem Haus) oder schlecht (wie beim Tod ihres Bruders) waren. Auch Maria Magdalenas Beziehung zu Jesus wurde von Vertrautheit gekennzeichnet. Sie folgte ihm, wohin er auch ging. Er kannte sie gut und auch sie lernte ihn immer besser kennen. Beide Marias nahmen sich Zeit für Jesus und sparten sich so die Zeit, die sie gebraucht hätten, um ihr Leben ohne ihn auf die Reihe zu kriegen.

Es gibt einfache Mittel, wie wir Vertrautheit zu Jesus finden und erhalten können:

Beten Sie regelmäßig!
Zur Gemeinschaft mit Jesus gehört, dass wir mit ihm über alles sprechen – die guten Dinge wie die schlechten. Dieses Gespräch ist keine Einbahnstraße. Wir sagen ihm vielmehr, was wir auf dem Herzen haben, und wir hören im Gegenzug, was ihm wichtig ist. Lynda unterhält sich am liebsten am frühen Morgen mit Gott. Rebecca pflegt diese besondere Beziehung zu einer wesentlich späteren Tageszeit.

Rebecca

Es ist so ähnlich wie bei meiner besten Freundin: Ich möchte anrufen und erzählen, was so alles an diesem Tag passiert ist. Wenn ich mich kraftlos fühle oder während einer Tournee vor lauter Terminen den Blick für das Wesentliche verliere, dann richte ich oft Stoßgebete an Gott und bitte ihn um Hilfe. Kraft gibt es mir auch, wenn ich meinen Freunden ehrlich sage, wo ich am Kämpfen bin, und sie um ihr Gebet und ihre Hilfe bitte. Eine Bekannte von mir hat zwei Freundinnen, die über ihre Vortragsreisen Bescheid wissen und regelmäßig für sie beten. Sie sagte, dass sie niemals ein Podium betritt, ohne die Gewissheit zu haben, dass mindestens drei Menschen sie in diesem Augenblick vor Gott bringen.

Lesen Sie regelmäßig in der Bibel!
Die Bibel ist Gottes Wort für unser Leben. Je mehr wir uns in der Bibel auskennen, umso besser werden wir auch Gott kennen lernen.

Hier ein paar Vorschläge für das Bibelstudium:

- Nehmen Sie sich einen Bibelleseplan vor, mit dem Sie in einem Jahr einmal die ganze Bibel lesen.
- Lesen Sie jeden Tag einen Abschnitt aus einem Andachtsbuch. Das sollte jedoch nicht Ihre gesamte Stille Zeit füllen; Sie sollten auf jeden Fall auch täglich in der Bibel selbst lesen.
- Lernen Sie Bibelverse auswendig. Das stärkt Sie in der Wahrheit und wirkt den Lügen des Feindes entgegen.
- Sorgen Sie für Abwechslung. Wenn die immer gleiche Stille Zeit für Sie langweilig wird, ändern Sie doch einmal die Tageszeit oder probieren Sie unterschiedliche Körperhaltungen aus. (Sie können die Bibel zum Beispiel kniend lesen.)

Systematisches Bibelstudium

Wir alle lesen gerne Briefe. Es tröstet uns, wenn uns jemand in harten Zeiten eine Mut machende Karte schickt. Wir suchen nach Wegweisung, wenn wir vor großen Herausforderungen stehen. All das und noch viel mehr finden wir in Gottes Wort. Schwarz auf weiß können wir seine Botschaft lesen. Sie ermutigt uns, sie weist uns den Weg, durch sie schenkt Gott uns Liebe und Hoffnung. Er hat diese Worte für Sie geschrieben.

Benutzen Sie eine Konkordanz und Bibelkommentare, um die Bibel in ihren Einzelheiten zu verstehen.

Gemeinsam mit anderen von der Bibel lernen

Verbringen Sie Zeit mit anderen Menschen, die Gott ebenfalls besser kennen lernen wollen. Geistliche Gemeinschaft nennt man diese wertvollen Stunden. Man kann sie unter guten Freunden, aber auch mit völlig fremden Menschen erfahren. Denn im Kern geht es darum, Jesus zu begegnen. Nur auf eines sollten Sie achten: Verbringen Sie nicht Ihre gesamte Zeit unter Christen. Geistliche Gemeinschaft soll Ihnen helfen, im Glauben zu wachsen. Dieses Wachstum aber sollen Sie hinaustragen zu den Menschen einer verlorenen Welt, um ihnen von dem Gott zu erzählen, den Sie durch Gebet, durch das Wort und durch die Gemeinschaft mit anderen Christen erfahren haben. Gottesdienste, Hauskreise oder Einkehrtage sind gute Orte, um geistliche Gemeinschaft zu erleben.

Lynda

Ich traf mich nach der Geburt meines ersten Kindes regelmäßig mit einigen anderen Müttern zum gemeinsamen Bibelstudium. Wir lasen das Matthäusevangelium und so bekam ich zum ersten Mal Gelegenheit, die biblische Botschaft genauer kennen zu lernen. Diese Erfahrung mit dem gemeinsamen Bibellesen prägte mein persönliches Bibelstudium über Jahre hinweg.

➤ **Gott ist ein Vater der Vaterlosen.**

Lüge: Ich habe ein so schreckliches Verhältnis zu meinem irdischen Vater, dass ich nie zu einer guten Beziehung zum himmlischen Vater finden werde.

Amy ist nicht die Einzige, der ein positives Vaterbild fehlt. Vierzig Prozent aller amerikanischen Kinder wachsen ohne Vater auf. Die Vaterlosigkeit ist eines der drängendsten Probleme in unserer heutigen Gesellschaft.[9]

Vielleicht wäre Folgendes ein interessantes Projekt, mit dem Sie Ihr Bibelstudium im nächsten Jahr füllen können: Suchen Sie aus einer Konkordanz alle Bibelstellen heraus, in denen das Wort »Vater« vorkommt. Lesen Sie die Stellen Stück für Stück und teilen Sie sie unterschiedlichen Kategorien zu, je nach dem Wesenszug Gottes, der darin sichtbar wird (barmherzig, treu, voller Vergebung usw.). Wo nötig könnten Sie auch die Bedeutung des hebräischen oder griechischen Urtextes untersuchen. Bitten Sie immer wieder Gott im Gebet, dass er sich Ihnen persönlich so offenbart, wie Sie es in diesen Bibelstellen gelesen haben. Am besten schreiben Sie kontinuierlich auf, welche konkreten Gebetserhörungen Sie erleben.

Lynda

Ich hatte einmal eine Pastorenfrau in der Seelsorge, die von ihrem Vater auf schreckliche Weise missbraucht worden war. Wir trafen uns einmal pro Woche und lasen ein Buch mit dem Titel *A God to Call Father* (dt. Ein Gott, den wir Vater nennen können[10]) Bevor wir mit dem Lesen begannen, half ich ihr, sich ihren Vater und ihre Mutter – der sie vorwarf, den Missbrauch nicht verhindert zu haben –

bildhaft vorzustellen. Mit diesem Bild vor Augen hörten wir, was Gott Amy zu sagen hatte, und so konnte sie zwischen ihrem himmlischen Vater und ihrem leiblichen Vater leichter unterscheiden. Durch das gemeinsame Lesen berührten wir verschiedene Aspekte dessen, was sie an Schlimmem erfahren hatte.

➤ **Wenn ich zu einer vertrauten Gottesbeziehung finde, kann Gott mir zeigen, wie ich auch mit Menschen vertraute Beziehungen gestalten kann.**

Lüge: Ich bin unfähig, vertraute Beziehungen mit anderen Menschen zu erleben.

Wieder einmal zeigt uns die Wahrheit, die Gott uns in seinem Wort offenbart, wie wir leben sollen. Wir beginnen, Gott zu vertrauen, indem wir beten und in seinem Wort lesen. Wir erkennen, dass er uns schützen und leiten wird. Und während er seine Hand über uns hält, lernen wir von ihm auch, wie wir anderen vertrauen können. Je mehr wir lernen, anderen zu vertrauen, umso offener sind wir für tiefere Beziehungen und die Bereicherung, die sie für uns und andere bedeuten. Das Gleiche gilt im Bereich der Kommunikation. Wir lernen, mit Gott zu kommunizieren, und er zeigt uns, wie die Kommunikation mit anderen Menschen gelingt. Er lehrt uns zum Beispiel zuzuhören. Viele Menschen sehnen sich danach, gehört zu werden. Es wurde schon behauptet, dass es nur deshalb so viele Seelsorger und Therapeuten gibt, weil die Menschen verlernt haben, einander richtig zuzuhören. Durch Zuhören öffnen wir uns für eine vertraute Beziehung zum anderen.

In seinem Buch *Secrets to Lasting Love* (dt. Geheimnis immer währender Liebe) schreibt Gary Smalley, dass Vertrautheit unter Menschen dort entsteht, wo wir uns auf eine Reise begeben, die uns über fünf Ebenen hinweg immer tiefer in die Kommunikation hineinführt: 1. Klischees, 2. Fakten, 3. Meinungen, Anliegen und Erwartungen, 4. Gefühle und 5. Bedürfnisse. Wenn wir in eine persönlichere Beziehung zu Gott hineinwachsen, wird das Maß unserer Verwundbarkeit in ähnlicher Weise zunehmen.[11] Verbringen Sie Zeit mit dem Menschen, der Ihnen besonders wertvoll ist: Spülen Sie gemeinsam Geschirr, organisieren Sie mit ihm eine Party, fahren Sie zusammen im Auto ... Das Zusammensein verbindet besonders in ungezwungenen Situationen. Stellen Sie Ihrer Freundin oder Ihrem Freund oder Ehepartner persönliche Fragen darüber, wer er (oder sie) ist, wovon er träumt, wie er Gott erlebt. Und dann sollten Sie zuhören, was der andere sagt.

Tun Sie etwas Besonderes für diese Person: Schicken Sie ein paar Blumen oder eine Karte. Machen Sie gemeinsam Stille Zeit. In einer Ehe wirkt so etwas Wunder!

Lesen Sie doch einmal das Buch der Sprüche und streichen Sie alle Stellen an, in denen es um die Beziehungen zwischen Menschen geht. Was schlagen Ihnen diese Worte vor?

Oder forschen Sie über einen weiteren Begriff in der Konkordanz nach: Suchen Sie nach den Worten »Freundschaft« oder »zuhören«. Bitten Sie Gott, dass er Ihnen hilft, andere so zu behandeln, wie Sie von ihm behandelt werden.

Wenn Sie sich um eine vertraute Beziehung zu Gott bemühen, wird er Ihnen Türen für bereichernde Beziehungen zu anderen Menschen öffnen.

Rebecca

Ich habe eine Freundin, die Tanya heißt und der das Leben mit ihren 19 Jahren bereits übel mitgespielt hat: Sie wuchs in einer dysfunktionalen Familie auf, wurde missbraucht, war selbstmordgefährdet und ... und ... und. Als ich ihr zum ersten Mal begegnete, war sie eine verwundete, verängstigte junge Frau, deren innerer Schmerz so groß war, dass sie weder zu einer wirklichen Beziehung zu Gott noch zu Freundschaften mit Menschen fähig war. Heute ist sie eine innerlich heile Frau mit Ausstrahlung und einer tiefen Liebe zu Gott, die auch zu anderen Menschen liebevolle Beziehungen pflegen kann. Kürzlich schickte mir Tanya die folgenden Zeilen: »Heute Abend fiel ich vor Gott auf mein Angesicht. Ich betete und schwieg, las in der Bibel und hörte, was Gott zu mir sprach: ›Dann aber will ich selbst sie umwerben. Ich werde sie in die Wüste bringen und ihr zu Herzen reden. Dort wird sie meine Liebe erwidern wie damals, als sie jung war, als sie aus Ägypten kam. Danach werde ich sie zurückbringen und ihr die Weinberge wiedergeben, und das Achortal, das ‚Unglückstal', soll zu einem Tor der Hoffnung werden‹« (Hosea 2,16–17).

Achor bedeutet »Unglück«. Gott wird aus dem Unglückstal ein Tor zur Hoffnung machen. Wenn ich erkenne, dass Gott alles ist, was ich brauche und wonach ich mich sehne, kann er mir meine Weingärten

zurückgeben und jeden anderen Weingarten, den mein Herz begehrt.
Doch wenn ich nicht erkenne, dass Gott alles ist, was ich brauche, werden diese anderen Dinge mich nur vom Wesentlichen ablenken. Wonach ich mich wirklich sehne, ist, dass er sich mir zeigt und zu mir spricht, wie er noch nie zuvor mit mir geredet hat. Und ich will ihm zeigen, wie sehr ich ihn liebe.
Tanya hat eine vertraute Beziehung zu Gott gefunden und das hat ihr geholfen, vertraute Beziehungen zu anderen Menschen zu wagen. Sie hat dadurch Geborgenheit gefunden. Sie vertraut Gott und hat ihn als den erfahren, der sie lehrt, Menschen zu vertrauen und sich für tiefe Beziehungen zu öffnen.

So ist Ischa

Eine wirkliche *Ischa* erfährt die Nähe Gottes in einer von Vertrautheit geprägten Beziehung zu ihm und lässt zu, dass er sie zu vertrauten, von Geborgenheit geprägten Beziehungen zu anderen Menschen leitet.

---

1 Cynthia Heald, *Intimacy with God*, NavPress, 2000, S. 23.

2 Alle statistischen Angaben sind der Homepage der *Barna Group* entnommen. www.barna.org.

3 A.W. Tozer, Best of Tozer, Baker Books, 1978, S. 162.

4 Calvin Miller, *Into the Depths of God*, Bethany House, 2000, S. 23.

5 Larry Crabb, *Soul Talk*, Bethany House, 2000, S. 13.

6 Diese Scheidungsstatistiken gelten für die USA und sind zu finden auf der Homepage: www.divorcemagazine.com. In Deutschland liegt die Scheidungsrate bei 41 %. Diese Daten basieren auf einer Statistik von 1996.

7 *Psychology Today*, 7. Ausgabe, McGraw-Hill, 1991, S. 425–428.

8 Ebenda.

9 David Blakenhorn, *Fatherless America*; HarperCollins, 1996, S. 1.

10 Michael Phillips, *A God to Call Father*, Tyndale House Publishers, 1994.

11 Gary Smalley, *Secrets to Lasting Love*, Simon and Schuster, 2000, S. 28–31.

4

Weiblichkeit – ein neues Frausein

Meines Erachtens sind die Frauen am weiblichsten, die ein Auge und ein Ohr für andere Menschen und ein Herz für Gott haben.
Emily Barnes[1]

Was im Herzen verborgen ist, das sei euer unvergänglicher Schmuck: ein sanftes und ruhiges Wesen. Das ist wertvoll in Gottes Augen.
1. Petrus 3,4 (Einheitsübersetzung)

Lynda

In den 14 Jahren als allein erziehende Mutter von drei Kindern war ich jeden Tag damit beschäftigt, Berge zu versetzen, um den Alltag zu meistern. Wie andere Eltern, die allein Kinder großzuziehen haben, musste auch ich alles ohne die Hilfe eines Ehepartners bewältigen. Wenn ich auf Reisen ging, musste ich eine oder mehrere Personen finden, die meine vielfältigen Aufgaben während meiner Abwesenheit übernahmen. Ich war recht erfolgreich, Dinge zu leisten, die mir selbst die Anerkennung von Feministinnen einbrachten. So erwarb ich zum Beispiel einen Doktortitel – das dazugehörige Studium begann ich, als meine Kinder fünf, drei und ein Jahr alt waren. Ich war sehr gut darin, meine Zeit effektiv einzuteilen. Und ich war sehr gut darin durchzuhalten, wenn sich mir Schwierigkeiten in den Weg stellten.

Was mir aber immer schlechter gelang war, bei alledem sanft und feminin zu bleiben. Ich opferte die Geduld dem Selbstschutz, das Mitgefühl der Bequemlichkeit und die Sensibilität dem Terminkalender. Wenn meine Kinder krank waren und nicht gerade erbrachen oder hohes Fieber bekamen, schickte ich sie ganz normal in den Kindergarten oder zur Schule. Schließlich ließ mein Terminkalender keinen Platz fürs Kranksein. So verpassten meine Kinder zwar nur selten einen Schultag, doch die zärtlichen Seiten meiner Liebe erlebten sie nur sporadisch. Einmal ging ich mit Ashleys Kindergartengruppe in den Zoo. Auf dem Weg zum Kindergarten schärfte meine Tochter mir ein: »Mama, du musst heute lachen und Witze machen! Vergiss das nicht!« Ashley wiederholte diesen Satz noch zwei Mal, bevor ich begriff, dass sie mich darum bat, etwas von der sanfteren, weniger geschäftstüchtigen und dafür lustigeren Seite von mir zu zeigen. Doch nicht nur zu Hause blieb meine *lustige* Seite unterentwickelt.

Ich hatte auch verlernt, mit anderen zusammenzuarbeiten oder mich der Leitung eines anderen unterzuordnen. In einer gesunden Ehe arbeiten Mann und Frau auf gemeinsame Ziele hin. Doch zu einer guten Ehe gehört ebenso wie zu einem guten Arbeitsverhältnis ein kompetenter Leiter, der den anderen Raum gibt, sich einzubringen. Ich hatte keinen Ehemann, der mir die Last hätte abnehmen oder mit dem ich auf ein gemeinsames Ziel hätte hinarbeiten können. Dazu kam noch, dass ich in der Zeit meines Doktorandenstudiums und der darauf folgenden Lehrtätigkeit an der Universität keine unmittelbaren Vorgesetzten hatte. Und so schien das Leben ganz nach meinen Regeln zu funktionieren.

Genauso wie ich selbst. Ich machte, was ich wollte, und fühlte mich nur Gott und mir selbst gegenüber verantwortlich. Ich wurde hart, dachte meist schwarz-weiß und neigte dazu, über andere zu urteilen. Mein Leben war streng geregelt, ich war unabhängig und konzentrierte mich stets auf das Wesentliche. Zudem strengte ich mich besonders an und übernahm auch scheinbar unmögliche Aufgaben, nur um meinen Wert und meine Kompetenz unter Beweis zu stellen. Und es gefiel mir durchaus, wenn andere mich als *Powerfrau* oder *supertolle Mutter* bezeichneten.

Nachdem ich meine Lehrtätigkeit an der Uni beendet hatte und es in der freien Wirtschaft mit richtigen Chefs – allesamt Männer – zu tun bekam, setzten meine Autoritätsprobleme ein. Schließlich hatte ich

doch schon jahrelang ein gut funktionierendes *Familienunternehmen* geleitet. Da war es nur natürlich, dass es mir schwer fiel, einmal nicht die Leitungsrolle innezuhaben. Oft sagte ich mir, dass ich diese oder jene Aufgabe besser gemacht hätte. Selbst wenn ich äußerlich konform ging, hegte ich innerlich einen Groll. Mir kam nur selten in den Sinn, andere um Unterstützung zu bitten oder an meiner Teamfähigkeit zu arbeiten. Und bei alledem war mir nicht einmal bewusst, wie groß der Einfluss war, den die Gesellschaft auf meinen Lebensstil und meine Erfolgsmaßstäbe hatte.
In dieser Zeit, in der meine Weiblichkeit so sehr in der Krise steckte, gaben Gary Smalley und John Trent ein Buch heraus mit dem Titel *The Two Sides of Love*[2] (dt. Die zwei Seiten der Liebe). In diesem Buch beschrieben sie vieles, was auch ich gerade erlebte. Die Autoren arbeiteten vier Persönlichkeitsstile heraus, die sie mit den Begriffen Löwe, Biber, Otter und Golden Retriever bezeichneten.
Smalley und Trent zeigten auf, dass den einzelnen Persönlichkeitstypen bestimmte Charaktereigenschaften ganz natürlich liegen, während sie sich andere richtiggehend aneignen müssen. Dem Otter und dem Golden Retriever fällt es leicht, mitfühlend und barmherzig zu sein, doch sie werden auch schnell von anderen ausgenutzt. Löwen und Biber dagegen führen ein durchorganisiertes Leben und werden meist als sehr fähig angesehen, doch ihre Liebe wirkt oft harsch und wenig flexibel. Sie können gut organisieren, aber sie müssen an ihrer Beziehungsfähigkeit und Zärtlichkeit arbeiten. Mit anderen Worten, Otter und Golden Retriever müssen ihre starke Seite der Liebe entwickeln, Löwen und Biber dagegen müssen zu mehr Sanftmut finden.

Rebecca und Lynda

Wir glauben, dass der Schlüssel zur Weiblichkeit in einem ähnlich gearteten Gleichgewicht besteht. Smalley und Trent sprechen davon, dass wir unsere starke und unsere sanfte Seite entfalten müssen, wir sprechen davon, als Frauen streitbar und zärtlich zu sein. Doch lassen Sie uns näher erklären, was wir damit meinen!

Der Feminismus – vom Mythos zum Irrweg

1963 erschien Betty Friedans inzwischen berühmt gewordenes Buch *The Feminine Mystique* (dt. *Der Weiblichkeitswahn*). Es wurde zum Ausgangspunkt der feministischen Bewegung. Friedan behauptete, die Frauen ihrer Generation fühlten sich unterdrückt und unglücklich. In ihrer Rolle als Hausfrau und Mutter fragten sie sich, ob das denn alles sei, und sagten über sich selbst Dinge wie:

- »Ich fühle mich irgendwie leer, nicht als ganze Person.«
- »Ich fühle mich, als würde ich gar nicht wirklich existieren.«
- »Ich muss ständig ohne Grund heulen.«

Friedan nannte diesen Ausbruch von Unzufriedenheit unter Hausfrauen und Müttern »das Problem, das keinen Namen hat«. Sie schrieb: »Das Problem, das keinen Namen hat, besteht schlicht in der Tatsache, dass die amerikanischen Frauen davon abgehalten werden, ihr volles menschliches Potenzial zu erreichen.«[3]

Warum traf Betty Friedan damals so genau den Nerv der Zeit? Verfolgen wir die Entwicklung, die uns auf diese Umwälzung vorbereitet hat, etwas genauer.

Nach dem Börsencrash von 1929 erzwang der höchste Bundesgerichtshof der USA ein Gesetz, das Mindestlöhne für Frauen vorsah, um den massiven Streiks der damaligen Zeit entgegenzuwirken. Dann wurden die USA in den Zweiten Weltkrieg hineingezogen und die Frauen kämpften an der Arbeitsfront zu Hause mit. Obwohl sie in dieser Zeit Enormes für die Wirtschaft leisteten, blieben ihre Karrierechancen nach Ende des Krieges äußerst begrenzt.

Anfang der 60er-Jahre gingen mehr Frauen aufs College als je zuvor; doch Frauen, die zu Hause blieben und sich um die Familie kümmerten, wurden kaum anerkannt, und diejenigen, die berufstätig waren, wurden ihren männlichen Kollegen gegenüber benachteiligt.

Aus diesem Grund wurde Betty Friedans Buch 1963 von der Gesellschaft so begeistert aufgenommen.

Die Geschichte war reif für eine Veränderung, die Kirchen jedoch nicht. Sie taten wenig, um diese Entwicklung in eine moralisch vor Gott vertretbare Richtung zu lenken. Als wir schließlich erkannten, welchen Kurs der Feminismus einschlug, waren unsere Möglichkeiten, das Ganze zu beeinflussen, bereits auf ein Minimum zurückgegangen. Wir Christen haben unsere Chance verpasst, den Weg des modernen Feminismus zu beeinflussen. Diane Passno schrieb zu diesem Thema: »Weil die Kirche entweder zu dem Thema geschwiegen oder sich der Bewegung untergeordnet hat, schlug das gesellschaftliche Pendel ganz ins säkulare Extrem aus.«[4]

Anfang der 70er-Jahre wurde die Abtreibung legalisiert und der Verfassungszusatz, der allen Rassen gleiche Rechte zugestand, wurde verabschiedet. Radikale Feministinnen infiltrierten die Universitäten mit Fächern wie *Women's Studies* (d. h. Seminare über die Rolle und Situation der Frau in der Gesellschaft) und der Philosophie, dass Mann und Frau von ihren körperlichen Merkmalen einmal abgesehen völlig gleich sind. Diese Ansicht sorgte über Jahre hinweg für eine völlige Verwirrung der unterschiedlichen Rollen der Geschlechter und für einen Boom anti-maskuliner Haltungen, die das männliche Geschlecht als Ganzes für die Unterdrückung der Frau und ihrer Entwicklungspotenziale verantwortlich machte. Passno beschreibt diese Haltung, die »in der Regel die Frau zum Opfer weißer, männlicher Unterdrücker macht und die Gesellschaft zu einer Brutstätte von geschlechtlich bedingter Diskriminierung, sexuellen Belästigungen und Frauenhass.«[5] Als Folge davon hat der Feminismus Männer, Frauen und Kinder in ihrer geschlechtlichen Identität beeinflusst und verwirrt.

Im Lexikon wird Feminismus definiert als »die Theorie von der politischen, wirtschaftlichen und sozialen Gleichheit der Geschlechter«[6]. Er entstand aus dem begründeten Wunsch heraus, schreiende Ungerechtigkeiten zu beseitigen, zum Beispiel die Tatsache, dass Frauen früher kein Wahlrecht besaßen. In weiten Teilen ist der Feminismus jedoch zu einer selbstsüchtigen Bewegung geworden, die eher individuelle Wünsche und Bedürfnisse im Blick hat als das Gemeinwohl; so wird seine positive Kraft zersetzt. Die ultrafeministischen Kräfte haben nicht das Wohl der Menschheit im Blick, ja noch nicht einmal das der amerikanischen Durchschnittsfrau.

Friedan schloss die Unzufriedenheit der Frauen ihrer Tage aus Artikeln in Zeitschriften, die damals zu lesen waren. Seitdem sind vier Jahrzehnte vergangen und wir Frauen hatten Gelegenheit, eigene Antworten auf unsere vermeintlich verpassten Chancen zu finden. In den späten 90er-Jahren führte Danielle Crittenden eine Folgeuntersuchung durch. Sie durchforstete die Artikel der vorangegangenen 30 Jahre in amerikanischen Zeitschriften wie *Mademoiselle, Glamour, Vogue, Redbook, Cosmopolitan* und *McCalls*. Vieles hat sich in diesen 30 Jahren für Frauen verändert. Sie haben sich manche Rechte erobert. Aber haben diese Veränderungen die Frauen auch zufriedener gemacht? Ist ihr Leben durch diese Verbesserungen glücklicher und erfüllter geworden?

Crittenden sagt: Nein. Sie schreibt: »Es ist ein krasser Absturz von der Lebhaftigkeit und dem Optimismus der aufblühenden modernen Frauenbewegung in den frühen 70er-Jahren zu der Enttäuschung und Bitterkeit, die man heute in den Veröffentlichungen wahrnimmt.«[7] Weder die größeren Entfaltungsmöglichkeiten noch die rechtliche Gleichstellung brachten die Frauen der Utopie näher, nach der sie sich gesehnt hatten.

Crittenden kommt zu dem Schluss, das Problem, das keinen Namen hat, sei heute genau das Gegenteil von dem, was es früher war: »Wir erkennen zwar heute an, dass Frauen auch Menschen sind, aber wir blenden völlig aus, dass wir auch Frauen sind. ... Wir leiden keinen Deut weniger, wenn wir uns von den Aspekten des Lebens abschneiden, die spezifisch und auf unnachahmliche Weise weiblich sind.«[8]

Die Spätfolgen des Feminismus

Welche Auswirkungen hat der Feminismus auf Ihr Leben? Betrachten wir einige der gesellschaftlichen Folgen des Feminismus und fragen uns, wie diese sich in dieser Gesellschaft auf unser Leben auswirken:

Die Ungereimtheiten des Feminismus verbunden mit einer »politisch korrekten« Sprachwahl haben zu einer Verwischung der dahinter liegenden Themen geführt und das Empfinden der Gesellschaft für Recht und Unrecht abgestumpft.

Ungeborene Kinder werden als Fötus oder Zellklumpen bezeichnet, um ihre Abtreibung zu rechtfertigen.

Der Feminismus hat einer egozentrischen Mentalität Vorschub geleistet.
Scharenweise lassen Frauen ihre Ehen und die ihnen damit von Gott übertragene Verantwortung hinter sich, um sich von den Versprechen unserer Gesellschaft locken zu lassen, dass das Gras auf der anderen Seite grüner sei.

Der Feminismus hat eine Opfermentalität hervorgebracht, mit der anderen die Schuld zugeschoben und eigene Verantwortung geleugnet wird.
In unserer Gesellschaft werden immer mehr Prozesse geführt und der einzelne Bürger ist immer weniger bereit, die Verantwortung für seine eigenen Fehler zu übernehmen.

Der Feminismus hat zu einer Verwirrung über die unterschiedlichen Rollen der Geschlechter geführt, sodass immer mehr Männer und Frauen in ihren Beziehungen zueinander verunsichert sind.
Frauen beklagen sich darüber, dass es keine Ritterlichkeit mehr gibt. Männer hingegen klagen: »Wenn ich ihr die Tür aufhalte, bekomme ich zu hören, sie könne das auch selbst. Halte ich sie ihr aber nicht auf, heißt es, ich wäre rüde und würde sie nicht richtig behandeln. Was will sie denn nun?«

Der Feminismus hat biblischen Moralvorstellungen den Anstrich von Unterdrückungsinstrumenten gegeben.
Feministinnen haben biblische Wertmaßstäbe über Unterordnung und Ehe verzerrt und als abscheulich gebrandmarkt.

Der Feminismus hat uns betrogen, indem er uns sagt, was recht ist, und jeden, der das Gegenteil behauptete, als engstirnigen, rechtsgerichteten Fanatiker beschimpft. Als Folge davon haben manche Angst, den Mund aufzumachen. Das erinnert uns an die Geschichte von *Des Kaisers neue Kleider* von Hans Christian Andersen. In diesem Märchen webten betrügerische Weber unsichtbare Kleider für den Herrscher, die er auf einer Parade zu tragen gedachte. Die Weber priesen ihr feines Tuch und meinten, nur, wer dumm oder untauglich wäre, werde etwas Schlechtes über die Kleider sagen. Und da keiner als dumm oder untauglich gelten wollte, machten die Leute die Lüge mit. Und dann heißt es:

Keiner wollte es sich anmerken lassen, dass er nichts sehe, denn dann hätte er ja nicht zu seinem Amt getaugt oder wäre sehr dumm gewesen ... Und so schritt [der Kaiser] noch stolzer, und die Kammerherren gingen noch steifer und trugen die Schleppe, die gar nicht da war.[9]

Doch selbst in nicht-christlichen Kreisen finden Frauen den Mut, sich zu wehren und zu sagen, dass sie dem Feminismus nicht zustimmen. Elizabeth Fox-Genovese, die Begründerin des Instituts für Frauenstudien an der *Emory University*, hat einen Bestseller geschrieben mit dem Titel *Feminism Is Not the Story of My Life*[10] (dt. Der Feminismus hat mit meinem Leben nichts zu tun). Dort beklagt sie, dass die heutige feministische Elite keinen Bezug mehr zu den wirklichen Problemen der Frauen hat. Und weil fast alles, was der Feminismus sich auf seine Fahnen geschrieben hat, biblischen Maßstäben diametral entgegensteht, müssen wir an der Wahrheit festhalten. Wir müssen bereit sein, es von den Dächern zu rufen: »Der Feminismus hat mit meinem Leben nichts zu tun!«

Doch selbst, wenn wir uns wehren, bleiben Fragen offen:

- Was hat mit meinem Leben zu tun?
- Welche Antworten habe ich auf die Fragen, die der Feminismus aufwirft?
- Welche biblischen Wahrheiten stelle ich diesen gesellschaftlichen Lügen entgegen?
- Worin besteht der Unterschied zwischen Unterordnung im guten Sinn und einer Haltung, in der man alles mit sich machen lässt?
- Muss ich wirklich über Männerleichen gehen – wie die gesellschaftlichen Kräfte mir weismachen wollen –, um im Beruf voranzukommen?
- Sollte ich Gleichberechtigung um jeden Preis fordern?
- Wenn ich nicht für mich selbst spreche, wer wird es dann an meiner Stelle tun?

Es ist ziemlich klar, dass der Feminismus gescheitert ist, doch wir müssen etwas finden, das funktioniert. Wir brauchen etwas, das Fragen wie diese beantworten kann. Etwas, das unser Bedürfnis nach Weiblichkeit mit unserem Recht auf faire Behandlung und mit den guten Ansätzen des Feminismus verbindet. Etwas, das uns hilft, unsere Weiblichkeit, so wie Gott sie ursprünglich gedacht hat, wieder zu finden.

LYNDA

Ich ging noch zur Schule, als Betty Friedan Geschichte schrieb, doch mein ganzes Erwachsenenleben wurde von den Folgen ihres Buches geprägt. Meine Generation hat Chancen, die uns die feministische Bewegung eröffnete, gründlich vertan und Rebeccas Generation wird die alten Fehler wiederholen müssen, wenn wir dem nicht entgegensteuern.

Wir können – jede für sich – die Lüge am Leben erhalten oder aber den Kurs korrigieren, den der Feminismus uns vorgegeben hat, und so Schaden für kommende Generationen abwehren.

WEIBLICHKEIT WIE SIE URSPRÜNGLICH GEDACHT WAR

Friedan behauptete ebenso wie später Smalley und Trent, die Frauen wären zu sanft und müssten sich mehr durchsetzen. Doch die feministische Bewegung rutschte ins andere Extrem ab und nun haben wir es mit einer neuen Unausgewogenheit zu tun.

Wenn wir Weiblichkeit entdecken wollen, wie Gott sie ursprünglich gedacht hat, müssen wir das Gleichgewicht zwischen Stärke und Sanftheit zurückerobern. In den Kapiteln 2 und 3 sprachen wir über unsere Bedürfnisse nach Sicherheit einerseits und Vertrautheit andererseits. Wahre Femininität umfasst beide Werte in einem etwa gleichen Maß. Wir müssen durchsetzungsfähig sein, um uns und unsere Ziele und Träume zu schützen. Doch wir müssen auch sanft genug sein, um vertraute Beziehungen zu Gott und Menschen eingehen zu können.

Rebecca

Vor vielen Jahren musste ich bestürzt feststellen, dass ein guter Freund mich mehrfach belogen hatte. Ich zweifelte schließlich an allem, was er mir außer diesen Lügen sonst noch gesagt hatte. Ich habe ihm vertraut, aber am Ende fühlte ich mich verraten. Eines Abends saß ich im Schlafzimmer meiner Eltern und weinte mich bei meiner Mutter aus. Ich erinnere mich noch daran, wie ich sagte, dass ich auf keinen Fall hartherzig oder bitter werden und mich diesem Freund gegenüber verschließen wollte. Doch wie sagte ich damals: »Es tut so weh, sich nicht hart zu machen.«

Der Schmerz ist eine Bedrohung für unsere Weiblichkeit, weil jede feminine Frau eine zärtliche, offenherzige und vertrauensvolle Seite besitzt. In schmerzhaften Situationen haben wir die Wahl: Entweder machen wir uns hart, verschließen uns vor unserem eigenen Schmerz und lassen zu, dass sich Bitterkeit in uns einnistet. Oder wir bleiben offen für andere, für unseren Schmerz und unser Leid und machen es so möglich, dass unsere sanfte Seite auch sanft bleibt.

Lynda

Ich brachte als allein erziehende Mutter die harte Seite meiner Liebe zur Wirkung, doch die sanfte Seite entglitt mir. Ich muss bis heute täglich daran arbeiten, diese sanfte Seite zu zeigen. Viele Frauen in meinem Bekanntenkreis sind so sanft und mitfühlend, dass andere oft auf ihnen herumtrampeln. Wenn sie nicht aus Selbstachtung heraus die nötigen Grenzen ziehen, macht sie ihre sanfte Seite angreifbar; sie lassen sich vom Arbeitgeber, Ehemann, von Freunden oder ihren Kindern ausnutzen. Wir brauchen das rechte Gleichgewicht.

Die Bibel zeigt, dass die vollkommene Liebe des Vaters im Himmel sowohl eine starke als auch eine sanfte Dimension umfasst. Betrachten Sie einmal Jesaja 40, Vers 10: »Der Herr, der mächtige Gott, kommt als Sieger und herrscht mit starker Hand.« Gleich im nächsten Vers lesen wir: »Er führt sein Volk wie ein guter Hirt, der die Lämmer auf seinen Arm nimmt und an seiner Brust trägt und der die Mutterschafe behutsam leitet.«

Auch im Neuen Testament können wir diesen Zusammenhang zwischen Stärke und Sanftheit beobachten. In Kapitel 5 werden wir uns mit der äußeren und der inneren Schönheit näher befassen, wie sie in 1. Petrus 3,3-4 beschrieben wird: »Nicht auf äußeren Schmuck sollt ihr Wert legen, auf Haartracht, Gold und prächtige Kleider, ...« In Vers 4 wird die bleibende Schönheit wahrer Weiblichkeit beschrieben: »... sondern was im Herzen verborgen ist, das sei euer unvergänglicher Schmuck: ein sanftes und ruhiges Wesen. Das ist wertvoll in Gottes Augen.«

Rebecca

Nachdem ich mich mit dem griechischen Urtext befasst hatte, um herauszufinden, was es heißt, eine Frau zu sein, so wie sie im 1. Petrusbrief, Kapitel 3, Verse 3-4 beschrieben wird, entdeckte ich, dass zu *Ischa* ein sanftes und ruhiges Wesen gehört. Diese Sanftheit, die Bescheidenheit und Demut bedeutet, wird möglich, weil *Ischa* Geborgenheit erfährt. Außerdem gehört zu ihr ein ruhiges Wesen, das dem Frieden entspringt, den sie in ihrem Inneren erlebt. Das griechische Wort für »ruhig« an dieser Stelle bedeutet wörtlich »friedfertig«. *Ischa* besitzt eine stille Zuversicht, die wahrer Femininität entspricht.

Gott möchte, dass wir sanfte und friedfertige Frauen sind - aber nicht ohne Temperament. Gott will uns eine sanfte Stärke schenken. Er will, dass wir innerlich im Gleichgewicht sind.

Deborah – die Richterin (Richter 4–5)

Lange bevor Frauen sich das Recht erkämpften, zu wählen oder politische Ämter zu besetzen, lebte Deborah in einer Männerdomäne.

Doch ihr Leben befand sich im Gleichgewicht. Sie war verheiratet und arbeitete als Richterin. Sie galt rechtlich wie geistlich als Ratgeberin des Volkes, in dessen Dienst Gott sie berufen hatte. Sie schlichtete Rechtsstreitigkeiten und führte das Land in Kriegszeiten. Von den zwölf Richtern, die in dieser Periode der israelitischen Geschichte herrschten, war sie die einzige Frau. Deborah musste oft für ihre Rechte als unabhängige und gleichberechtigte Frau eintreten. Sie hätte dabei auch hart und unbarmherzig werden und ihre sanfte Seite vernachlässigen können. Doch sie verhielt sich ganz anders.

Israel hatte schon bessere Zeiten gesehen; dies war eine trostlose Phase in seiner Geschichte. Zwanzig Jahre lang hatte Jabin, der König von Kanaan, die Israeliten rücksichtslos unterdrückt. Seine Krieger hatten die Männer des Volkes dezimiert, die Frauen geschändet und die Kinder ermordet. Die Jungen kannten das Wort Freiheit nur noch aus den Erzählungen ihrer Eltern, und für die Alten war es nur noch eine ferne Erinnerung. Niedergeschlagen und entmutigt wandten sich viele Israeliten den Götzen zu. Sie hatten sich Stück für Stück von ihrem Gott entfernt, den sie in ihren guten Zeiten scheinbar nicht nötig gehabt hatten. Doch nun wurden sie von Jabin und seinem Heerführer Sisera, der eine Armee von 900 Streitwagen befehligte, hart bedrängt. Voller Angst und Verzweiflung wandten sich die Israeliten wieder ihrem Gott zu und wurden so offen für die Botschaft, die Deborah ihnen in ihrer Rolle als Mittlerin zwischen Gott und seinem Volk zu überbringen hatte.

Deborah versah ihren Dienst als Richterin im Hügelland zwischen Bethel und Rama, einer Region, in die Sisera mit seinen schweren Streitwagen nicht vordringen konnte. Unter einem Palmenbaum – der später nach ihr benannte wurde – hielt Deborah Gericht, sprach Urteile und führte das Volk. Dass sie darin so kompetent war, kam aus ihrem Vertrauen in Gott. Durch ihn fand sie angesichts der vielen konkurrierenden Kräfte in ihrem Leben trotzdem die nötige Ausgewogenheit.

Und das Ergebnis? Gott segnete die Israeliten. Sie besiegten Sisera und gewannen ihre Freiheit wieder. Die Besetzung ihres Landes war beendet. Die Unterdrückung hörte auf. Israel blieb in den darauf folgenden 40 Jahren unter Deborahs Herrschaft eine freie Nation.

Die Bedeutung von Weiblichkeit für Ihr Leben

Wie Deborah leben auch wir in einer Gesellschaft, die unserem Glauben entgegensteht. Mehr noch als wir heute lebte Deborah in einer reinen Männerwelt, sodass sie mit Sicherheit die unterschiedlichen Stimmen in ihrem Herzen und in ihrem äußeren Umfeld vernommen hat, die ihr sagten: »Hol raus, was du kannst!« Oder: »Du schaffst das, Mädchen. Egal, was es dich kostet!«

Doch Gott stand bei ihr an erster Stelle und seine Gegenwart half ihr, täglich das rechte Gleichgewicht zu finden.

Ihre Stärke half ihr, nicht ungeschützt zu sein und sich in einer Männerwelt zu behaupten. Ihre Sanftheit verhinderte, dass sie alles aus eigener Kraft zu erreichen suchte. Sie gestand auch anderen eine wichtige Rolle zu. Wir können aus ihrem Vorbild einer sanften, ruhigen, aber auch temperamentvollen Frau lernen, indem wir einige Grundwahrheiten von ihr übernehmen.

Ischa richtet ihr Leben auf die Wahrheit Gottes aus

➤ **Wenn Gott mich für eine bestimmte Aufgabe geschaffen hat, eröffnet er mir auch Wege, diese Aufgabe erfolgreich zu erfüllen.**

Lüge: Ich muss mich laut und aggressiv gebärden, um in dieser Welt irgendwie auf einen grünen Zweig zu kommen.

Deborah musste nicht über Männerleichen gehen, um zu erreichen, was sie sich vorgenommen hatte. Sie erfüllte die Aufgaben, die Gott ihr übertragen hatte. Weil sie ihr Vertrauen nicht in ihre menschliche Kraft setzte, konnten sie irdische Dinge wie Kriege oder Menschen oder eben auch die Männer in ihrem Umfeld nicht einschüchtern. Sie gab ihr Recht, das Heer anzuführen, freiwillig auf und erkannte die Tatsache an, dass ihr alle Rechte, die sie besaß, von Gott übertragen worden waren.

Gott verheißt uns, dass er uns über größere Aufgaben und Möglichkeiten setzen wird, wenn wir im Kleinen treu sind (vgl. Jesaja

40,10–11). Sie müssen sich nicht selbst den Weg freikämpfen und andere überrennen. Sie müssen sich nicht unter Druck setzen lassen, wenn Sie auf Hindernisse stoßen. Diese Schlachten muss Gott für Sie schlagen, nicht Sie selbst (vgl. Matthäus 25,21).

Wofür schlägt Ihre Leidenschaft? Wofür brennt Ihr Herz? Reden Sie mit Gott über diese Dinge und tun Sie, was Sie können, um diesen Leidenschaften dort Raum zu geben, wo Sie gerade stehen. Überprüfen Sie hin und wieder, ob Sie noch durchsetzungsfähig genug sind, sich diese Leidenschaften von niemandem ausreden zu lassen, aber zugleich sanft genug, nicht über Leichen zu gehen, um Ihre Ziele zu erreichen.

➤ **Ich brauche Vertrauen in Gott, dann werde ich auch zu einem ausgewogenen Selbstvertrauen finden.**

Lüge: Ich besitze kein Selbstvertrauen und werde auch nie dazu finden.

Deborahs Leben war von einem tiefen Gottvertrauen gekennzeichnet. Sie wusste, dass Gott ihr die Fähigkeiten geben würde, die sie für die Aufgaben brauchte, in die er selbst sie gestellt hatte.

Rebecca

Als ich mit der Musikkarriere begann, ermutigte mich mein Vater (der zugleich mein Manager ist), vor einem bestimmten Lied ein paar Worte zu sagen. Er meinte, es sei wichtig, auf diese Weise mit dem Publikum in Kontakt zu treten. Bei meiner ersten Tournee mit 13 Jahren lernte ich meine kleine Rede auswendig. Ich bin sicher, es klang für die Zuhörer genauso *aufgesagt,* wie es eben auch war. Damals widerstrebte es mir, etwas zu machen, was mir nicht entsprach. Ich konnte den ganzen Tag auf der Bühne stehen und singen, aber meiner Begabung, vor einer größeren Menschenmenge etwas zu sagen, traute ich nicht. Doch dann bat ich Gott, mich zu gebrauchen, und arbeitete daran, weil ich wusste, dass ich dazu berufen war. Und obwohl ich in diesem Punkt kein Selbstvertrauen besaß, wirkte mein Zeugnis natürlich und kraftvoll. Heute sagen mir Menschen manchmal, dass meine Worte bei den Konzerten sie mehr angesprochen haben als meine Lieder.

Wenn Gott Ihnen eine Aufgabe überträgt – ob in der Familie, im Beruf oder in der Gemeinde –, dürfen Sie zuversichtlich sein und mutig an die Verwirklichung dieser Aufgabe gehen. Mit Gott an Ihrer Seite besitzen Sie alles, was es für diesen Job braucht!

➤ **Unterordnung, die von Gottes Weisheit und Führung getragen ist, bringt meine besten Seiten zum Vorschein.**

Lüge: Wenn ich mich anderen unterordne, werden sie auf mir herumtrampeln.

Deborah scheint verstanden zu haben, wie empfindlich das Gleichgewicht zwischen führen und sich unterordnen ist. Obwohl sie mit anderen zusammenarbeitete, tat sie zu Hause und im Beruf das, wozu Gott sie berufen hatte. Als die Zeit für den Kampf gekommen war, gab sie Barak den Befehl: »Schlag los! Heute hat der Herr dir Sisera und sein ganzes Heer ausgeliefert. Ich sehe, wie der Herr selbst vor dir her in die Schlacht zieht!« (Richter 4,14). Sie brachte gleichzeitig auch das Beste in anderen zum Vorschein. Sie setzte Barak frei, in seinem Beruf Höchstleistungen zu vollbringen, ohne mit ihm konkurrieren zu müssen. Er nahm diese Herausforderung wahr, doch nicht ohne Deborah einzubinden. Seine Leistung schuf ihm einen Namen unter den Glaubenshelden Israels (vgl. Hebräer 11,32).

Gott ruft jeden von uns auf, sich unterzuordnen: »Überhaupt müsst ihr – das sage ich allen – im Umgang miteinander jede Überheblichkeit ablegen. Ihr wisst doch: ›Gott widersetzt sich den Überheblichen, aber denen, die gering von sich denken, wendet er seine Liebe zu.‹« (1. Petrus 5,5).

Rebecca

Ich weiß zwar, dass ich Gott die Ehre gebe, wenn ich mich auf rechte Weise unterordne, doch manchmal fällt es mir trotzdem schwer. Während meines Aufenthaltes in Rumänien wurde ich einmal gebeten, eine nagelneue Fensterscheibe aus dem Auto in das Mädchenheim zu tragen, in dem ich arbeitete. Eines der Mädchen hatte eine Scheibe zerbrochen, die nun durch diese ersetzt werden sollte. Catalin, der Leiter des Heims, bat mich, die Scheibe im Trep-

penhaus abzustellen. Das erschien meiner weiblichen Logik nicht sinnvoll. Der Boden dort war gefliest. Wenn jemand die Scheibe umgestoßen hätte, wäre sie zerbrochen. Und es rannten ständig Kinder die Treppe hinauf und hinunter. Ich machte Catalin darauf aufmerksam und fragte ihn, ob ich sie nicht lieber in dem Raum mit Teppichboden deponieren sollte. Er meinte, nein, das sei schon in Ordnung. Ich hielt den Mund und trug die Scheibe ins Haus – in den Raum mit Teppichboden! Als Catalin das sah, grummelte er in seinen Bart, dass ich mich an die Ehe (und die dazugehörige Unterordnung) wohl erst noch gewöhnen müsste.
Catalins Bemerkung war freundschaftlich gemeint, aber ich erkannte trotzdem, wie Recht er hatte. Ich hätte anerkennen sollen, dass es sein Fenster und sein Heim war, und ich hätte seine Autorität achten müssen – er hatte das letzte Wort, selbst wenn mein Vorschlag noch so gut gewesen sein mag.

Unterordnung bedeutet, freiwillig die Leitungsverantwortung eines anderen anzuerkennen. Es bedeutet nicht, ständig jedem gegenüber unterwürfig zu sein, ob es nun der Chef, der Ehemann oder die Eltern sind. Vielmehr treten wir zur Seite und lassen zu, dass Gott durch die Gaben des anderen etwas bewirkt. Der andere wiederum ist dafür verantwortlich, unser Vertrauen und unsere Unterordnung nicht zu missbrauchen (vgl. Epheser 5,25–29).

Wenn Sie einen Chef, einen Ehemann oder Eltern haben, die dieses Prinzip der Unterordnung missbrauchen, um über Sie zu herrschen, dann müssen Sie Ihre starke Seite in die Bresche werfen. Lassen Sie nicht zu, dass Sie körperlich oder emotional bedroht werden. Tun Sie niemals Dinge, die Ihren tiefsten Überzeugungen widersprechen. Holen Sie sich, wenn nötig, Hilfe, um Grenzen zu ziehen und durchzusetzen.

Im Idealfall einer vor Gott verantworteten Ehe wissen die Ehepartner, dass Entscheidungen gemeinsam getroffen werden müssen. Wenn eine Entscheidung von beiden Partnern im Gebet bewegt wurde und die Meinungen trotzdem noch auseinander gehen, hat der Mann als Haupt der Familie das letzte Wort – und dafür bedarf es Ihrer sanften Seite. Einer muss die Leitung haben, sonst entsteht Chaos. Deshalb hat Gott dem Mann diese Aufgabe übertragen. Wenn es Ihnen schwer fällt sich unterzuordnen, sollten Sie Gott bitten, Ihnen Ihre Rebellion zu vergeben und Sie zu leiten, damit Sie sich verändern können. Tun Sie es, weil die Bibel es uns so sagt. *Während* Sie dies tun, wird Gott die andere Person verändern, und *weil* Sie es tun, werden Sie Gott durch Ihren Gehorsam Ehre erweisen.

➤ **Gott hat Mann und Frau dazu geschaffen, einander zu ergänzen.**

Lüge: Als Frau stehe ich in einem permanenten Konkurrenzkampf mit Männern.

Schon immer ist es Gottes Absicht gewesen, dass Mann und Frau zusammenarbeiten. Die Frau wurde als Partnerin des Mannes geschaffen – ihm gleichwertig, aber doch ganz anders. Sie sollte zu ihm passen und die Fähigkeit besitzen, ihn zu ergänzen, nicht aber mit ihm konkurrieren.

Rebecca

Von Zeit zu Zeit ziehe ich mich in eine Pension zurück, um mich von meinen anstrengenden Konzerttourneen zu erholen. Bei einem dieser Aufenthalte fiel mir neulich ein Spruch an der Wand meines Zimmers auf, der auf wunderschöne Weise Gottes Schöpferwille für die Beziehung zwischen Mann und Frau illustriert:

Die Frau wurde aus einer Rippe Adams gemacht –
aus seiner Seite wurde sie genommen.
Sie wurde nicht aus seinem Kopf geschaffen, um über ihn zu herrschen,
auch nicht aus seinen Füßen, damit er auf ihr herumtrampelt,
sondern aus seiner Seite, damit sie ihm ebenbürtig ist,
geborgen unter seinem Arm und ganz nahe an seinem Herzen,
um von ihm geliebt zu werden.
Matthew Henry

Deborah arbeitete mit Männern zusammen, als ein Glied in Gottes Team – ein Team, in dem keiner wichtiger war als der andere. Gemeinsam führten sie Gottes Befehle aus, sie ergänzten einander. Sie dienten einander freiwillig für das Wohl der gesamten Nation. Seite an Seite stiegen Deborah und Barak auf den Berg Tabor und blickten herab auf das Lager ihrer Feinde unterhalb des Berges.

Ob es nun um Ihre Ehe geht oder um Ihren Job, Sie sollten nie vergessen, dass Sie in einem Team zusammenarbeiten (vgl.

1. Petrus 5,5). Selbst wenn die anderen nicht so denken, können Sie durch Ihr eigenes Verhalten dafür sorgen, dass Konkurrenzdenken, Neid und Bitterkeit nie die Oberhand gewinnen. Vergessen Sie nicht, Sie können die anderen nicht verändern, aber Sie können sich selbst verändern, indem Sie dafür sorgen, dass Ihre starke und Ihre sanfte Seite im rechten Gleichgewicht bleiben. Und die Veränderungen, die der andere an Ihnen wahrnimmt, können ihm vielleicht helfen, sich schließlich auch zu ändern.

➤ **Wenn ich anderen die Schuld zuschiebe, kommt Satan als der eigentliche Feind unbehelligt davon.**

Lüge: Andere sind schuld an meinen Problemen.

Deborah war klug und erkannte den wirklichen Feind. Sie erinnerte das Volk daran, dass dies Gottes Kampf war, nicht ihrer (vgl. Richter 4,14). Auf diese Weise behielten sie Gottes Allmacht und den gemeinsamen Feind im Auge, statt aufeinander loszugehen. Das bewahrte sie auch davor, sich durch unnötige Kämpfe entmutigen zu lassen.

Lynda

Ich lebte eine Zeit lang in der Nachbarschaft eines Paares, das gerade in einer Ehekrise steckte. Zu jeder Tages- und Nachtzeit kam es vor, dass er oder sie mich anrief und mir erzählte, was der andere gerade mal wieder falsch gemacht hatte. Obwohl sie die Hilfe einer christlichen Eheberatung in Anspruch nahmen und dort einiges in Bewegung kam, hielten die Konflikte an. Eines Nachts stand die Frau vor meiner Tür und beklagte sich über die neuerlichen Schandtaten ihres Mannes. Ich ging zum Telefon und bat ihren Mann, ebenfalls herüberzukommen. Nachdem er eingetroffen war und sie auf dem Sofa Platz genommen hatten, setzte ich mich ihnen gegenüber in einen Sessel und knöpfte sie mir vor: »Satan hat großes Interesse daran, eure Ehe kaputtzumachen. Und während ihr es einander heimzahlt, kommt er unbehelligt davon – und eure Jungs leiden unter den Folgen eurer Streitereien.«

Um die Lügen Satans in der Agenda des Feminismus zu erkennen, müssen Sie die Wahrheit kennen. Reden Sie mit älteren Christinnen. Schauen Sie bei Themen, die Sie durcheinander bringen wollen, auf Gott und lernen Sie passende Bibelstellen auswendig. So können Sie verstehen, was Gott Ihnen zu Fragen wie Abtreibung, Homosexualität, Sanftheit und Unterordnung zu sagen hat.

Solange Sie sich selbst oder andere als Ihre Kraftquelle ansehen, werden Sie scheitern. Solange Sie andere Menschen als Ihre Feinde betrachten, werden Sie sich auf Nebenschauplätzen zerreiben und den eigentlichen Sieg verpassen. Sie sollten nicht glauben, Ihr Mann oder Ihr Chef oder auch Ihr kulturelles Umfeld oder gar der Feminismus wären der Feind, den es zu schlagen gilt. Erkennen Sie Satan als den eigentlichen Feind und machen Sie sich daran, ihn mit seinen eigenen Waffen zu schlagen. Die Macht Gottes ist im Leben eines Christen immer größer als die Satans (vgl. 1. Johannes 4,4).

Nachdem die Schlacht geschlagen war, sang Deborah folgendes Lied:

Dass Führer Israel führten und das Volk sich bereit zeigte, dafür preist den Herrn! ... die, die ihn lieben, sind wie die Sonne, wenn sie aufgeht in ihrer Kraft.
Richter 5,2.31

Lynda

Ich kenne eine Frau - ich werde sie Angie nennen -, die sich ihrem ungläubigen Ehemann 20 Jahre lang unterordnete und seine Leitung in ihrer Ehe respektierte. Wenn ihr Mann sich anschickte, sie herumzukommandieren oder unsinnige Forderungen an sie zu stellen, zeigte Angie ihre starke Seite und zog die nötigen Grenzen. Doch selbst wenn sie sich ihm widersetzte, tat sie dies auf sanfte und respektvolle Art. Sie verleugnete ihr Temperament nicht - aber sie verlor auch nie ihr sanftes und stilles Wesen. Manchmal mutete ihr Entschluss sinnlos oder gar kontraproduktiv an. Doch während Angie die harte Seite ihrer Liebe Gott hinhielt, schützte er sie und arbeitete an der sanften Seite der Liebe ihres Mannes. Im 21. Jahr ihrer Ehe wurde ihr Mann schließlich durch ihre Unterordnung unter Gottes Willen verändert - und das ohne ein Wort der Ermahnung. Heute liebt er Jesus und ist seiner Frau Angie ein wunderbarer Gefährte.

Es geht nicht so sehr um den Feminismus als vielmehr um wahre Weiblichkeit und um ein ausgewogenes Verhältnis der sanften und der durchsetzungsfähigen Anteile unserer Liebe. Gestatten Sie Gott, dass er Sie so sanft macht, dass Sie in vertrauten Beziehungen geben und nehmen können, aber auch stark genug, um Ihre Ziele zu erreichen und andere zu schützen.

Wenn Sie das tun, werden Sie wie Deborah werden – »wie die Sonne, wenn sie aufgeht in ihrer Kraft« (Richter 5,31). Sie werden spüren, dass Sie zu einer Frau mit einem sanften und ruhigen Wesen – aber auch mit Temperament – werden, so wie Gott es für uns *Ischas* gewollt hat.

So ist Ischa

Eine wahrhaft feminine Ischa ist eine Frau, deren sanfte und durchsetzungsfähige Seite der Liebe miteinander im Gleichgewicht sind. So wird sie zu einer Frau nach Gottes Herzen: mit einem sanften und ruhigen Wesen, aber nicht ohne Temperament.

---

[1] Emily Barnes, Ort der Veröffentlichung unbekannt.

[2] Gary Smalley, John Trent, *The Two Sides of Love*, Focus on the Family, 1990. Betty Friedan, *The Feminine Mystique*, W. W. Norton and Company, 1983, S. 22.

[3] 64 (dt. Der Weiblichkeitswahn, Rowohlt, 1966).

[4] Diane Passno, *Feminism: Mystique or Mistake?*, Tyndale House Publishers, 2000, S. 29.

[5] Ebenda, S. 31–32.

[6] Merriam-Webster's Collegiate Dictionary, 11th Edition, Merriam-Webster

[7] Danielle Crittenden, *What Our Mothers Didn't Tell Us*, Simon and Schuster, 1999, S. 14.

[8] Ebenda, S. 22.

[9] Die schönsten Märchen von Andersen, Band 1; Weltbild Bücherdienst, S. 238.

[10] Elizabeth Fox-Genovese, *Feminism Is Not the Story of My Life*, Doubleday, 1996 (dt. Ich bin keine Feministin, aber ..., Rowohlt, 1999).

Teil II

Leben in der richtigen Balance

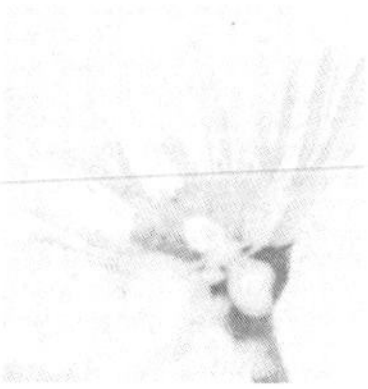

5

Schönheit, die unter die Haut geht

Natürliche Schönheit ... findet man nie und nimmer im Pomp und Prunk der High Society oder im gerade populären Geschmack der Durchschnittskultur. Sie zeigt sich vielmehr dort ..., wo eine Frau mit tiefer Liebe dem Prinzen ihrer Seele entgegenlebt.
Leslie Ludy[1]

Putzt euch nicht äußerlich heraus mit aufwendigen Frisuren, kostbarem Schmuck oder prächtigen Kleidern. Eure Schönheit soll von innen kommen!
1. Petrus 3,3–4 (Einheitsübersetzung)

Lynda

Dass meine Tochter Courtney in körperlicher Hinsicht etwas Besonderes war, wurde mir klar, als sie mit 13 Jahren bereits eine Körpergröße von 1 Meter 80 erreichte. Ihre auffallenden Gesichtszüge verbunden mit ihrer Größe führten dazu, dass sie oft von wildfremden Menschen angesprochen wurde, ob sie wohl ein Model wäre.

Als ihre Mutter bewegte ich diese Möglichkeit häufig in Gedanken und im Gebet. Was sollte ich machen? Wie sollte ich ihr in Fragen von Schönheit und Lebensstil die richtigen Werte vermitteln? Wie sollte ich ihr einerseits beistehen, mit Bedacht über ihre Zukunftspläne zu entscheiden, ihr andererseits aber auch helfen, in zwanzig Jahren nicht mit der enttäuschten Frage dazustehen, warum sie ihr Potenzial als Model nicht ausgeschöpft hat?

Als Courtney 17 war, reisten sie und ich auf Drängen einer in unserer Heimatstadt angesiedelten Agentur für Models nach Orlando, um dort einen Kongress für Models zu besuchen. Die kleine Agentur vertrat Courtney und einige andere Jugendliche. Wir trafen am 3. Juli ein und machten uns für den Wettbewerb auf dem Laufsteg bereit, der am nächsten Tag stattfinden sollte.

Nachdem ich in einem christlichen Werk mitgearbeitet hatte, das Menschen half, einen Blick für die Ewigkeit zu bekommen, war mir nicht wohl dabei zuzusehen, wie diese jungen Mädchen ihr Haar nach hinten warfen und sich mit der Zunge über die Lippen fuhren - nur um gesehen zu werden. Ich hatte Mühe damit, dass diese Kinder versuchten, den großen Durchbruch zu erreichen - einen Durchbruch, an dem sie möglicherweise selbst zerbrechen sollten.

Am nächsten Tag stärkte und bügelte ich die Kleidung, die Courtney auf dem Laufsteg tragen sollte. Ich legte sie ihr über den Arm und gab ihr einen Kuss, bevor sie in den Make-up-Bereich verschwand. Dann kam die Vorstellung. Die Beleuchtung ging aus und die Scheinwerfer wurden eingeschaltet. Courtney stand auf der linken Seite der Bühne. Ihre rechte Körperhälfte war dem Publikum zugewandt, sie hatte den Kopf gesenkt und tippte mit den Fingern an ihren Hut. Die Musik setzte ein und Courtney ging vom Bühnenrand zum Laufsteg. Dort wandte sie sich dem Publikum zu und ging - nein, schlenderte verführerisch - nach vorne. Ich konnte kaum glauben, was ich da sah.

Jemand hatte Courtneys Bluse komplett aufgeknöpft und die Zipfel über der Hüfte verknotet, sodass die Knopfleiste v-förmig zulief. Die Vorstellung ging weiter, doch ich bekam nichts mehr davon mit. Schließlich ging die Beleuchtung wieder an und die Models verließen mit Tränen in den Augen den Saal.

Nachdem sich meine Gefühle gelegt hatten, stellte ich die Verantwortlichen der Model-Agentur zur Rede, was ihnen denn einfiele, meine Tochter derart auszunutzen, obwohl sie wussten, welche Wertmaßstäbe ich vertrat. Ich ließ sie auch wissen, dass wir nicht weiter am Wettbewerb teilnehmen würden.

Courtney und ich reisten am nächsten Morgen nach Sarasota ab, wo ich als Gast bei einem Radiosender auftrat, der meine Sendung ausstrahlte. Als wir wieder in Orlando eintrafen, hatten bereits mehrere bekannte Agenturen aus aller Welt angerufen, und wir trafen uns mit zwei Vertretern einer New Yorker Agentur. Sie kommentierten unser Erlebnis auf dem Laufsteg vom Vortag mit einem knappen Satz: »Wenn Ihnen das schon unangenehm war, wird alles Weitere Ihnen kaum besser gefallen. Giorgio Armani wäre von dir begeistert, Courtney. Aber als Erstes würde er dich auffordern, deine Kleider auszuziehen und einen durchsichtigen Regenmantel zu tragen. Und offen gesprochen, wenn du es nicht machst, werden hundert andere Mädchen es tun - wir bekommen auf jeden Fall unser Geld.«

Courtneys Karriere als Model war mit diesem Tag beendet, aber meine Überlegungen darüber, was Schönheit ist und wie man sie anderen vermittelt, kamen nun erst richtig in Gang. Courtney gab zu, dass es ein Fehler gewesen war zuzulassen, dass man sie derart entblößt hatte, doch sie fügte hinzu: »Es schien mir nicht schlimm zu sein, solange niemand sonst im Raum war.« Sie sagte mir auch, dass sie vor dem Wettbewerb immer gedacht hätte, die Verantwortlichen wollten sie unbedingt unter Vertrag nehmen und würden deshalb ihr die Entscheidung darüber überlassen, was sie zu tun bereit war und was nicht.

Courtneys Ehrlichkeit bewegte mich. Ich fragte mich, ob ich versuchte, durch sie etwas nachzuholen, was mir versagt geblieben war. Wollte ich, dass sie die Modelkarriere verwirklichte, in der ich im College gescheitert war? Sollte sie meine unerfüllten Träume leben?

Ein Model zu werden, ist Courtney anscheinend überhaupt nicht wichtig. Ja es macht ihr noch nicht einmal Spaß. Aber hat sie auch ein gesundes Gefühl für wahre Schönheit? Wird sie in Zukunft mit ihrer Schönheit richtig umgehen?

Schönheit – damals und heute

Allen Frauen zu allen Zeiten ist eines gemein: ihr hartnäckiges Bemühen um Schönheit. Jede Ära hat ihre eigene Definition von der vollkommenen Frau und macht sie zum Maßstab, den es zu erreichen gilt. In ihrem inzwischen zum Klassiker gewordenen Buch *American Beauty* (dt. Amerikanische Schönheit) schreibt Lois W. Banner über die soziale Geschichte des weiblichen Schönheitsideals in den USA der letzten zwei Jahrhunderte. Im 19. Jahrhundert, so schreibt sie, »bedeutete Schönheit für Frauen keinen moralischen Anspruch, sondern Macht«.[2] Im späteren 19. Jahrhundert befassten sich Romane häufig mit der Ehe eines reichen Mannes mit einer Frau aus dem Arbeitermilieu und viele Zeitschriftenartikel berichteten über die Biografien von Schauspielerinnen, die sich aus ärmsten Verhältnissen emporgearbeitet hatten.

Zu Beginn des 20. Jahrhunderts wurden Revuetänzerinnen regelrecht glorifiziert, die aus einem bescheidenen sozialen Umfeld stammten und schließlich reiche Männer heirateten. Ausgefeilteres Make-up, Friseurbesuche und modische Kleidung wurden nun auch für die Durchschnittsamerikanerin erschwinglich. Die so genannten *Schönheiten* setzten nun sowohl für Arbeiterinnen als auch für wohlhabende Frauen modische Trends.

Dann gab es die ersten Schönheitswettbewerbe und 1921 wurde in Atlantic City die erste *Miss America* gekürt. Dieses Ereignis machte aus der Überzeugung, dass Schönheit ein amerikanisches Grundrecht und Lebensziel jeder Frau sein sollte – eine Überzeugung, die sich bis heute gehalten hat –, ein festes Ritual. Die Misswahl wurde zum Traum aller Mädchen und zum unerreichbaren Albtraum aller Frauen mit nur durchschnittlichem Aussehen. Und unser langer Weg auf der Suche nach Schönheit ist noch längst nicht zu Ende.

Wir müssen uns nicht sonderlich bemühen, um festzustellen, dass Schönheit auch heute noch eines der wichtigsten Themen unserer Kultur ist.

Rebecca

Als ich neulich in einer Buchhandlung war, fiel mir der Titel einer Ausgabe der Zeitschrift *Self* ins Auge: »Schönheitstipps – Machen Sie das Beste aus sich!« Obwohl ich eigentlich in das Geschäft gegangen war, um für dieses Buch zu recherchieren, spürte ich auf einmal diesen leisen Zweifel in mir, der uns Frauen oft ohne Vorwarnung überkommt: »Kann ich mithalten? Ist mein Bestes an Schönheit auch schön genug?« Und so schlug ich die entsprechende Seite auf, um herauszufinden, welches Geheimnis mir diese Zeitschrift für mein Bestes an Schönheit zu enthüllen hatte.
Inzwischen hat auch die Zeitschrift *More* damit geprahlt, sie kenne »die elf größten Erfolgsrezepte für Schönheit«. Eine Zeitschrift für berufstätige Mütter lockte mit dem Leitartikel: »Warten Sie nicht darauf, dass andere Ihr Aussehen bewundern – machen Sie etwas aus sich!« Ich zählte über 80 Zeitschriften zum Thema Schönheit und Gesundheit – die Teenie-Zeitschriften nicht mitgerechnet.
Den Frauen stehen heute mehr Mittel und Wege zur Verfügung als je zuvor, um sich schön zu machen und schön zu bleiben: Sport, Diäten, Make-up, ja selbst Schönheitsoperationen. Doch wo bleibt der erhoffte Zugewinn an innerem Frieden und Zufriedenheit?

Mädchen wie Frauen wird in Filmen und Videoclips die immer gleiche Botschaft vermittelt: »Du musst superschlank, hübsch und modisch aussehen – und wenn du das nicht tust, solltest du schleunigst was dagegen unternehmen!« Und was sind die Folgen? Neid, Konkurrenzdenken, Halbherzigkeiten und ein geringes Selbstbewusstsein.

Lynda

Genau aus diesem Grund amüsierte ich mich mit Tausenden anderer Frauen über eine E-Mail, in der mit Barbie und ihrem perfekten, aber für uns unerreichbaren Aussehen abgerechnet wurde: Da gab es eine schielende Barbie, eine Barbie mit Hitzewallungen, eine Barbie mit Bartansatz und eine mit schwabbeligen Armen.

Doch wie sieht es bei Ihnen aus? Die Barbie ist vermutlich Ihre kleinste Sorge. Schönheitsideale stürmen auf die unterschiedlichste Weise auf uns ein. Welchen Einfluss haben diese Bilder, mit denen Sie es niemals aufnehmen können, mit denen Sie jedoch tagtäglich konfrontiert werden, auf Ihr Selbstwertgefühl? Wie verhalten Sie sich in einer Gesellschaft mit einem so hohen Anpassungsdruck? Und wenn Sie als Mutter von Fragen über Ihr Äußeres vereinnahmt werden, welche Botschaft vermitteln Sie dann wohl Ihrer Tochter? Oder wie steht es mit Rendezvous? Auf die Männer bzw. Jungs, mit denen wir uns als Frauen bzw. Mädchen verabreden, stürmen ja die gleichen unrealistischen Bilder und Erwartungen ein. Und sie machen uns auf subtile Weise klar, dass wir uns mit nichts zufrieden geben dürfen, was hinter diesem Ideal von Schönheit zurückbleibt. Und so werden die Privilegien und Chancen, die wir uns als Frauen erkämpft haben, auch weiterhin von einer Wolke des Versagens überlagert. Die Bestsellerautorin Naomi Wolf schreibt in ihrem Buch *The Beauty Myth* (dt. Mythos Schönheit):

Untersuchungen haben in den letzten Jahren gezeigt, dass die kontrollierte, attraktive, erfolgreiche berufstätige Frau unserer westlichen Zivilisation im Innern ein verborgenes »unbewusstes Dasein« führt, das unsere Freiheit vergiftet - durchtränkt von Meinungen darüber, was es heißt, schön zu sein; es ist eine dunkle Vene des Selbsthasses; eine Obsession mit dem eigenen Körper; der Schrecken des Alterns und die Angst, die Kontrolle zu verlieren.[3]

Diese fruchtlose Suche heutiger Frauen nach Perfektion kann gefährlich, ja sogar tödlich sein. Nie hat es ein solches Ausmaß an Essstörungen gegeben. In allen Altersgruppen und sozialen Schichten leiden Frauen und Mädchen unter Magersucht und Bulimie.

Es mag sein, dass Sie keine derart massiven Probleme mit Ihrer Körperwahrnehmung haben, dass daraus eine Essstörung entsteht. Doch vielleicht beneiden Sie manchmal Frauen, die besser aussehen als Sie selbst und vielleicht auch noch stärker sind: *Sie hat so muskulöse Beine, ich habe nur so dünne Staken. Sie hat blaue Augen, meine sind mausgrau. Sie ist hochgewachsen und schlank, ich bin klein und dick.*

Um solche vermeintlichen Defizite auszugleichen, kleiden sich manche Frauen übertrieben auffällig, flirten herum, entwickeln sexuelle Süchte oder andere destruktive Verhaltensweisen – und diese äußerlichen Zeichen innerer Niederlagen sind nicht auf Jugendliche beschränkt.

Lynda

Je älter ich werde, umso mehr gesellt sich zu meinem Kampf um Schönheit auch noch der Kampf gegen das Alter. Ich bin mir dieser Kampfarenen durchaus bewusst. Ob wir nun gegen zu viel Gewicht oder gegen Fältchen und graue Haare kämpfen oder gegen ... – die Liste scheint manchmal kein Ende zu nehmen. Nur zu leicht geschieht es, dass wir unmäßig viel Zeit, Geld und Mühen in Versuche investieren, uns schöner zu machen. Am Ende entdecken wir, dass uns Zeit und Geld ausgehen, doch das Gefühl der Enttäuschung und Unzufriedenheit bleibt. Nichts kann uns wirklich befriedigen.

Seien wir ehrlich – Schönheit ist ein Thema

Es ist Zeit für die Wahrheit: Wenn Sie so sind wie die meisten Frauen auf dieser Erde, werden Sie in der Öffentlichkeit dezent (oder auch weniger dezent) versuchen herauszufinden, ob irgendjemand Notiz von Ihnen nimmt.

Wir wollen Ihnen nicht einreden, Schönheit wäre nebensächlich, sondern wir möchten Ihnen versichern, dass es völlig okay ist, sich in einem ausgewogenen Maß darum zu bemühen, schön zu sein. Von dem Tag an, an dem Gott uns in diesen wunderschönen Garten setzte, bis zu jenem Tag, an dem wir mit unserem Heiland durch die mit Gold gepflasterten Straßen des neuen Jerusalems wandeln werden, gehört es zu uns Menschen, dass wir auf Schönheit hin geschaffen sind.

Doch wir müssen unserer Suche nach Schönheit den richtigen Stellenwert geben! In diesem Kapitel geht es um unsere Freiheit –

um die Freiheit von den Zwängen unserer Gesellschaft mit ihren unrealistischen Maßstäben; um die Freiheit von den Lügen der Vergangenheit, die uns einreden wollen, unser Wert hänge davon ab, wie gut wir aussehen; um die Freiheit von ungesunden Verhaltensweisen, die unserem Verlangen nach Schönheit entspringen; und um die Freiheit von der christlichen Auffassung, die mancherorts verbreitet wird, das äußere Erscheinungsbild spiele überhaupt keine Rolle. Doch, es spielt eine Rolle. Aber wir müssen ein ausgewogenes Verhältnis dazu finden.

Lynda

Ich kenne eine Frau, die inzwischen über fünfzig ist und beinahe 90 Kilo Übergewicht hat. Ihr Vater war Prediger und hatte sie einmal dabei erwischt, wie sie sich als Jugendliche vor dem Spiegel zurechtmachte. Daraufhin verprügelte er sie mit einem Gürtel. Das war ein Extremfall, doch viele von uns haben die überstrapazierte Botschaft mitbekommen, dass *nur* die inneren Werte zählen, und haben ihr Verlangen, schön zu sein, erstickt. Und nun glauben sie, dass sie in Sachen Schönheit ohnehin chancenlos sind. Wie gesagt: Ein extremes Beispiel, aber ich kann mir gut vorstellen, welche verheerenden Folgen die Reaktion des Vaters auf diese Frau hatte.

Wir wollen Ihnen einige Beispiele nennen, die nicht so drastisch sind und mit denen Sie sich vielleicht eher identifizieren können. Zwei hübsche, beruflich erfolgreiche Frauen zwischen 40 und 50. Zwei Frauen, die sicher immer wieder von anderen beneidet werden.

Mary: Als Jugendliche hing mein Selbstwertgefühl sehr stark davon ab, wie attraktiv ich mir gerade vorkam. Schönheit besitzt einen hohen Stellenwert in der Natur, der Kunst, der Musik und bei den Menschen - besonders den Frauen. Die erfolgreichen, glücklichen Frauen sind in Film oder Fernsehen immer hübsch. Und so glaubte ich, ich müsse um jeden Preis versuchen, äußerlich schön zu sein, um angenommen und akzeptiert zu sein und im Leben eine Chance zu haben.

Debra: Als ich ein recht schlaksiges Kind war, putzte mich mein Vater oft mit Worten herunter. Und obwohl ich deutlich erkennen konnte, dass ich hübsch war, fühlte ich mich in meiner Jugend nie schön. Als Erwachsene lebte ich dann in Houston, Texas, wo es schöne Frauen wie Sand am Meer gibt, und ich beobachtete, wie sie miteinander darum konkurrierten, wer die Schönste war – ob im Lebensmittelgeschäft oder im Fitnessclub. Bald hatte ich erkannt, dass die hübschesten Mädchen bevorzugt behandelt wurden und dass man keinen Verstand brauchte, um sich einen Mann zu angeln. Doch als wir dann alle miteinander älter wurden, sah ich auch, zu welch extremen Mitteln sie griffen, um den einzigen Schatz zu bewahren, den sie besaßen: ihr Aussehen.

In seinem Bestseller *Wild at Heart* (dt. Der ungezähmte Mann) schreibt John Eldredge:

Nicht jede Frau möchte Schlachten schlagen, aber jede Frau möchte erobert werden ... Sie will nicht nur gesehen, sondern begehrt werden. Sie will, dass man um sie wirbt ... Jede Frau möchte schön sein und ihre Schönheit enthüllen. Nicht verzaubern, sondern enthüllen. Die meisten Frauen spüren den äußeren Druck, schön zu sein, von Kindesbeinen an, doch davon spreche ich hier nicht. Da ist außerdem ein tiefes Verlangen, einfach und wahrhaft schön zu sein und andere damit zu erfreuen.[4]

Ja, jede Frau will schön sein ... sie will, dass einer kommt, um sie wirbt und sie schließlich rettet. Wenn das nicht geschieht, lernen wir, uns zu verstellen. So zu tun, als ob uns das egal wäre. So zu tun, als würden wir uns wohl in unserer Haut fühlen. So zu tun, als sehnten wir uns nicht danach, gesehen zu werden; als bräuchten wir es nicht, dass jemand uns sagt, wie besonders hübsch wir sind. Und dann setzen unsere ungesunden Reaktionsmuster ein.

Lynda

Nachdem mein erster Ehemann mich verlassen hatte, tat ich so, als mache mir das nichts aus und es ginge mir gut, als wäre ich immer noch attraktiv und begehrt. Doch vieles in mir hing der Vergangenheit nach und ich wollte andere davon überzeugen, dass ich eine wunderbare Ehefrau und Schwiegertochter und Mutter gewesen war. Aber tief in mir nagten Stimmen, die mich an jede kleine Unzulänglichkeit erinnerten, die ich je an mir wahrgenommen hatte. An jede Ecke, in die ich mich je verkrochen hatte. An jedes Wort, das ich zurückgehalten hatte aus Angst, es könne die Aufmerksamkeit meines Gegenübers auf die Dinge in mir lenken, die nicht attraktiv, begehrenswert, ja, überhaupt nicht wertvoll waren. *Was ist nur los mit mir?,* fragte ich mich.
Etwa einen Monat, nachdem mein Mann mich verlassen hatte, vertraute ich mein Leben Christus an. In diesem September des Jahres 1985 veränderte ein einziges Gebet mein Leben - nicht mit einem Schlag, sondern allmählich. Einmal am Tag lenkte ich von da an meinen Blick darauf, wer ich in Jesu Augen war - durch Gebet, durch die Bibellese und durch die Gemeinschaft mit anderen gläubigen Frauen. Die Zeit, die ich darauf verwandte, auf Jesus zu schauen, veränderte irgendwie auch die anderen Unsicherheiten. Gott stellte meinen Ruf vor anderen wieder her, und je mehr meine innere Schönheit aufblühte, umso mehr verbesserte sich auch mein Äußeres. Und wenn sich heute die nagenden Stimmen in meinem Inneren zu Wort melden, muss ich erneut zu meinem Vater im Himmel laufen, damit er mir in den verschiedensten Lebensbereichen zu Hilfe eilt.

Rebecca

Auch ich hatte mit meinem Selbstbild zu kämpfen. Das wurde noch dadurch verschlimmert, dass ich in der Unterhaltungsbranche tätig bin, wo das Image ohnehin viel zu wichtig genommen wird. Ich war noch nie besonders zart gebaut oder anmutig. Meine Mutter hat immer gesagt, ich habe *robuste Knochen*. Je älter ich wurde, umso mehr wurde mir dies bei meinen Auftritten bewusst. Ich empfand die typische Unsicherheit eines jeden Teenagers, der sich mit den Idealen der Medien vergleicht. Verglichen mit diesen Traumfrauen, die ich im Fernsehen sah, war ich viel zu *kantig* und *rustikal*. Ich bin mir sicher:

Wenn Gott mich nicht bewahrt hätte und wenn ich nicht so viel Wertschätzung durch meine Familie erfahren hätte, hätte ich durchaus in diesen gefährlichen Teufelskreis um Kilos und Pfunde geraten können. Ich muss mir immer wieder bewusst machen, dass es zwei Arten von Schönheit gibt: die äußere und die innere.

Gott sprach von diesen beiden Arten von Schönheit bereits vor Hunderten von Jahren und zeigt uns, dass er Menschen anders anschaut als wir es tun: »Ich urteile anders als die Menschen. Ein Mensch sieht, was in die Augen fällt; ich aber sehe ins Herz« (1. Samuel 16,7). Ganz offensichtlich ist das schon immer ein Thema gewesen, dass wir Menschen zu sehr nach Äußerlichkeiten gehen. Die Bibel greift dies Generationen später im Neuen Testament erneut auf:

Putzt euch nicht äußerlich heraus mit aufwendigen Frisuren, kostbarem Schmuck oder prächtigen Kleidern. Eure Schönheit soll von innen kommen!
1. Petrus 3,3-4

Bevor Sie jetzt aufstöhnen und klagen, dass Sie das alles schon zigmal gehört haben, möchten wir Sie bitten, noch ein wenig durchzuhalten und mit uns herauszufinden, warum es sich lohnt, über dieses Thema nachzudenken. Lassen Sie uns die Dinge zu Papier bringen, damit ins Auge fällt, worum es geht. Welche Unterschiede bestehen zwischen innerer und äußerer Schönheit?

Äussere Schönheit	Innere Schönheit
➤ kann durch einen Unfall oder Alterungsprozesse zerstört werden	➤ wird Tag um Tag erneuert
➤ endlich	➤ ewig
➤ verliert sich mit der Zeit	➤ ist zeitlos
➤ verunsichert den anderen	➤ bestätigt den Wert des anderen
➤ statisch	➤ nimmt zu

Schönheit im umfassenden Sinn braucht beides – die äußere wie die innere Schönheit. Man kann die eine nicht ohne die andere haben. Diese Wahrheit birgt das Geheimnis der Schönheit; eine Wahrheit, die Ihr Leben verändern könnte: Innere Schönheit vermehrt die äußere Schönheit. Doch umgekehrt funktioniert es nicht unbedingt: Ein Mensch kann körperlich attraktiv sein, aber einen ziemlich miesen Charakter besitzen.

Es steckt in uns Frauen drin, dass wir uns die Bewunderung und Wertschätzung anderer wünschen. Es entspringt einem natürlichen Instinkt, dass wir versuchen, unser äußeres Erscheinungsbild zu verschönern. Deshalb müssen die meisten von uns ihre Bereitschaft erhöhen, dass Gott die Schönheit in ihrem Innern vergrößert.

Nehmen Sie den folgenden Fragenkatalog zur Hand und messen Sie einmal Ihren Pulsschlag in Sachen innerer und äußerer Schönheit:

Ein kurzer Schönheitstest

Beantworten Sie die folgenden Fragen bitte mit Ja oder Nein.

1. Fühlen Sie sich wohl genug in Ihrer Haut, um in Anwesenheit Ihrer Angehörigen oder guter Freunde auf Make-up verzichten zu können?
   ❒ ja ❒ nein

2. Fühlen Sie sich häufig schön oder hübsch?
   ❒ ja ❒ nein

3. Können Sie ohne schlechtes Gewissen Süßspeisen essen?
   ❒ ja ❒ nein

4. Können Sie ein hübsches Mädchen oder eine attraktive Frau sehen, ohne sich gleich mit ihr zu vergleichen?
   ❒ ja ❒ nein

5. Würden Sie von sich behaupten, Ihre innere und Ihre äußere Schönheit in einem ausgewogenen Verhältnis zu sehen?
   ❒ ja ❒ nein

6. Kommen Sie ohne den Missbrauch von Abführmitteln und ohne regelmäßige Hungerkuren aus, um Ihr Gewicht zu vermindern?
   ❐ ja ❐ nein

7. Sind Sie frei vom zwanghaften Gebrauch von Abführmitteln?
   ❐ ja ❐ nein

8. Können Sie besonders schlanke, scheinbar makellose Frauen auf dem Bildschirm betrachten, ohne von sich selbst enttäuscht zu sein?
   ❐ ja ❐ nein

9. Würden Sie von sich sagen, Sie haben ein grundsätzlich positives, gesundes Selbstbild?
   ❐ ja ❐ nein

10. Denken Sie, dass Sie ein ganzheitliches Verständnis von Schönheit besitzen?
    ❐ ja ❐ nein

Zählen Sie nun, wie oft Sie mit Ja geantwortet haben. Hier ist Ihr Ergebnis:

10 Wunderbar! Sie haben ein sehr gesundes und ganzheitliches Bild von Schönheit, so wie Gott sie sich gedacht hat.

7–9 Es gelingt Ihnen recht gut, innere und äußere Schönheit im Gleichgewicht zu halten. Für Sie ist dieses Kapitel eine gute Erinnerung daran, dass beide wichtig sind.

4–6 Ihre übertriebene Sorge um Ihre äußere Schönheit nimmt Ihnen die Chance, an Ihrem inneren Menschen zu wachsen und diesen Aspekt von Schönheit zu entfalten. Sie sollten sich dieses Kapitel zu Herzen nehmen und mit einer Seelsorgerin darüber sprechen, wie Sie das hier Gesagte umsetzen können.

0–3 Liebe Schwester im Herrn, wir sollten mal ein Wörtchen miteinander reden. Sie brauchen Heilung in diesem Lebensbereich.

Suchen Sie sich eine ältere Christin mit einem gesunden Verhältnis zu ihrer inneren und äußeren Schönheit und lassen Sie sich von ihr helfen – damit Sie lernen können, sich selbst so anzunehmen, wie Gott Sie geschaffen hat.

Lynda

Zwei Passagen aus der Bibel stellen für mich eine besondere Herausforderung dar, weil ich mich immer danach ausstrecke, sie zu leben, und es doch nie ganz erreiche. Die eine ist 1. Korinther 13, eine Stelle, die mich immer wieder daran erinnert, wie begrenzt meine Liebesfähigkeit ist, solange ich es nicht durchgängig schaffe, geduldig und freundlich, ohne Neid und Stolz und Rechthaberei zu sein. Die andere Stelle steht in Sprüche 31. An besonders schlechten Tagen würde ich gerne mal ein Wörtchen mit der hier beschriebenen Frau wechseln: »Na danke, liebe Superfrau! Du hast uns übrigen Frauen eine Messlatte gesetzt, die seit dir noch keine jemals wieder erreicht hat.« Doch an besseren Tagen würde ich mich gerne auf einen Latte Macchiato mit ihr treffen und ihr dafür danken, dass sie uns Frauen ein so tolles Vorbild gegeben hat. Dafür, dass sie für uns eine ständige Erinnerung ist, uns nach mehr auszustrecken – mehr wie Christus zu sein und mehr zu der ursprünglichen *Ischa* zu werden, die Gott in uns hineingelegt hat.

Die schlechte Nachricht ist: Keine Frau wurde als *Ischa* geboren. An irgendeiner Front kämpft jede von uns – ob es nun um mangelnde Schönheit geht, um Schwächen, ein geringes Selbstwertgefühl oder den Missbrauch äußerer Schönheit. Doch die gute Nachricht lautet: Gott kann jede von uns in eine *Ischa* verwandeln. Schauen wir uns doch einmal an, wie Gott das vor vielen Jahren im Leben einer Frau getan hat:

Batseba – die Schönheit auf der Dachterrasse (vgl. 2. Samuel 11,1–12,25)

Batseba war eine Frauengestalt des Alten Testamentes, die mit äußerer Schönheit in Fülle gesegnet war. In der Bibel wird ihr nicht viel Platz eingeräumt, aber was wir über sie erfahren, hat seine

Spuren hinterlassen. Batseba wuchs in guten Verhältnissen auf. Ihr Ehemann, Uriah, war ein angesehener Kriegsheld in der Armee des Königs.

Doch dann änderte ein einziger Frühlingstag mit einem Schlag das Leben von Batseba. König David, der sonst immer mit seinem Heer in die Schlacht zog, war aus irgendeinem Grund noch in Jerusalem geblieben und hatte seine Armee voranziehen lassen. An jenem Frühlingstag war er nachmittags nach dem Mittagsschläfchen auf das Dach seines Palastes gestiegen und dort hatte er Batseba erblickt, die auf einer nahen Dachterrasse ein Bad nahm. David fragte seine Diener, wer die Frau sei, und als er es herausgefunden hatte, ließ er sie zu sich in den Palast rufen. Und Batseba folgte der Aufforderung.

Fragen Sie sich auch, ob sich Batseba absichtlich den Blicken Davids aussetzte? Warum hat sie in aller Öffentlichkeit gebadet? Hat sie ihm wohl ein paar betörende Blicke zugeworfen? Wir wissen nicht, ob sie ihre Schönheit zur Schau gestellt hat. Doch eines wissen wir: Sie ging nicht sorgsam mit sich um und missachtete das, was der inneren Schönheit nach Gottes Herzen entsprochen hätte. Gott hatte David aufgrund seiner inneren Qualitäten ausgewählt, nicht aufgrund äußerer Merkmale. David wurde als Mann nach Gottes Herzen bezeichnet (vgl. 1. Samuel 13,14).

An diesem Tag machte der Mann, dem Gott ein gewaltiges Erbe anvertraut hatte, einen riesigen Fehler. Und auch Batseba, der Gott so viel gegeben hatte, war nicht unschuldig an dem, was geschah. Sie schliefen miteinander und Batseba wurde schwanger. Und wie so oft, folgte auf einen Fehler der nächste. David wollte die Sache vertuschen und schickte Batsebas Mann mitten ins feindliche Feuer. David gab den Befehl dazu. Uriah fiel. Die Witwe trauerte. Und dann heiratete David Batseba, die ihm einen Sohn gebar. Das war der Augenblick, in dem sie die Konsequenzen ihres Handelns zu spüren bekamen.

Die Bibel berichtet uns, dass die Fehler, die David im Umgang mit Batseba machte, seine schlimmste Sünde überhaupt darstellten (vgl. 1. Könige 15,5). Diese Schande ereignete sich im Leben eines Mannes, der einen ansonsten gottgefälligen Lebenswandel führte. Beteiligt war eine Frau, die ihre Schönheit missbrauchte. Die Sünde der beiden führte zu einer Kette aus Leid und Fluch über der Familie Davids – erst starb ihr gemeinsamer Sohn und später drei weitere Söhne Davids (vgl. 2. Samuel 12,10,15–18; 13,28–29; 18,14–15; 1. Könige 2,24–25).

Irgendwann jedoch bereute Batseba ihre Schuld. Und Gott nahm ihre Buße an, nahm die Schuld von ihr und schenkte ihr seine Gnade. Dann verwandelte er diese Sünde in einen Segen, an dem sich seine Herrlichkeit zeigte.

Und jetzt kommt's! Lesen Sie einmal Sprüche 31,10–31. Wie beschreibt die Bibel diese Superfrau? Sie ist tugendhaft, vertrauenswürdig, fleißig, großzügig, stark, fröhlich, weise, freundlich und gottesfürchtig. Deshalb vertraut ihr ihr Ehemann; sie ist eine Bereicherung für sein Leben und »das kostbarste Juwel, das einer finden kann« (Sprüche 31,10).

Und wer ist diese Frau?

In der Bibel wird uns gesagt, König Lemuel habe diese Zeilen geschrieben – inspiriert durch seine Mutter. Manche Fachleute sagen, König Lemuel sei Salomo gewesen. Und Salomos Mutter war keine andere als Batseba – die Frau, deren innere Schönheit sich erst entfalten musste, bis sie stark genug war, mit ihrer äußeren Schönheit auf die rechte Weise umzugehen.

Diese Frau, der vergeben wurde, ist bis heute *das* Vorbild für eine Frau nach Gottes Herzen –ein Vorbild, dem viele Frauen nacheifern.

Batsebas Geschichte beginnt mit äußerer Schönheit, mit der sie so falsch umging, dass dadurch Leben zerstört wurde; sie endet mit innerer Schönheit, die zum Guten dient: »Anmut und Schönheit sind vergänglich und kein Grund, eine Frau zu rühmen; aber wenn sie Gott ernst nimmt, dann verdient sie Lob« (Sprüche 31,30).

Zwischen der Batseba, die ihr Frausein so lebte, wie sie es wollte, und der Batseba, die eine *Ischa* nach Gottes Herzen war, liegen Buße und Umkehr. Gott ehrte ihren Willen zur Umkehr und schenkte ihr Gnade. Und dann verwandelte er die Situation – und letztlich Batsebas Schönheit – zu etwas, das seine Herrlichkeit preist. Diese *Ischa* gehört zu den Vorfahren Jesu Christi, des Erlösers der Welt.

Die Bedeutung von Schönheit für Ihr Leben

Was aber hat Batsebas Geschichte mit uns und Ihnen zu tun?

Wie Batseba, so ist auch jeder von uns ein gewisses Maß an Schönheit gegeben, und jede von uns hat diese Schönheit schon einmal missbraucht. Vielleicht werden Sie von irgendeiner Essstörung beherrscht. Vielleicht nagt Neid oder ein negatives Selbstbild an Ihrer Seele. Vielleicht haben Sie sich unangemessen gekleidet oder geflirtet oder Sie stolpern von einer Beziehung in die nächste. Oder Ihre Sehnsucht nach Attraktivität und Schönheit hat in die Sexsucht geführt.

Sehr leicht blicken wir auf das Negative, auf das, was uns fehlt, statt uns auf die Freiheit zu besinnen, die wir in Christus haben, und zu genießen, dass wir sein dürfen, wie wir sind. Heute ist die Chance da, diese Wahrheit Gottes zu ergreifen und danach zu leben!

Ischa richtet ihr Leben auf die Wahrheit Gottes aus

➤ **In Gottes Augen bin ich wunderbar gemacht.**

Lüge: Ich bin hässlich. Ich kann anderen niemals das Wasser reichen.

Jede Frau hat irgendetwas an sich, das sie nicht mag. Fragen Sie ein Top-Model und diese Frau wird Ihnen Dinge nennen, die sie an ihrem Körper nicht leiden kann. Es gibt zwar eine gute Nachricht in Bezug auf unsere Schönheitsfehler, aber nur Christen können diese Botschaft wirklich erfassen und in ihrem Leben umsetzen. Im 2. Korintherbrief, Kapitel 12, Verse 9–10 wird uns gesagt, dass wir unsere Schwächen annehmen dürfen – ja, dass wir uns sogar ihrer rühmen dürfen. Und warum? Wo wir schwach sind, kann Gott seine Stärke erweisen. Wenn in unserem Leben und an unserem Körper alles perfekt wäre, bräuchten wir keinen Erlöser mehr. Die Geschichte zeigt zur Genüge, dass wir Menschen unsere eigenen Wege gehen, solange alles glatt läuft. Und deshalb ist es eine gute Nachricht, dass im Leben eben nicht alles glatt geht und wir nicht vollkommen sind. Unsere Unvollkommenheit in äußeren Dingen mag für Gott eine Chance sein, unser Inneres umso mehr strahlen zu lassen.

Das soll jetzt natürlich keine Aufforderung sein, sein Äußeres zu vernachlässigen. Wir haben eine Verantwortung für unseren Körper und sollen aus dem, was uns gegeben ist, das Beste machen. Schließlich sind wir ein Tempel des Heiligen Geistes (vgl. 1. Korinther 6,19–20). Durch eine angemessene Diät und etwas Bewegung, ein paar Einkäufe in der Modeabteilung, einem Besuch beim Friseur oder im Kosmetikstudio kann jede Frau etwas aus sich machen. Doch wer zu viel für sein äußeres Erscheinungsbild tut, tut in der Regel zu wenig in anderen Lebensbereichen.

Stellen Sie sich einmal Ihren Körper wie einen gut gepflegten Garten vor. Sie sind die Gärtnerin, die sich um den Garten müht, damit er dem Herrn dieses Gartens Freude bereitet. Und nun stellen Sie sich vor, Sie würden das Blumenbeet ständig wässern. Die Blumen würden ertrinken. Oder stellen Sie sich vor, Sie würden ständig Dünger auf die Beete kippen. Die Pflanzen bekämen hässliche Flecken, weil sie mit chemischen Stoffen überlastet sind. Was würde wohl passieren, wenn Sie sich ständig Sorgen um Ihren Garten machen und dauernd an den Blättchen und Blüten zupfen und zerren würden? Das Sonnenlicht könnte die geschädigten Pflanzen nicht mehr ernähren. Die Pflanzen würden in ihrem Wachstum behindert werden, weil Sie zu viel an ihnen herumdoktern. Auf ähnliche Weise hindern Sie Gottes Licht daran, Ihr geistliches Wachstum zu fördern, wenn Sie sich ständig mit Ihrem Äußeren beschäftigen.

Wenn Sie glauben, Ihre Arme seien zu dünn oder Ihre Hüften zu fett, dann wenden Sie Ihren Blick doch einmal Ihren hübschen Augen oder Ihrem glänzenden Haar zu. Oder gewöhnen Sie sich an, auf den üblichen Blick in den Spiegel zu verzichten. Wer sich auf seine vermeintlichen Schönheitsfehler konzentriert, wird unweigerlich frustriert sein. Überlassen Sie Ihre Fehler Gott und schauen Sie stattdessen auf das Gute, mit dem Gott Sie gesegnet hat, und auf die Chancen, die in diesem Moment vor Ihnen liegen (vgl. Philipper 4,8).

Sie sind vollkommen schön, weil Gott Sie so gemacht hat! Zu dieser vollkommenen Schönheit gehören auch die Dinge, die Sie selbst als mangelhaft ansehen. Bitten Sie Gott, dass er Ihnen die Augen öffnet, damit Sie selbst sich so sehen können, wie er Sie sieht. Bitten Sie ihn, dass er Ihnen hilft, sich so anzunehmen, wie er Sie angenommen hat, und machen Sie das Beste aus dem Maß an Schönheit, das er Ihnen gegeben hat.

➤ **Meine äußere Schönheit kann von jetzt auf nachher vergehen, meine innere Schönheit bleibt.**

Lüge: Wer gut aussieht, dem fällt alles andere zu.

»Sammelt keine Schätze hier auf der Erde! Denn ihr müsst damit rechnen, dass Motten und Rost sie zerfressen oder Einbrecher sie stehlen. Sammelt lieber Schätze bei Gott. Dort werden sie nicht von Motten und Rost zerfressen und können auch nicht von Einbrechern gestohlen werden. Denn euer Herz wird immer dort sein, wo ihr eure Schätze habt« (Matthäus 6,19–21). In der Regel verbinden wir mit diesen Versen irdischen Besitz, doch man kann sie sicher auch auf das Thema Schönheit anwenden. Nicht nur, dass mit dem Alter unsere äußere Schönheit vergeht. Es kann auch sein, dass ein Unfall, eine Krankheit oder Verletzung unsere Schönheit bereits in jungen Jahren zerstört.

Rebecca

Vor ein paar Jahren hatte ich mal mit dieser Angst zu kämpfen. Während einer besonders anstrengenden Tournee erkrankte ich an einer so genannten Bell'schen Lähmung, einer Viruserkrankung, die die Gesichtsnerven befällt. Die Ärzte sind sich immer noch nicht über die genauen Ursachen dieser Erkrankung im Klaren, aber sie wird häufig mit extremem Stress in Verbindung gebracht. Wie auch immer, eines Morgens wachte ich auf und konnte meinen einen Mundwinkel nicht mehr kontrollieren und meine rechte Augenbraue nicht mehr bewegen. Beim Trinken lief mir Flüssigkeit aus dem Mund. Mein gutes Aussehen, das für mich so selbstverständlich und in meinem Beruf so wichtig war, stand auf dem Spiel.

Ich erhielt schließlich doch wieder die völlige Kontrolle über meine Gesichtsmuskulatur zurück, doch andere – wie Joni Eareckson Tada – müssen dauerhafte Beeinträchtigungen ihrer äußeren Schönheit hinnehmen. In den Jahren nach ihrem Schwimmunfall, der die Querschnittslähmung zur Folge hatte, lernte Joni eine Lektion, mit der die meisten von uns noch zu kämpfen haben: Bleibende Schönheit kommt aus dem Innern. Niemand ist anmutiger als Joni. Ich werde das Äußere eines Menschen nie wieder so beurteilen wie früher. Alles, was ich an äußerer Schönheit besaß, hätte ich in jenem einen Augenblick verlieren können, deshalb investiere ich mehr als zuvor in das innere *Make-up*. Dazu gehört, dass ich mich regelmäßig auf Jesu Schoß kuschle, in seinem Wort lese und Zeit mit Menschen verbringe, die ihm – wie ich auch – die Generalinspektion ihres inneren Menschen anvertraut haben.

Selbst wenn Ihre äußere Schönheit nicht durch Unfall, Krankheit oder Verletzungen beschädigt wurde, wird das Alter Sie Ihnen eines Tages rauben.

Lynda

Ich bin mir sicher, dass Paulus sich mit der Aussage: »Die Lebenskräfte, die ich von Natur aus habe, werden aufgerieben; aber das Leben, das Gott mir schenkt, erneuert sich jeden Tag« (2. Korinther 4,16) an eine Versammlung von Frauen gewandt haben muss, die gerade in den Wechseljahren waren. Er hätte genauso gut sagen können: »Die schlechte Nachricht lautet: Sie haben soeben ein paar Fältchen und graue Haare mehr bekommen. Die gute ...«

Da kein Reichtum dieser Welt das Altern aufhalten kann, ist es an der Zeit, klug zu werden. Investieren Sie doch in die Art Schönheit, die Sie sich jederzeit leisten können und die Ihnen weder Alter noch Falten noch Fettpolster rauben können. In Galater 5,22–23 erfahren wir das Geheimnis ewiger innerer Jugend: »Der Geist Gottes dagegen lässt als Frucht eine Fülle von Gutem wachsen, nämlich: Liebe, Freude und Frieden, Geduld, Freundlichkeit und Güte, Treue, Bescheidenheit und Selbstbeherrschung.«

Das wäre doch ein Projekt für die nächsten neun Monate. Nehmen Sie sich für jede der Früchte des Geistes einen Monat Zeit. Schlagen Sie den Begriff in einer Konkordanz nach und suchen Sie nach Bibelversen, die diese Geistesfrucht näher beschreiben. Lernen Sie mindestens einen der Bibelverse auswendig. Bitten Sie Gott, dass er Ihnen die entsprechende Frucht schenkt und halten Sie nach Orten Ausschau, wo sie gedeihen kann. Führen Sie Tagebuch darüber, wie Sie Gottes Wirken erleben. Wenn Sie das machen, werden Sie die neun Geheimnisse ewiger, innerer Schönheit entdecken.

➤ **Auch wenn ich meinen Körper missbraucht habe oder mit meiner Schönheit verkehrt umgegangen bin, Gott liebt mich und vergibt mir meine Schuld; er wird mich erneuern.**

Lüge: Ich habe alles falsch gemacht. Ich kann niemals diese innere Schönheit zurückgewinnen.

Rebecca

Nachdem mir bewusst wurde, wie ich meine vermeintlichen Schönheitsfehler betrachtete, wurde mir auch klar, dass es wohl kein Mädchen gibt, das nicht in der Gefahr steht, mit seinem Körper falsch umzugehen, zum Beispiel durch übertriebene Diäten, den Missbrauch von Abführmitteln oder durch andere Essstörungen. Meine Mutter macht mir in diesem Bereich viel Mut. Sie hört sich meine Klagen an, wenn ich über mein Äußeres verunsichert bin, und ermuntert mich zu einer ausgewogenen Ernährung ohne Hungerkuren, aber mit viel Bewegung. Allein die Tatsache, dass sie mein Verhalten beobachtet, erinnert mich an die Verantwortung, die ich für meinen Körper habe.

Batseba hätte in ihren späteren Jahren den Worten aus Sprüche 31,30 sicher zugestimmt: »Anmut und Schönheit sind vergänglich und kein Grund, eine Frau zu rühmen; aber wenn sie Gott ernst nimmt, dann verdient sie Lob.« Nachdem sie ihre Schuld bekannt hatte, erfuhr sie die Gnade und Annahme Gottes. Auch Sie können auf dieselbe Art und Weise von einem falschen Umgang mit Ihrem Körper und Ihrer Schönheit geheilt werden und zwar auf folgendem Weg:

Falscher Umgang
Erkennen Sie, auf welche Weise Sie falsch mit Ihrem Körper oder Ihrer Schönheit umgegangen sind.

Umkehr
Bitten Sie Gott um Vergebung.

Gnade
Erkennen Sie, dass Gott Sie liebt und Ihnen vergibt, dass er darüber hinaus aber auch Neues schaffen will. Seine Gnade schenkt uns einen Neuanfang.

Annahme
Fangen Sie noch einmal von vorne an, indem Sie sich selbst von nun an mit den Augen Gottes sehen. Erkennen Sie, wer Sie in Gottes Augen sind und welche Identität er Ihnen gegeben hat.

REBECCA

Den folgenden, sehr eindrucksvollen Artikel habe ich einmal in einem australischen Andachtsbuch gelesen:

Einfache Weisheiten können so gut tun
Eine Kosmetikfirma rief einmal in einer großen Stadt ihre Kunden auf, Bilder von Frauen einzusenden, die sie besonders schön fanden, und dies in einem kurzen Schreiben zu begründen. In wenigen Wochen wurden Tausende von Briefen eingesandt.

Ein Brief ließ die Angestellten aufhorchen und wurde bald dem Geschäftsführer vorgelegt. Er kam von einem Jungen aus einer kaputten Familie, der in einem ziemlich heruntergekommenen Viertel wohnte. Der Text war voller Schreibfehler. In dem Brief hieß es: »In meiner Straße wohnt eine besonders schöne Frau. Ich besuche sie jeden Tag. Sie gibt mir das Gefühl, etwas ganz Besonderes zu sein. Wir spielen Dame und sie hört sich meine Sorgen an. Sie versteht mich. Wenn ich wieder gehe, ruft sie mir jedes Mal nach, dass sie total stolz auf mich ist.« Der Junge schloss seinen Brief mit den Worten: »Dieses Bild wird Ihnen beweisen, dass sie die schönste Frau der Welt ist. Ich hoffe, ich werde mal eine Frau wie sie heiraten.«

Bewegt von diesem Brief, verlangte der Geschäftsführer nach dem Bild der Frau. Die Sekretärin reichte ihm das Foto einer lächelnden, zahnlosen Frau, die längst nicht mehr jung war und in einem Rollstuhl saß. Ihr schütteres, graues Haar hatte sie zu einem Knoten gebunden. Die tiefen Furchen in ihrem Gesicht wurden irgendwie von dem Zwinkern in ihren Augen überdeckt.

»Wir können diese Frau nicht für unsere Werbekampagne verwenden!«, rief der Geschäftsführer lachend aus. »Sie würde der ganzen Welt beweisen, dass man unsere Produkte nicht braucht, um wirklich schön zu sein.«[5]

Diese Frau hatte das Geheimnis innerer Schönheit gefunden. Letztlich hoffen wir alle, diesem Geheimnis auf die Spur zu kommen. Schönheit geht im wahrsten Sinne des Wortes unter die Haut. Sie hat ihren Sitz ganz tief in uns, dort wo Gott unser Herz ansieht. Und wenn er zu diesem Inneren Zugang bekommt, wird sich unser Äußeres auch verändern. Das ist doch ein Schnäppchen – in eines zu investieren und zwei zu bekommen.

Steh auf, meine Freundin, meine Schöne, und komm her!

Denn siehe, der Winter ist vergangen, der Regen ist vorbei und dahin.

Die Blumen sind aufgegangen im Lande, der Lenz ist herbeigekommen, und die Turteltaube lässt sich hören in unserm Lande.

Der Feigenbaum hat Knoten gewonnen, und die Reben duften mit ihren Blüten. Steh auf, meine Freundin, und komm, meine Schöne, komm her!

Meine Taube in den Felsklüften, im Versteck der Felswand, zeige mir deine Gestalt, lass mich hören deine Stimme; denn deine Stimme ist süß, und deine Gestalt ist lieblich.

Hohelied 2,10–14

So ist Ischa

Eine wahrhaft schöne *Ischa* ist eine Frau, die Gott die Ehre gibt, indem sie auf beides Acht hat - auf ihre innere und ihre äußere Schönheit.

---

[1] Leslie Ludy, *Authentic Beauty*, Multnomah Publishers, 2003, S. 5.

[2] Lois W. Banner, *American Beauty*, Knopf Publishing, 1983, S. 13.

[3] Naomi Wolf, *The Beauty Myth: How Images of Beauty Arte Used Against Women*, Doubleday, 1991, S. 10 (dt. Der Mythos Schönheit, Rowohlt, 2000).

[4] John Eldredge, *Wild at Heart*, Thomas Nelson, 2000, S. 16–17. (Dt. Der ungezähmte Mann, Brunnen, 2003)

[5] *UCB Devotional*, United Christian Broadcasters, S. 39. Autor unbekannt.

6

Reinheit – der Versuchung einen Riegel vorschieben

Das ganze Leben wird von Leere, Monotonie und absoluter Langeweile ergriffen, wenn Jungfräulichkeit und Reinheit nicht länger gehütet und wertgeachtet werden. Wer versucht, in allem Erfüllung zu erlangen, wird sie nirgends mehr finden.
Elisabeth Elliot[1]

Denn Gott hat uns nicht berufen zur Unreinheit, sondern zur Heiligung. Wer das nun verachtet, der verachtet nicht Menschen, sondern Gott, der seinen Heiligen Geist in euch gibt.
1. Thessalonicher 4,7–8 (Luther)

Lynda

Amanda aus Kalifornien rief bei meinem Radiosender an, um über das Thema zu sprechen, von dem die Sendung handelte – die Lügen, auf die wir Frauen immer wieder reinfallen. Amanda sprach davon, dass sie Gottes Willen erkennen will, weil sie nicht weiß, wie sie einen anstehenden Umzug finanzieren und ob sie ihren Verlobten heiraten soll. Sie bat um ein persönliches Gespräch mit mir.

Ich rief Amanda zurück und sie erklärte mir noch einmal, für welche Anliegen sie mit mir beten wollte. Im Gespräch erfuhr ich mehr über ihre Lebensumstände. Sie lebte seit fünf Jahren mit ihrem Verlobten zusammen, sie hatten zwei gemeinsame Kinder. Amanda wünschte sich Gottes Segen, wollte aber in der sexuellen Sünde verharren.

Ich sagte Amanda, dass sie manches ändern müsse, bevor sie Gottes Segen erwarten könne. Ich verglich ein Leben, so wie es Gott gefällt, mit einem Obstkuchen: »Sie tun doch auch keine grünen Bohnen oder Hackfleisch in Ihren Teig, oder?«, meinte ich zu ihr. »Und wenn Sie es tun, bekommen Sie alles, nur keinen Obstkuchen.« Das Gleiche gilt für ein geheiligtes Leben. Ich erklärte ihr, dass sie da nur geheiligte Zutaten hineintun dürfe. Und das schloss Sünden im Umgang mit der Sexualität aus, wie auch alle anderen sündhaften Gedanken oder Handlungen.

»Verstehen Sie, wovon ich spreche?«, fragte ich Amanda.

»Ja«, sagte sie. »Aber das kann ich nicht. Ich brauche meinen Verlobten zu sehr.«

Wir werden in unserer Gesellschaft tagtäglich mit ungeheiligten Lösungswegen für die Probleme unseres Lebens bombardiert. Und oft lassen wir uns von solchen Lügen überreden. Wir gehen Kompromisse ein und geben uns mit falschen Maßstäben zufrieden. Wie gut kommen Sie mit dem Thema Reinheit klar?

- Fällt es Ihnen schwer zu glauben, dass Gott mit den Regeln für unseren Umgang mit unserer Sexualität nur Ihr Bestes im Sinn hatte, oder haben Sie das Gefühl, er wolle Ihnen nur den Spaß an Ihrer Sexualität verderben?
- Halten Sie Reinheit in sexuellen Dingen für einen unerreichbaren Mythos?
- Leiden Sie unter Lustgefühlen?
- Geben Sie sich sexueller Selbstbefriedigung hin?
- Kleiden Sie sich unangemessen, um Ihre Attraktivität zu erhöhen?
- Kämpfen Sie regelmäßig mit unreinen Gedanken?
- Setzen Sie Ihren Geist häufig unreinen Bildern aus?
- Spielen Sie in Gedanken mit einer ehebrecherischen Affäre? Oder wenn Sie Single sind: Haben Sie eine sexuelle Beziehung zu einem Mann?

Lynda

Amandas Situation beschäftigte mich noch lange nach unserem Telefonat. Es machte mich wütend, dass der Teufelskreis der Sünde wieder einmal das Leben eines Menschen durcheinander warf.

Die Schrift sagt uns: »Wenn jemand ihr nachgibt, wird die Begehrlichkeit gleichsam schwanger und gebiert die Sünde. Und wenn die Sünde ausgewachsen ist, bringt sie den Tod hervor« (Jakobus 1,15).

Am Anfang steht die Begehrlichkeit, dann folgen sündhaftes Handeln und schließlich der Tod.

Solange die Sünde noch Spaß macht, ist sie noch nicht ausgewachsen. In letzter Konsequenz führt die Sünde zum Tod.

Sexuelle Sünden sind nicht die einzige Auswirkung der Begehrlichkeit. Unreinheit und die Bereitschaft, in sexuellen Dingen Kompromisse einzugehen, zeigen ihr hässliches Gesicht in vielerlei Gestalt - manches davon würden wir nicht unbedingt als Sünde bezeichnen. Alkoholismus zerstört den Körper, aber auch Ehen und die eigene Persönlichkeit. Drogenmissbrauch hat verheerende Folgen für Jung und Alt. Essstörungen zerstören die Gesundheit und können tödlich verlaufen. Verleumdungen, Fluchen und Lügen verletzen und führen letztlich zu Beziehungsstörungen.

All diese Dinge beginnen mit Begehrlichkeiten und Versuchungen, die zunächst harmlos erscheinen. Doch wenn wir ihnen nachgeben, statt vor ihnen zu fliehen, bringen sie letztlich den Tod. Den Tod einer Ehe. Den Tod einer Beziehung. Den Tod des eigenen Gewissens.

Die Bibel beschreibt viele Konsequenzen der Sünde. Eva erblickte den Baum, sah genauer hin und dachte bei sich: »Seine Früchte mussten köstlich schmecken, sie anzusehen war eine Augenweide, und es war verlockend, dass man davon klug werden sollte!« (1. Mose 3,6). Es folgte die Sünde und schließlich der Tod (vgl. 1. Mose 2,16–17). Ebenso Simson: Er kam in ein Philisterdorf und dort »fiel ihm ein Mädchen auf« (Richter 14,1). Er beobachtete sie und dann bat er seine Eltern, sie ihm zur Frau zu geben. Als die Eltern zögerten, sagte er zu seinem Vater: »Gib mir die! Die gefällt mir!« (Richter 14,3). Später verliebte er sich in Delila und das kostete ihn am Ende das Leben (vgl. Richter 16,4–31). Die Begehrlichkeit war zu verlockend geworden, hatte Sünde geboren und schließlich den Tod zur Folge.

Sexuelle Sünden sind eine Form von Unreinheit, die extrem zerstörerisch und zugleich allgegenwärtig ist. In diesem Kapitel wollen wir uns mit ihnen befassen. Weil sexuelle Sünden Auswirkungen auf unser Leben haben wie keine andere Sünde sonst, macht der Feind in diesem Bereich Überstunden, um unser Leben zu zerstören (vgl. 1. Korinther 6,18).

Reinheit – eine Definition tut not

Überall in unserer Gesellschaft ist Sex ein Thema. Film und Fernsehen, Werbeplakate, Zeitschriften und Internet – mit Sex wird richtig Kasse gemacht.

Rebecca

Mir begegnete dieses unangenehme Phänomen neulich beim Durchblättern einer Jagdzeitschrift meines Bruders. Auf der Rückseite des Magazins warb eine attraktive blonde Frau in einer sexy Pose für einen Jagdbogen.

Unter den Tausenden von Anspielungen und Scherzen, denen wir in Film und Fernsehen begegnen, handeln nur wenige von Sex in der Ehe oder von Problemen, die von beiläufigen Berührungen herrühren. Unsere Gesellschaft hat den Sex zu einem Pflichtbestandteil für ein glückliches und erfülltes Leben gemacht. Doch wir erfahren immer wieder, dass Sex nur kurzzeitig Befriedigung bringt, während die schädigenden Folgen bleiben.

Seit Anbeginn der Zeiten haben Menschen versucht zu sündigen, ohne sich den möglichen Folgen zu stellen. Der Mythos vom *Safer Sex* hat mit seiner Lügenbotschaft alle Bereiche unserer Gesellschaft infiltriert. Ob in Schulen oder Stundenhotels, überall kauft man die Lüge ab, dass ein Kondom vor den Folgen der Sünde bewahren könnte. Doch das Gerede vom sicheren Sex hat zu nur noch mehr Verwirrung beigetragen, und so rotiert der Teufelskreis weiter. Tony Campolo, ein angesehener Verfechter einer abstinenten Haltung gegenüber außer- und vorehelichem Sex, schreibt: »Im Sexualkundeunterricht zeigen wir, wie's gemacht wird, nur um dann zu warnen, es besser doch nicht zu tun – aber wer sich doch dazu entschließen sollte, es zu tun, dem sagen wir, er solle es lieber vorsichtig tun, weil es ihn schließlich umbringen oder krank machen oder zu einer ungewollten Schwangerschaft führen könnte. Wenn das keine Verwirrung stiftet!«[2]

Rebecca

Ich setze mich mit viel Leidenschaft dafür ein, dass wir unsere sexuelle Reinheit bewahren. Dieses Thema packt mich so sehr, dass ich bei beinahe jedem Konzert der letzten zehn Jahre darüber gesprochen habe. Es ist ein Thema, das jeden betrifft, egal ob verheiratet oder ledig, arm oder reich, jung oder alt. Ich habe darüber sogar ein Lied geschrieben und ein Buch mit dem Titel *Wait for Me*[3]. Meine Leidenschaft in dieser Frage ist deshalb so groß, weil ich zusehen muss, wie viele in meinem Alter an dieser Stelle von Satan verführt werden. Er hat seine Lügen geschickt vermarktet und es gibt viel zu wenig Christen, die in sexuellen Dingen wahrhaftig leben und diesen Lügen entgegentreten. Ich habe schon vor Studenten in Kirgisien, in Pariser Clubs und vor Tausenden von Menschen an anderen Orten davon erzählt, dass ich noch nie Sex hatte und damit warten werde bis zur Ehe. Aber ich könnte an den Fingern einer Hand abzählen, wie oft ich bei diesem Thema schon ins Kreuzfeuer der Kritik geraten bin. Ich glaube, in ihrem tiefsten Innern respektieren die Menschen diejenigen, die sich für sexuelle Reinheit aussprechen, und letztlich wissen sie auch, dass das der richtige Umgang mit ihrer eigenen Sexualität wäre.

Ein ganzheitliches Lebensgefühl ist ein Nebeneffekt von Reinheit. Sie ist der einzige Weg, den zerstörerischen Teufelskreis der Sünde zu brechen. Reinheit ist das, was nicht durch Ehebruch, Befleckung und Vergeudung gekennzeichnet ist. In einem Lexikon wird der Begriff *rein* so definiert: »nicht mit anderen Substanzen vermischt; frei von Dingen, die verwässern oder verschmutzen; etwas, das nichts enthält, was nicht hineingehört; frei von moralischen Defiziten oder Schuld.«[4]

Diese Definition ist auf dem Papier leicht zu verstehen, doch im wirklichen Leben ist sie diffuser und besitzt viel mehr Grautöne. Wir haben uns mit Leslie Yeaton von *Focus on the Family* unterhalten, die im Auftrag dieser Organisation auf internationaler Ebene Seminare über sexuelle Abstinenz vor der Ehe anbietet. Leslie wurde mit sechzehn schwanger, erlebte das Scheitern zweier Ehen; heute ist sie Mutter zweier erwachsener Kinder und dreifache Großmutter. Leslie meint, das Problem, eine Definition für Reinheit zu finden, bestehe darin, dass der Begriff heute ganz neu definiert werden müsse. Sie spielt damit auf eine Äußerung des amerikanischen Ex-Präsidenten Bill Clinton an, der 1997 unterstellte, es sei in Ordnung sexuell aktiv zu sein, solange man keinen Sexualverkehr habe. Einige Jahre später wandte sich der damalige amerikanische Außenminister Colin Powell in einer Ausstrahlung des Senders MTV an die Jugend dieser Welt und meinte: »Seien wir realistisch ... Niemand kann sexuell enthaltsam leben.« Und die frühere US-Gesundheitsministerin Joycelyn Elders sagte: »Wir haben unseren Kindern beigebracht, wie sie auf dem Fahrersitz eines Wagen alles richtig machen; nun müssen wir ihnen beibringen, wie sie's auf der Rückbank machen müssen.«

Selbst die Kampagne *Wahre Liebe wartet* musste den Begriff Reinheit neu definieren. Leitende Mitarbeiter der Organisation sagten, man habe den Wortlaut der freiwilligen Selbstverpflichtung überarbeitet, weil unter vielen Jugendlichen und Erwachsenen Missverständnisse darüber geherrscht hätten, was »sexuelle Enthaltsamkeit« bedeute. Sie gingen damit auf die große Zahl von Menschen ein, die sich auf oralen Sex oder andere sexuelle Handlungen einließen, aber trotzdem meinten, sie wären noch sexuell unberührt, weil sie ja keinen Sexualverkehr gehabt hätten. Im neuen Wortlaut wird der Sexualverkehr nur als ein Teil der Erklärung über sexuelle Reinheit genannt.

Eine Online-Umfrage unter Lesern der amerikanischen Zeitschrift *Seventeen* im August 2003 bestätigt die Tatsache, dass es zu einer Umdeutung der Begriffe Reinheit und Sex ganz allgemein gekommen ist. Von den Teilnehmern sagten 56 %, oraler Sex wäre in ihren Augen kein Sex. 31 % sagten, sie gingen zu Partys, bei denen oraler Sex nichts Ungewöhnliches sei, und 9 % sagten, sie hätten schon oralen Sex gehabt.[5] Doch was früher als Sex gegolten hat, ist auch heute noch Sex – das meint zumindest Dr. Peter Leone von der *University of North Carolina* in Chapel Hill: »Es ist Sex. Es ist Sex, weil es zu einem Genitalkontakt kommt – das ist der Grund. Wenn es bei einer Sache um das sexuelle Selbstempfinden von Menschen geht und die Genitalien einbezogen sind, dann ist das Sex.«[6]

Ein Teufelskreis

Sexuelle Versuchungen sind nichts Neues, doch die schleichende gesellschaftliche Unterwanderung durch Sex und seine Folgen sind heute ernst zu nehmender.

Lynda

In meiner späteren Jugend schaute ich mir gerne eine Sitcom an mit dem Titel *That Girl*. An dieser Sendung gefiel mir, dass die Verabredungen zwischen Ann Marie und ihrem Freund Donald immer auf eine saubere und gute Art abliefen. Ich hatte nie Zweifel an der Art, wie sie miteinander umgingen. Die internen Regeln des Fernsehsenders verlangten, dass Donald am Ende jeder Folge dabei gezeigt wurde, wie er ihr Apartment verließ, und dass Küsse – der einzige Körperkontakt, den es gab – nur wenige Sekunden dauern durften.
Heute scheinen die meisten Sender Charaktere zu bevorzugen, die von einem Bett ins nächste hüpfen und sich bei der Wahl ihrer Partner wie an einem kalten Buffet bedienen. Allein schon die Titel von Sendungen wie *Sex and the City* ermuntern zur Unmoral. Das lässt alle Vorläufer der sexuellen Freizügigkeit – wie die Hippie-Bewegung der 60er-Jahre – geradezu blass erscheinen.
Sex ist deshalb ein so sensibles Thema, weil er nicht nur unseren Körper berührt, sondern auch unsere Seele, unsere geistliche Haltung, unser tiefstes Sein. Und zum Sex gehört die Beziehung zu einem anderen Menschen – mit jeder sexuellen Begegnung verbindet sich etwas von jedem der beiden Partner auf immer mit dem anderen. Unsere Gesellschaft will das nicht wahrhaben. Richard Foster schreibt dazu: »Sie nehmen den Beziehungsaspekt ganz heraus

und begrenzen Sexualität völlig auf die Genitalien. Sie haben aus Sex etwas Triviales gemacht.«[7]

Frauen aller Altersschichten haben unter den Nachwirkungen dieser Freizügigkeit zu leiden. Sexuell übertragbare Krankheiten haben ein erschreckendes Maß erreicht. Und Schwangere, die eine solche Krankheit in sich tragen, können ihr Ungeborenes damit infizieren. Bei Neugeborenen mit Syphilis oder Herpes kann es zu schweren Missbildungen kommen.

Da machen die Worte Sinn, die Randy Alcorn geschrieben hat: »Reinheit ist immer klug; Unzucht ist immer Dummheit. Nicht manchmal, nicht in der Regel, sondern immer ... ohne Ausnahme.«[8]

Die Sünde beraubt uns des sicheren Schutzes, den wir durch Reinheit erfahren. Um den todbringenden Folgen der Sünde zu entgehen, müssen wir uns bewusst werden, wie heimtückisch ihre Angriffe auf unser Leben sind. Wir müssen sie erkennen und im Keim ersticken. Und es beginnt mit der Begehrlichkeit.

Womit die Unzucht uns umgarnt

Begehrlichkeit - sexuelle Fantasien oder Gedanken - sind eine mentale Form sexueller Freizügigkeit, die den Sex zu etwas Unpersönlichem macht und Menschen ihrer Würde beraubt. Selbstbefriedigung ist eine Form ehebrecherischer Gedanken, die viele in das Netz egoistischer Begierden hineinzieht. Und Pornografie stellt nicht nur eine Erniedrigung der Frau dar, sondern transportiert auch ein unrealistisches Frauenbild in das männliche Denken, das nur eine einzige Wirkung haben kann - es zerstört die Intimität in der Ehe. Bei einer Konferenz der *Promise Keepers* wurden 1.500 gläubige Männer befragt; dabei kam heraus, dass die Hälfte von ihnen in der Woche unmittelbar vor dem Zusammentreffen pornografisches Material konsumiert hatte.[9] Sprechen Sie doch einmal mit Männern oder Frauen darüber, wann sie zum ersten Mal mit Pornografie in Berührung gekommen sind. Sie können Ihnen wahrscheinlich nicht nur genau sagen, wie alt sie zu dem Zeitpunkt waren, sie wissen vermutlich auch noch, wo sie waren und was sie angesehen haben. Bilder hinterlassen einen gewaltigen Eindruck in unserer Gedankenwelt und lassen sich nur schwer wieder auslöschen. Charles Swindoll definiert Begehrlichkeit als »ein übermächtiges Verlangen, seine Fantasien in die Tat umzusetzen.«[10]

Begehrlichkeit geschieht in kleinen Schritten. Ein kleines Verlangen hier, ein wenig Begehrlichkeit dort. Ein kleines Vergnügen, bei dem wir einen scheinbar unbedeutenden Kompromiss eingehen. Haben wir einmal ein wenig nachgegeben, dann geben wir beim nächsten Mal noch ein bisschen mehr nach. Und bevor wir es merken, hat die Sünde schon das Ruder übernommen. Eine Vielzahl kleiner Kompromisse ist gleichbedeutend mit Fehlern, die ein ganzes Leben zerstören. Wir können zwar genau sagen, welche Fehler wir im Leben gemacht haben, aber wissen wir auch, welche falschen Entscheidungen zu diesen Fehlern geführt haben? Wenn wir lernen, die kleinen Anfänge zu erkennen und sie abzuwehren, können wir Fehlhandlungen vermeiden. Es sollte also unser Ziel sein, für die faulen Kompromisse, die sich uns anbieten, unser Auge zu schärfen, und wachsam zu bleiben, um unsere Reinheit um jeden Preis zu verteidigen.

Ein Brief von Maria (vgl. Lukas 1–2; 23–24)

Stellen wir uns vor, Maria aus Nazaret hätte uns einen Brief geschrieben:

Meine lieben Schwestern,

ich heiße Maria und möchte euch, die ihr dieses Kapitel über Reinheit lest, etwas sagen. Ihr kennt mich als Mutter Jesu und viele von euch nennen mich die »Jungfrau Maria«. Ich habe vor langer Zeit gelebt, aber wir Frauen halten ja zusammen, und ihr sollt wissen, dass meine Geschichte immer noch Auswirkungen auf euer Leben haben kann.

Ich wurde nicht in Reichtum oder Ansehen hinein geboren, doch meine jüdischen Wurzeln haben mich reich gemacht. Ich erfuhr, dass Gott sein Volk - und also auch mich - liebt. Und ich lernte, ihn zu lieben, und wollte ihm Freude bereiten. Deshalb hielt ich mich an seine Lebensregeln und führte in allen Dingen ein geheiligtes Leben. Wenn ich Fehler machte, bat ich Gott um Vergebung. Ich wollte ihm dienen. Ich wollte den vollkommenen Plan, den er für mein Leben hatte, nicht zunichte machen. Mensch, war das ein großartiger Plan!

Ich war noch jungfräulich, als der Engel Gabriel mir verkündete, ich würde den lang ersehnten Messias zur Welt bringen. Stellt euch meine Verblüffung vor, als mir bewusst wurde, dass der Sohn des ewigen Gottes durch mich zur Welt kommen sollte! (vgl. Römer 1,1–4.)

Im Rückblick auf mein eigenes Leben habe ich mich gefragt, was ich euch mitzugeben habe.

Es war nicht die Geburt Jesu in einem Stall in Bethlehem, obwohl ich den Glanz dieses Ereignisses niemals vergessen werde.

Es war auch nicht dieses Erlebnis 40 Tage später, als wir ihn in den Tempel brachten, um ihn – unseren Erstgeborenen – Gott zu weihen, und dort Simeon und einer Frau namens Anna begegneten, die das Leid prophezeite, dass noch vor uns lag (vgl. 3. Mose 12).

Es war auch nicht die Geschichte, wie wir Jesus mit 12 Jahren beim Passafest in der Menge verloren, oder die darauf folgenden 18 Jahre, in denen er immer mehr an Weisheit und Kraft zunahm. Die Leute hörten irgendwann auf, ihn den Zimmermannssohn zu nennen.

Es war auch nicht die Kreuzigung, als es mir in der Stunde seines Todes war, als würde mir ein Dolch ins Herz gestoßen, wie Simeon es vorhergesagt hatte.

Es waren noch nicht einmal jene denkwürdigen Tage nach seiner Auferstehung, als ich mich mit anderen in einem Raum in Jerusalem zum Gebet versammelt hatte und wir auf einmal erkannten, welche Bedeutung das Leben Jesu für alle Menschen haben sollte (vgl. Apostelgeschichte 1,14).

So wunderbar all diese Ereignisse waren und so sehr ich mich geehrt fühle, sie bezeugen zu können, meine Botschaft an euch ist viel persönlicher. Dass man mich die »Jungfrau Maria« nennt, ist eine Anspielung auf meine sexuelle Reinheit. Doch wäre ich solchen Versuchungen ausgesetzt gewesen wie ihr heute, ich hätte mir meine sexuelle Reinheit nur mit einem reinen Herzen bewahren können. Und ein reines Herz kann niemand bewahren ohne die folgenden Tugenden:

***Glaube** – Noch bevor mir der Engel Gabriel begegnete, um mir zu sagen, dass ich den Messias gebären sollte, hatte ich mich entschieden, Gott in allen Dingen treu zu sein. Ich hatte beschlossen, ihm zu vertrauen und zu glauben, dass er wusste und tat, was für mich am besten war, und dass er mir nichts Gutes vorenthalten* *würde. Selbst als ich nicht wusste, wie es weitergehen sollte und wie Gott seinen Plan verwirklichen würde, selbst als alles schief zu gehen schien, ja, selbst als ich vor meinem sterbenden Sohn stand, warf ich mein Vertrauen nicht weg.*

Demut – *Demut ist uns Menschen nicht in die Wiege gelegt – das gilt ganz besonders für uns Frauen. Ich musste mir immer wieder bewusst machen, dass ich beschlossen hatte, Gottes Wege zu gehen und dass es dabei nicht um mich ging. Gott braucht Menschen, die ihm mit einem reinen und geheiligten Herzen und Lebenswandel dienen und sich ganz seinem Willen unterstellen – ihm, der größer und heiliger ist als wir. Das bedeutet Demut.*

Anbetung – *Der Engel sagte mir, dass Gott sich über meinen Gehorsam freut. In den Augenblicken, in denen dieser Gehorsam gefragt war, hätte ich an Gott zweifeln oder seine Wege in Frage stellen können. Stattdessen beschloss ich umso mehr, mich ihm ganz und gar anzuvertrauen, weil er mein Herr ist. Ich betete ihn an; was er durch mich tun wollte, war so Ehrfurcht gebietend. Und so gab ich ihm mein Leben hin, damit sein Wille geschehen konnte: »Ich will mich dem Herrn ganz zur Verfügung stellen. Alles soll so geschehen, wie du es mir gesagt hast« (Hoffnung für alle), antwortete ich dem Engel. Diese Worte bestimmten mein weiteres Leben und ich habe sie niemals bereut.*

Verantwortlichkeit – *Und dann gab es Menschen, die mir halfen, Gott treu zu bleiben. Meine Cousine Elisabeth, die auch auf wunderbare Weise schwanger geworden war, ließ mich an ihrer Weisheit und ihrem Glauben teilhaben und half mir, Antworten für mein eigenes Leben zu finden.*

Das also ist meine Botschaft an euch: Gott hat mit eurem Leben etwas Großartiges im Sinn. Er kann so einfache Gefäße wie euch und mich gebrauchen, aber niemals kann er ein Gefäß nutzen, dass nicht zuvor gereinigt wurde. Er sucht Menschen, deren Herz durch seine Vergebung rein geworden ist. Er sucht diejenigen unter euch, die sich entschieden haben, ihm zu folgen, egal wie sein Weg aussieht. Die bereit sind für das, was er durch seinen Willen in eurem Leben tun möchte. Die ihm im Glauben und in Demut und in der Anbetung und in der Verantwortlichkeit ergeben sind. Und die ihm Tag für Tag neu ihr Leben anvertrauen – mit Worten, die den meinen ähnlich klingen: »Alles soll so geschehen, wie du es mir ge-

sagt hast.« Wenn ihr das tut, werdet ihr erfahren, dass Gott euch ansieht und sich an euch freut und euer Leben segnet. Es ist an euch, seine Vergebung anzunehmen und aus Dankbarkeit ihm gegenüber ein Leben in Reinheit und Gehorsam zu führen. An Gott ist es, eure Bereitschaft, ihm zu folgen, nach seinem Willen einzusetzen.

Gott begleite euch auf euren Wegen mit seinem reichen Segen,

eure Maria

Die Bedeutung von Reinheit für Ihr Leben

Maria hat es uns gesagt: Reinheit ist eine Sache des Herzens. Das unreine Handeln, das wir mit unserem Körper begehen, hat seinen Ursprung in einem unreinen Herzen. Nur wenn wir ein reines Herz haben, kann auch unser Handeln von Reinheit geprägt sein. Darum sagt die Bibel uns: »Wer hat Zutritt zum Berg des Herrn? Was für Menschen dürfen den heiligen Boden betreten? Nur Menschen, die unschuldige Hände haben und ein reines Gewissen. In ihren Herzen gibt es keine Falschheit« (Psalm 24,3-4).

Betrachten wir diese befreiende Wahrheit:

Ischa richtet ihr Leben auf die Wahrheit Gottes aus

➤ **Ohne die Kraft Gottes kann ich der Versuchung nicht widerstehen, doch in seiner Kraft kann ich es.**

Lüge: Ich kann aus eigener Kraft mit Versuchungen fertig werden, egal wie oft ich mich ihnen aussetze.

Viele verheiratete Frauen denken: *Ich bin ja verheiratet, da ist die Frage sexueller Reinheit für mich kein Thema mehr.* Satan freut sich über eine solche Einstellung, denn er weiß, dass Menschen dort am empfänglichsten für die Sünde sind, wo sie meinen, persönlich nicht betroffen zu sein.

Die Schrift aber warnt uns: »Kann man Feuer in der Tasche seines Gewandes tragen, ohne das Gewand in Brand zu setzen? Kann man über glühende Kohlen laufen, ohne sich die Füße zu verbrennen?« (Sprüche 6,27–28).

Die offensichtliche Antwort auf beide Fragen lautet: Nein. Wir wurden in die Sünde hineingeboren und sie wird uns unser Leben lang verfolgen.

Wenn Sie sich für ein Leben mit Gott entschieden haben, sind Sie damit eine bevorzugte Zielscheibe des Feindes geworden. Er will Sie zerstören; er will Sie dazu bringen, seinen Lügen zu glauben. Doch es gibt auch eine gute Nachricht: In der Kraft Christi gehört der Sieg Ihnen, weil Jesus Sie liebt (vgl. Römer 8,37). Sie können sexuelle Versuchungen überwinden. Sie müssen bereit sein, wenn es zum Kampf kommt. Sie müssen die Sünde als solche erkennen können und eine sichere Strategie besitzen, wie Sie vor der Versuchung fliehen.

LYNDA

Als allein erziehende Mutter gehört zu meinen Strategien für sexuelle Reinheit: meinen Lebenswandel in diesem Bereich regelmäßig vor einem anderen Menschen zu verantworten; mich von Situationen fern zu halten, in denen ich in Gefahr gerate, faule Kompromisse einzugehen; nichts anzuhören oder anzusehen, was meine Leidenschaft entfachen könnte; Phasen, in denen ich mich einsam oder leer fühle, zu verwandeln in Augenblicke, in denen ich anderen etwas gebe – indem ich jemanden im Krankenhaus besuche oder eine betrübte Freundin anrufe.

Ob Sie nun Single sind und unter dem gesellschaftlichen Druck leben, in sexuellen Fragen faule Kompromisse einzugehen, oder ob Sie als Verheiratete der Versuchung zu sexuellen Sünden in Tat oder Gedanken ausgesetzt sind, die folgende Strategie kann Ihnen helfen, stark zu bleiben:

- Schulen Sie Ihr geistliches Auge, damit Sie Versuchungen auch als solche erkennen können.

- Begreifen Sie, dass Satan darauf aus ist, Sie zu zerstören – und halten Sie sich von Situationen fern, in denen Sie versucht werden könnten.
- Wo auch immer Sie versucht wurden oder werden – setzen Sie sich weder gedanklich noch in Ihrem Handeln jemals wieder einer entsprechenden Situation aus, sondern vertrauen Sie sich im Gebet der Kraft Gottes an. Er kann Sie durch seine Hilfe gegen die Versuchung stark machen.

Rechnen Sie immer mit unserer menschlichen Verlockung, das Gras auf der anderen Seite als grüner zu betrachten. Das kann uns sogar beim Lesen christlicher Romane so gehen, wenn Gedanken aufkommen wie: *So gut möchte ich es auch mal haben.* Achten Sie deshalb darauf, was Sie lesen und wohin Ihre Gedanken schweifen. Sie dürfen sich keine Fantasien erlauben, die in Ihnen eine Begehrlichkeit wecken. Gott hat uns als Frauen mit einer einmaligen Sexualität geschaffen und möchte, dass wir uns innerhalb der Ehe an einer gesunden sexuellen Beziehung zu unserem Mann freuen. Er will nicht, dass wir die Sexualität und den Sex als etwas Schmutziges betrachten und gesetzlich darüber denken. Er will, dass wir uns, um unsere Reinheit zu bewahren, nur ein Gebot zum Ziel setzen: Gottes Willen und Gebote zu achten.

➤ Ich habe die Verantwortung, mit meinen Kindern über Sexualität und Sex zu sprechen.

Lüge: Ich muss mit meinen Kindern nicht über dieses Thema sprechen. Schließlich steht sexuelle Aufklärung ja auf dem Lehrplan der Schule.

Selbst wenn Sex überall in unserer Gesellschaft gegenwärtig ist, klären wir Eltern unsere Kinder häufig nicht angemessen auf: Warum hat Gott uns die Sexualität gegeben? Wie sollen wir nach seinem Willen damit umgehen? Was passiert, wenn wir uns nicht nach seinem Willen richten? Weil wir uns so schwer tun, über dieses Thema zu reden, wenden unsere Kinder sich an Gleichaltrige oder an die Medien, um dort Antworten auf ihre Fragen zu bekommen. Wenn wir mit unseren Kindern nicht bewusst darüber sprechen, wird unser Reden über dieses Thema oft von einer Negativhaltung bestimmt. Wir sagen ihnen dann nur, was sie nicht dürfen, ohne ihnen ein Verständnis dafür zu ermöglichen, dass diese Grenzen ihre Ursache in dem Einen haben, der uns als unser Schöpfer die Sexualität gegeben hat.

Rebecca

Meine Eltern haben mit mir über das Thema Reinheit gesprochen. Sie haben mit uns Kindern schon immer sehr offen kommuniziert, selbst als wir noch klein waren. Als Teenie wusste ich, dass ich mit ihnen über alles reden konnte – das war für mich in dieser so wichtigen und sensiblen Phase meines Lebens sehr tröstlich. Meine Eltern haben uns immer sehr offen gesagt, welche Folgen es hat, wenn man den Willen Gottes missachtet. Sie sagten uns nicht nur: »Halt dich vom Sex außerhalb der Ehe fern!«, sondern sie begründeten das immer auch: »Weißt du, es gibt Gründe, warum Gott von uns verlangt, uns von aller Unreinheit fern zu halten. ...« Das half uns nicht nur, unsere Eltern zu respektieren, es führte auch dazu, dass wir ihren Rat beherzigten.

Lynda

Ich kann mich nicht daran erinnern, dass meine Eltern mit mir jemals über Sex gesprochen hätten. Ich habe ihr Unbehagen und ihre Unfähigkeit, über dieses Thema zu sprechen, übernommen. Als ich meinen damals zehnjährigen Sohn Clint von einem Arztbesuch nach Hause fuhr, sprach ich das Thema Sex an, indem ich über die Pferde redete, die er auf der Farm seines Vaters beim Geschlechtsakt beobachtet hatte. Dann erklärte ich ihm, wie Gott sich das mit der Sexualität gedacht hat, und dass es innerhalb der Gebote Gottes eine sehr natürliche und gute Sache ist. Ich sagte auch, dass diese Regeln, die Gott uns gegeben hat, für ihn in Zukunft noch sehr wichtig sein würden. Mit verkrampften Fingern umklammerte ich das Lenkrad, dann fragte ich ihn: »Hast du noch eine Frage zu dem Thema?«
»Ja«, meinte er.
Ich dachte: *So ein Mist*. Und bekam ein ziemlich mulmiges Gefühl.
»Wovon ernähren sich Berglöwen?«, fragte Clint.
Ich seufzte erleichtert und wuschelte ihm durch die Haare, innerlich

froh darüber, das große Aufklärungsgespräch mit meinem Sohn noch eine Weile aufschieben zu können. Ich versicherte ihm, dass ich jederzeit für ihn da wäre, wenn er Fragen hätte, und dass ich zwar nicht auf alles eine Antwort hätte, aber dass ich wüsste, wo wir die Antworten finden können. Seitdem hat er uns noch so manche Frage gestellt und mein Mann und ich waren immer zu einem Gespräch bereit.

Die Bibel ermahnt uns: »Bringt die Gebote euren Kindern bei! Redet immer und überall davon, ob ihr zu Hause oder unterwegs seid, ob ihr euch schlafen legt oder aufsteht!« (5. Mose 11,19) (Hoffnung für alle). Dazu gehört auch, in einem Klima der Geborgenheit und Natürlichkeit über Sex zu reden. Sie können sich auch den Rat älterer Mütter einholen und fragen, wie sie mit ihren Kindern über Sexualität geredet haben. In Büchereien gibt es altersgemäße Bücher, die helfen, das Thema anzusprechen. Oder suchen Sie gemeinsam mit Ihren Kindern in einer Konkordanz nach hilfreichen Bibelstellen über den Begriff Reinheit. Und wenn Sie über Reinheit sprechen, vergessen Sie nie, sie Ihren Kindern auch vorzuleben. Achten Sie darauf, wie Sie selbst über Sexualität reden, wie Sie damit umgehen und welche Bilder Sie sich *reinziehen*. Was Ihre Kinder an Ihnen beobachten, wird ihr Verhalten am nachhaltigsten prägen.

➤ **Ich habe die Verantwortung, mich so zu kleiden, dass ich es Männern nicht noch schwerer mache, ihre sexuelle Reinheit zu bewahren.**

Lüge: Es ist egal, wie ich mich kleide. Sollen doch die Kerle ihre Fantasie im Zaum halten.

Wir Frauen können unsere innere Entscheidung zur Reinheit an der Art und Weise sichtbar werden lassen, wie wir uns kleiden.

Rebecca

Die Frau des Leiters missionarischer Projekte in unserer Gemeinde hielt uns jungen Frauen einmal eine kleine Ansprache, die mich sehr beeindruckte. Sie teilte uns mit, dass sich einige der jungen Männer in der Gemeinde beschwert hätten, sie wüssten schon gar nicht mehr, wo sie hinschauen sollten, so aufreizend würden sich manche der jungen Mädchen kleiden. Ich erkannte dadurch, dass wir durchaus eine Verantwortung dafür haben, welchen Anblicken die Augen unserer Geschwister ausgesetzt sind.

Es gibt ein paar gute Richtlinien, wie Sie sich – ob verheiratet oder Single – kleiden sollten:

- nicht zu kurz,
- nicht zu eng,
- nicht zu viel unbedeckte Haut.

Falls Sie selbst nicht zu beurteilen wagen, was das für Sie heißt, fragen Sie doch eine ältere Christin oder Seelsorgerin (vorzugsweise eine mit einem guten Sinn für Stil).

➤ **Ich kann Vergebung finden und von Sünde frei werden.**
Lüge: Ich habe im sexuellen Bereich schon so oft gesündigt, dass ich keine Chance mehr habe, meine Reinheit zurückzugewinnen.

Rebecca

Wenn es um sexuelle Reinheit geht, ist es sehr wichtig, dass wir uns vergeben lassen. Niemand ist vollkommen und manche von uns haben es in diesem Lebensbereich gründlich vermasselt. Wie auch immer Ihre Vergangenheit aussehen mag, Gott kann Ihnen einen Neubeginn schenken. Egal ob Sie verheiratet oder ledig sind, Gott kann Sie von Ihrer Vergangenheit heilen – und mehr noch: Er kann Ihnen eine Zukunft schenken, in der Sie neue Gewohnheiten einüben und mit neuer Entschlossenheit Ihre Reinheit bewahren können.

Die Bibel sagt uns zu: »Wenn wir aber unsere Verfehlungen eingestehen, können wir damit rechnen, dass Gott treu und gerecht ist: Er wird uns dann unsere Verfehlungen vergeben und uns von aller Schuld reinigen, die wir auf uns geladen haben« (1. Johannes 1,9).

Wenn es in Ihrem Leben Schuld gibt, die Sie Gott noch nicht eingestanden haben, laden wir Sie ein, das folgende Gebet mit uns zu sprechen:

Lieber Herr,

danke, dass du mir deine Gnade geschenkt hast.
Ich bekenne dir, dass ich dich betrübt habe, weil ich

____

(nennen Sie an dieser Stelle Ihre Schuld).

Es tut mir sehr Leid und ich nehme deine Vergebung
für mich in Anspruch. Danke für dein Versprechen,
dass du mir meine Schuld nicht mehr anrechnen wirst.
Hilf mir, in Zukunft mein Leben in Reinheit zu führen
und vor allen Versuchungen zu fliehen.
Das bitte ich in Jesu Namen. Amen.

Werfen wir zum Schluss noch einen Blick auf die wohl bekannte Geschichte von Pinocchio. Es gab eine Zeit, in der dieser kleine hölzerne Kerl das Leben mit seinem Schöpfer, Gepetto, in vollen Zügen genießen konnte. Doch dann gab er der Versuchung nach, in eine Welt einzutauchen, die ihm von außen betrachtet sehr verlockend erschien – und das obwohl sein Gewissen ihn mahnte, dieser Versuchung nicht nachzugeben. Je mehr er sich auf dieses neue Leben einließ, umso mehr veränderte er sich. Er wurde sogar in einen Esel verwandelt. Schließlich war er weiter denn je von dem kleinen Jungen entfernt, der er eigentlich sein wollte, und er vermisste seinen Vater und all das Schöne, das er mit ihm erlebt hatte.

Wenn wir Versuchungen nachgeben, die von außen betrachtet verlockend aussehen, geben wir Satan, dem großen Versucher, eine Chance, uns von unserem Schöpfer loszureißen. Unsere Sünde steht wie eine große Mauer zwischen uns und Gott und uns fehlt die Gemeinschaft mit ihm, die wir früher genossen haben. Und zu allem Überfluss verwandeln wir uns auch noch in geistliche Esel, die sich benutzen und versklaven lassen. Unterm Strich entfernen wir uns durch die Sünde immer weiter von der Frau, die wir eigentlich sein wollen – Gottes *Ischa*.

Die Geschichte von Pinocchio geht gut aus. Er erkennt seine Fehler und kehrt zu Gepetto zurück. Und obwohl er es nicht verdient hat, erfüllt sich sogar sein Herzenswunsch und er wird zu einem Jungen aus Fleisch und Blut.

Sie sehen also: Wir dürfen hoffen! Erkennen Sie das?

So ist Ischa

Die wahre *Ischa* bewahrt sich in der Beziehung zu Gott ein reines Herz und kann so auch ihren reinen Geist und Körper genießen.

Mit Gott einen Bund schliessen

Ein Mann namens Ijob schloss vor langer Zeit einen Bund mit Gott, in dem er sich zu sexueller Reinheit verpflichtete: »Mit meinen Augen schloss ich den Vertrag, niemals ein Mädchen lüstern anzusehen« (Ijob 31,1).

---

[1] Elisabeth Elliot, *Passion and Purity*, Fleming H. Revell, and Co., 1984, S. 21.

[2] Tony Campolo, »Sex Ed's Failure Rate«, in: *Christianity Today*, 3. Februar, 1993, S. 22.

[3] Rebecca St. James, *Wait for Me*, Thomas Nelson, 2002.

[4] *Merriam-Webster's Collegiate Dictionary*, 11th Edition, Merriam-Webster Inc., 2003.

[5] *Seventeen*, August 2003

[6] Ebenda.

[7] Richard Foster, *Money, Sex and Power*, Word Publishing, 1985.

[8] Randy Alcorn, *The Purity Principle*, Multnomah Publishers, 2003, S. 15–16.

[9] Ebenda, S. 10.

[10] Charles R. Swindoll, *Sanctity of Life*, Word Publishing, 1990, S. 57–58.

Auch ich

____
(Name)

WILL HEUTE

____
(Datum)

**einen Bund mit Gott schliessen
und mich verpflichten,
meine Reinheit als Frau zu bewahren:**

- in meinen Worten und Taten
- in der Art, wie ich mich kleide
- in meinen Gedanken, in denen ich mich nicht von unreinen oder begehrlichen Fantasien gefangen nehmen lassen will
- in allem, was ich anschaue, anhöre oder betrachte und was einen schädlichen Einfluss auf mein Denken und Handeln haben könnte
- Ich verpflichte mich, mich jeder Art von Sex außerhalb der Ehe zu enthalten
- Ich werde Gott um seine Kraft bitten, damit ich diesem Bund treu bleiben kann. Amen

____
(Unterschrift)

7

Freiheit – auf dem Weg zu emotionaler Heilung

Es fällt mir nicht leicht, mich von alten Gewohnheiten oder Groll zu lösen, doch wenn es mir gelingt, werde ich dafür mit einem Gefühl der Freiheit belohnt, als habe jemand meinen geistlichen »Kleiderschrank« entrümpelt. Nun kann ich die guten Dinge Gottes, nach denen ich mich sehne, leichter finden.
Barbara Johnson[1]

Wenn der Sohn euch frei macht, dann seid ihr wirklich frei.
Johannes 8,36

Lynda

Ich hatte mich schon auf meinen Termin bei Stephen – so will ich ihn nennen – gefreut. Stephen war Leiter eines großen geistlichen Werkes in den USA. Es war im Juli 1998 und ich hatte ein Interview mit ihm geplant, weil ich in der Zeitschrift *Single Parent Family* (Zeitschrift für Alleinerziehende) einen Bericht über ihn schreiben wollte. Ich freute mich schon deshalb auf unser Zusammentreffen, weil Stephen mir in der Vergangenheit bereits seelsorgerlich und beratend zur Seite gestanden hatte und ich es kaum erwarten

konnte, ihm von den Dingen zu berichten, die Gott mich gelehrt hatte. Ich wusste genau, er würde über meine immensen geistlichen Fortschritte seit unserem letzten Treffen staunen.
Doch das war nicht der Fall. Ich begrüßte Stephen herzlich, als er den Raum betrat, in dem ich die Interviews durchführte. Wir setzten uns einander gegenüber an einen Tisch und erzählten uns gegenseitig, was wir in der Zwischenzeit erlebt hatten. Ich weiß nicht mehr, was ich ihm erzählt habe, aber ich werde seine Worte niemals vergessen: »Hast du heute noch einen weiteren Interview-Termin? Wenn ja, dann sag ihn bitte ab. Gott will heute etwas Entscheidendes in deinem Leben tun. In deinem Herzen hegst du noch Groll gegen deinen Ex-Ehemann und mit dieser Unversöhnlichkeit muss ein für alle Mal Schluss sein.«
Nun, das war nicht gerade die Begrüßung, die ich mir vorgestellt hatte. Unversöhnlich? Ich? Ich war seit über zehn Jahren geschieden und hatte mich in all den Jahren in Gottes Reich engagiert. Allein erziehende Mütter und Väter auf der ganzen Welt betrachteten mich als ihr Vorbild, als *ihre* Stimme in unserer Zeitschrift und durch zwei Bücher, die sich mit *ihrem* Thema befassten. Am nächsten Freitag sollte ich nach Europa fliegen, um im Auftrag von *Care for the Family* allein stehenden Müttern und Vätern in Wales und Nordirland zu dienen. *Care for the Family* ist eine kleine Organisation, die einen ähnlichen Dienst tut wie *Focus on the Family* in Amerika.
Doch ich besaß genug Vertrauen zu Stephen, um zu tun, was er sagte. Ich verlegte meinen Nachmittagstermin und setzte mich erneut mit ihm an den Tisch. Er schlug seine Bibel auf und las mir Matthäus 18,21–35 vor. Dort erzählt Jesus von einem unversöhnlichen Knecht, der einem Mitknecht seine Schulden nicht erlassen will, obwohl sein Herr ihm selbst gerade eine noch viel größere Schuld erlassen hatte. Als der Herr von der Unversöhnlichkeit des Knechts erfährt, übergibt er ihn seinen Folterknechten. Stephen schaute mir in die Augen, dann las er den Vers, der die Geschichte dieses Knechtes mit meiner eigenen verband: »So wird euch mein Vater im Himmel auch behandeln, wenn ihr eurem Bruder oder eurer Schwester nicht von Herzen verzeiht.«
Stephen sagte: »Dich quält dein Gefängnis der Unversöhnlichkeit. Die Dinge, die dir vor so vielen Jahren widerfahren sind, haben immer noch Macht über dich. Du *musst* deinem Ex-Ehemann von Herzen vergeben, was er dir angetan hat, oder du wirst weiterhin an ihn gebunden bleiben.«

Er forderte mich auf, jeden Verrat, den mein Ex-Mann an mir begangen hatte, genau zu benennen. Ich hatte manche Details nie in Worte gefasst und manches war so schrecklich, dass selbst Stephen erschrak. Nachdem ich alles ausgesprochen hatte, legte er einige Dinge auf den Tisch – eine Büroklammer, einen Stift und ein Papiertaschentuch. Dann ließ er mich die Gegenstände einen nach dem anderen in die Hand nehmen und die Vergehen meines Mannes nennen, die ich damit assoziierte – ich sollte sie vergeben und ein für alle Mal loslassen. Ich spürte bei diesem Prozess einen inneren Schmerz, der stärker war als alles, was ich bis dahin erlebt hatte. Ich weinte und schluchzte. Hin und wieder unterbrach mich Stephen und meinte: »An dem Punkt bist du noch nicht durch«, und dann musste ich noch einmal von vorne beginnen.

Nachdem wir mit allem durch waren, was mir eingefallen war, forderte Stephen mich auf, Gott zu bitten, er möge alles aufdecken, was sich noch an Unversöhnlichkeit in meinem Herzen eingenistet hatte. Stephen meinte: »Lynda, du wirst in den nächsten dreißig Tagen alles hinter dir lassen, was innerhalb von fünf Jahren seine Spuren in dir hinterlassen hat.«

Es war schon nach sechs an jenem Abend, als Stephen wieder aufbrach; das Kongresszentrum in *Anaheim* hatte seine Tore bereits geschlossen und so war es völlig still, bis auf die Geräusche der Leute, die sauber machten und die Mülleimer lehrten. Ich saß da und versuchte zu verinnerlichen, was gerade vor sich gegangen war. Und während ich meine Sachen zusammenpackte, gingen mir die Worte eines Liedes von Larnelle Harris und Sandi Patty durch den Kopf: »Gerade bin ich Jesus begegnet.« Ich wusste, dass etwas passiert war, was mein Leben verändern würde.

Später am Abend ging ich zu einem Empfang, in Gedanken noch ganz bei dem, was sich zuvor ereignet hatte. Als ich in mein Hotelzimmer zurückgekehrt war, nahm ich mein Diktiergerät zur Hand, um das Interview noch einmal anzuhören. Wie bei jedem anderen Interview auch, hatte ich das rote Blinklicht am Aufnahmegerät überprüft, um sicherzugehen, dass jedes unserer Worte auf Band genommen wurde. Als ich nun jedoch zurückspulte, stellte ich fest, dass die Aufnahme leer war.

Ich ging zu Bett und betete: »Herr, war das alles so real, wie ich es empfunden habe?« Mit dieser Frage schlief ich ein. Ich träumte, wie ich in meinem Gesicht einen entzündeten Furunkel entdeckte. Als ich ihn berührte, kam das Ende eines Drahtes zum Vorschein, der sich durch meinen gesamten Körper wand. Mir war, als würde Gott sagen, dass die Wunde der Unversöhnlichkeit alle Bereiche meines Lebens erfasst und sich nun entzündet hatte. Es war höchste Zeit, sie zu reinigen.

Und so begann eine Operation am geöffneten Herzen – also eine vollständige Heilung meiner Gefühle. Sie ereignete sich nicht über Nacht. Schließlich ging es hier um einen jahrelangen Schmerz. Die Saat von Zorn und Bitterkeit hatte seine dornigen Zweige in meine Seele gebohrt und musste samt ihren Wurzeln ausgerissen werden. Doch nach einigen Wochen spürte ich, wie der Würgegriff um mein Herz nachließ.

An einem Freitagabend, etwa sechs Wochen später, rief mein Ex-Ehemann an, um die Kinder zu sprechen. Ich nutzte diese Gelegenheit, um ihm von meinem Erlebnis zu berichten und ihn für meine Unversöhnlichkeit um Vergebung zu bitten. Er war immer noch keine vertrauenswürdige Person – *er* hatte sich nicht geändert. Aber *ich* war verändert worden und deshalb konnte ich die Situation verändern. Heute habe ich eine gute Beziehung zu ihm und seiner Frau und bete oft für die beiden.

Vielleicht fragen Sie sich jetzt: Was ist denn daran so toll? Warum war das für Lynda so ein einschneidendes Ereignis?

Das, was ich zu diesem Buch beizutragen habe, sähe ganz anders aus, wenn ich mich noch jenseits der Vergebung befände. Seitdem ich vergeben habe, konnte Gott in meinem Leben viel mehr in die Tiefe gehen. Seit ich meinem Ex-Mann vergeben habe, konnte ich ihm und seiner Familie gegenüber meinen Glauben viel lebendiger bezeugen. Meine Kinder würden Ihnen sicher erzählen, wie sehr sich unser Familienleben seitdem zum Guten verändert hat. Und besonders dankbar bin ich dafür, dass ich Dave kennen lernen und heiraten durfte, nachdem ich vergeben hatte.

Das mit der Vergebung war eine so große Sache für mich, weil ich dadurch frei wurde. Die Vergebung hat Bindungen gelöst, von deren Existenz ich überhaupt keine Ahnung gehabt hatte, an die ich mich gewöhnt hatte, die mir schon völlig selbstverständlich erschienen, die ich als unabänderlich akzeptiert hatte und die ich auch nicht als Unfreiheit erkannte.

Der Tag der Freiheit

Auf den ersten Blick haben Sie vielleicht gar nicht den Eindruck, Freiheit könne ein Thema für Sie sein. Möglicherweise fühlen Sie sich geistlich und emotional frei. Vielleicht haben Sie sogar daran gedacht, dieses Kapitel zu überblättern. Schließlich leben Sie in einem freien Land. Sie können heiraten, wen Sie wollen, und Ihren Beruf oder Ihre Gemeinde frei wählen. Freiheit mag für Sie nur etwas mit den Grenzen Ihrer körperlichen Leistungsfähigkeit zu tun haben; oder auch mit der Frage, was erlaubt ist. Oder vielleicht kämpfen Sie, wie so viele von uns, mit Dingen, die Sie immer wieder gefangen nehmen – Angst, Sorgen, Unsicherheit oder irgendeine Form von Sucht.

Lynda

Jedem Menschen widerfahren Dinge wie Leid, Enttäuschungen und Schmerz. Wie die meisten von Ihnen sicher auch konnte ich ohne Probleme akzeptieren, dass Jesus für meine Sünden gestorben ist. Doch die Freiheit anzunehmen, die mir Gott inmitten schwerer Schicksalsschläge anbot, fiel mir schwer. Bewusst oder unbewusst verpasste ich Gelegenheiten, mich von Dingen zu lösen, die mir meine Freiheit raubten. Ich hielt an meinen Bindungen fest, ja, ich nährte sie sogar, indem ich mir Rechtfertigungen zurechtlegte, die mir die Freude und den Frieden Jesu vorenthielten (vgl. Johannes 1,10; 14,27; 15,11; 17,13).

Bindungen sind all die Dinge, die uns davon abhalten, Gottes Segen für unser Leben zu empfangen. Führen Sie ein Leben in der Fülle Gottes? Sind Sie wirklich frei? Wir haben zehn Fragen für Sie vorbereitet, die Ihnen beim Nachdenken über die Freiheit eine Anregung sein sollen:

- Fällt es Ihnen schwer, die Vergangenheit loszulassen?
- Fällt es Ihnen schwer, anderen, sich selbst oder Gott bestimmte Ereignisse, die zu Ihrer Lebensgeschichte gehören, zu vergeben?
- Haben Sie Angst vor der Zukunft?
- Verspüren Sie trotz all Ihrer Lebensziele, Besitztümer und Beziehungen ein Gefühl der Leere und Unzufriedenheit?

- Lassen Sie sich von schlechten Gewohnheiten beherrschen?
- Lügen oder betrügen Sie?
- Fühlen Sie sich oft traurig oder deprimiert?
- Müssen Sie sich ständig mit irgendetwas auf Trab halten, nur um Problemen auszuweichen, mit denen Sie nicht umgehen können?
- Vermeiden Sie Zeiten der Ruhe und des Alleinseins?
- Geraten Sie schnell in Rage?

Wenn Sie eine diese Fragen mit Ja beantwortet haben, sind Sie möglicherweise nicht ganz so frei, wie Sie bisher dachten. Gehen Sie die Fragen noch einmal durch und halten Sie in Gedanken Ihre persönlichen Problemzonen fest. Wollen Sie von den Dingen frei werden, die Sie noch binden?

Lynda

Auf meiner Europareise unmittelbar nach diesem Erlebnis mit Vergebung und Befreiung, traf ich eine Frau, die ich Nancy nennen möchte. Sie hatte mir aus London geschrieben und berichtet, dass sie von ihrem Mann, einem Pastor, belogen, betrogen und schließlich wegen einer anderen verlassen worden war – und die Gemeinde hatte ihn trotzdem im Amt belassen und weiter unterstützt. Ich hatte ihr ein paar Bücher über den Umgang mit Schmerz und Wut geschickt und dazu ein paar Kinderbücher von *Focus on the Familie*. Wir verabredeten uns nach meiner Ankunft aus Paris am Londoner Bahnhof. Wir aßen zusammen zu Abend und es wurde schnell deutlich, dass auch Nancy lernen musste, mit dem, was sie so sehr verletzt hatte, richtig umzugehen. Deshalb schlug ich ihr vor aufzuschreiben, was sie alles verloren hatte. Doch Nancy warf ein, sie wäre noch nicht soweit, sich diesen Dingen zu stellen. Kurz nach meiner Rückkehr nach Amerika erreichte mich ein Brief, in dem sie schrieb: »Lynda, ich brauche Sie. Sie haben gelernt, wieder in Farbe zu leben, während ich immer noch in einer Welt aus Schwarz-Weiß lebe. Bitte helfen Sie mir. Zeigen Sie mir, wie ich mein Leben verändern kann.«

An den Anfang dieses Kapitels stellten wir ein Wort Jesu: »Dann werdet ihr die Wahrheit erkennen, und die Wahrheit wird euch frei machen. ... Wenn der Sohn euch frei macht, dann seid ihr wirklich frei« (Johannes 8,32.36). Als Jesus diese Worte aussprach, begriffen die meisten Zuhörer – einschließlich vieler, die an ihn glaubten – nicht, dass er ihr Herz frei machen und sie von allen Bindungen lösen wollte. Denn diese Bindungen hielten sie davon ab, das Leben in der Fülle zu erfahren, das er ihnen bringen wollte. Weil sie nicht erkannten, wie unfrei sie waren, konnten sie auch nicht begreifen, wie sehr sie diese Befreiung nötig hatten. Und deshalb erfuhren sie auch nie, welche Freude, welchen Frieden, welche Hoffnung und Liebe Jesus ihnen schenken wollte.

Jesus meinte jedoch nicht Freiheit im Sinne von Menschenrechten oder der Befreiung von politischer oder wirtschaftlicher Unterdrückung. Es geht nicht um die Art Freiheit, für die unsere amerikanischen Vorväter gekämpft haben. Es ist die Freiheit, für die der Vater im Himmel seinen eigenen Sohn in den Tod gab. Es ist eine Freiheit, die uns herausfordert, eigene Rechte aufzugeben, um von ihm eine Freiheit zu empfangen, die uns niemand nehmen kann. Es ist eine Art Freiheit, die sich den Enttäuschungen und Verletzungen des Lebens stellt und auf eine gesunde und liebevolle Art damit umgeht – so wie Jesus es uns vorgelebt hat. Die Freiheit, die Jesus uns schenkt, gibt uns die Kraft, die Wunden der Vergangenheit hinter uns zu lassen und Heilung zu finden für die Dinge, die unser Leben immer wieder belasten. Jesus führt in ein gesundes und ganzheitliches Leben, begleitet von dem Versprechen, dass seine Liebe immer mit uns geht.

In diesem Kapitel soll es darum gehen, wie man *in Farbe* leben kann. Es geht darum, sein Schwarz-Weiß-Dasein in ein emotional und geistlich gesundes Leben einzutauschen, in dem sich alle Facetten der Liebe Jesu spiegeln.

Das Leben ist ein Chaos, daran gibt es keinen Zweifel. Jede Frau hat bestimmte Lebensbereiche, in denen Satan versucht sie anzugreifen, zu binden und in ihrer Freiheit einzuschränken. Doch auch wenn wir hier und da mit solchen Sachen zu kämpfen haben, kann Gott aus jedem Hindernis ein Tor zur Freiheit machen.

Ischa findet durch die Freiheit Gottes zur Heilung, und in dieser Freiheit kann sie ein Leben in der farbenfrohen Fülle Christi erfahren. Die Wahrheit stand schon immer fest, doch wir müssen sie erkennen, einen persönlichen Zugang zu ihr finden und sie in unsere Lebenssituation hinein umsetzen, um Freiheit und Leben zu erfahren.

Wir wollen Ihnen helfen, aus der Erkenntnis der Wahrheit Gottes auch tatsächlich Gewinn zu ziehen – der Wahrheit darüber, wie Flüche uns gefangen nehmen, und der noch größeren Wahrheit darüber, dass Gott die Macht von Flüchen brechen und uns frei machen kann.

Die Wahrheit über Flüche

Rebecca

Einer der am meisten gebundenen Menschen, die ich je kennen gelernt habe, war eine junge Frau, die ich Rachel nennen will. Beziehungen zu anderen liefen bei ihr immer so ab, wie sie es von ihren Eltern gewohnt war – man brüllte sich in rasendem Zorn an. Ich sah, wie sehr sie darunter litt, und versuchte immer wieder, ihr aus diesen Mustern herauszuhelfen, aber sie wehrte ab. Nachdem ich mehrfach ohne Erfolg versucht hatte, ihr zu helfen, wandte sie ihre Bitterkeit gegen mich. Sie beleidigte mich, schwieg mich an und tat andere Dinge, von denen sie wusste, dass sie mich damit verletzte. Es war, als habe sie sich selbst in einen Kerker eingesperrt und den Schlüssel weggeworfen, und nun hielt sie andere Menschen willentlich davon ab, den Schlüssel aufzuspüren. Nach meinen letzten Informationen lebt diese Freundin immer noch in Wut und Bitterkeit.

Jeder Mensch ist dazu fähig, an seinem Schmerz endlos festzuhalten, weil die Aussicht darauf, sich ihm zu stellen, mehr Angst macht als die Sicherheit und der Trost des eigenen Leides. Wenn wir an unseren Problemen festhalten, tun wir aber nicht nur uns selbst weh, sondern auch Gott und unseren Mitmenschen. Jede Unfreiheit hat ihre Ursache in irgendeinem Fluch. Es gibt nicht viele Predigten zu dem Thema »Flüche«, doch unsere Kirchen sind voll von Menschen wie Sie und ich, die unter den Folgen von Flüchen leben. Unwissenheit und Scham hindern uns, uns unsere Gebundenheit einzugestehen. Wir erkennen die geistlichen Wurzeln und Auswirkungen nicht, weil unser Alltag schon so sehr von Unfreiheit geprägt ist, dass wir gar nichts anderes mehr kennen, als unter der Kontrolle des Fluches zu leben. Die Muster ähneln sich von Generation zu Generation, seit Adam und Eva im Garten Eden zum ersten Mal sündigten.

Für das Verb »verfluchen« gibt es eine einfache Definition: »Böses über jemanden oder etwas herabrufen oder bringen.« Der alles umfassende Fluch über uns Menschen nahm seinen Ursprung im Garten Gottes, als Adam und Eva sündigten. Gott sprach den Fluch aus, den diese Sünde für alle Frauen zur Folge hatte:

Ich verhänge über dich, dass du Mühsal und Beschwerden hast, jedes Mal, wenn du schwanger bist; und unter Schmerzen bringst du Kinder zur Welt. Es wird dich zu deinem Mann hinziehen, aber er wird über dich herrschen.
1. Mose 3,16

Auch die Männer haben die Folgen jener ersten Sünde zu tragen:

Deinetwegen ist der Acker verflucht. Mit Mühsal wirst du dich davon ernähren, dein Leben lang.
1. Mose 3,17

Innerhalb dieses umfassenden Fluches, unter dem wir alle zu leben haben, sorgt die Schlange, Satan, dafür, dass wir individuellen Flüchen ausgesetzt sind. Diese sind so heimtückisch, dass wir sie erst gar nicht als Fluch erkennen. Sie sind viel mehr so genanntes *Familiengepäck*. Und mit Familie meinen wir die kleine Familie aus Mann, Frau und Kindern, aber auch so große Familien wie eine Gemeinde oder gar eine ganze Nation. Sie alle leiden, oft ohne es zu wissen, unter Flüchen.

Flüche, die nicht erkannt und in ihrer Macht gebrochen werden, führen ihr zerstörerisches Wirken fort. Vielleicht haben Sie selbst dem Fluch eine Tür geöffnet, vielleicht hat aber auch vor Generationen jemand aus Ihrer Familie etwas getan, was zu anhaltendem Leid geführt hat. Sollte diese Beschreibung auf Ihre Situation zutreffen, können Sie dem Fluch ein Ende setzen und schmerzliche Dinge wie Scheidung, Krankheit, Alkoholismus, Armut, ... (die Liste ließe sich beliebig fortsetzen) abwenden. Unversöhnlichkeit, Bitterkeit, Minderwertigkeitsgefühle oder Zorn halten Sie und kommende Generationen so lange im Griff, bis die zugrunde liegende Ursache angegangen wird. Der Teufelskreis der Unfreiheit sieht ungefähr so aus:

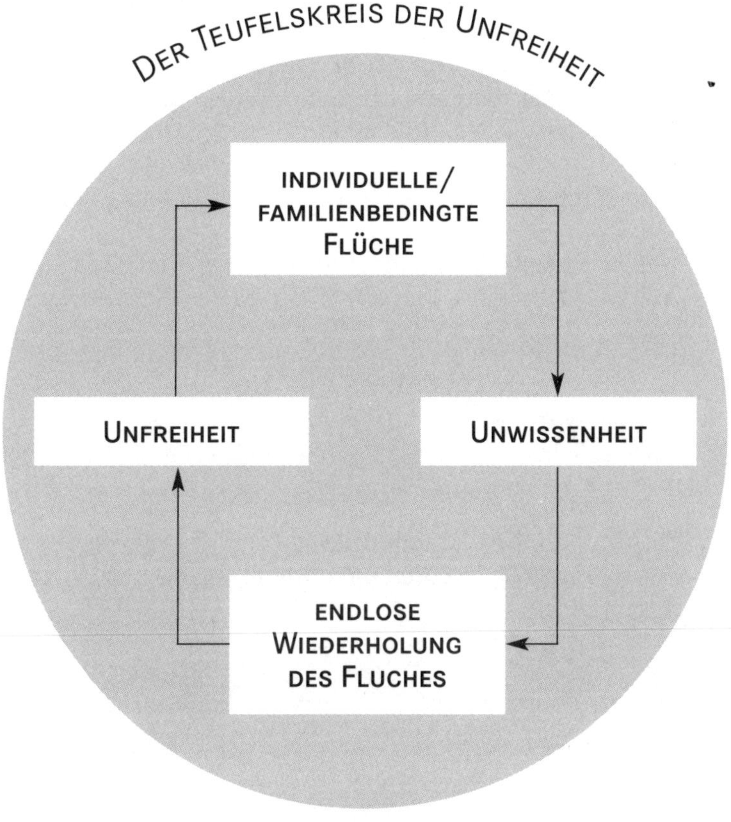

Wenn Bindungen unser Leben bestimmen, werden unsere Gewohnheiten und unsere Emotionen von diesen Bindungen gesteuert. Mutlosigkeit, Depressionen, Abhängigkeiten und ungesunde Begierden sind dafür Symptome. In uns wächst die Gewissheit, dass wir machtlos sind, und deshalb richten wir uns unser Leben so ein, dass wir so angenehm wie möglich mit unserer Unfreiheit leben können. Traurigkeit, Geschäftigkeit, Ängste, Überlastung und viele andere Auswirkungen begleiten unseren Alltag.

Doch wir können auch anders damit umgehen – wir können uns auf den Weg der Freiheit begeben.

Die Wahrheit über die Freiheit

Gerettet zu sein bedeutet, Christus als seinen persönlichen Erlöser anzunehmen. Das Wort »gerettet« wird im Griechischen mit *sozo* ausgedrückt, was so viel bedeutet wie »unversehrt, heil« – und das ganz und gar, nicht nur in Raten. Uns ist also nicht nur vergeben, wir sind völlig heil und frei geworden und stehen ganz unter dem Segen Gottes. In Römer 8,37 wird uns gesagt: »Aber dennoch: Mitten im Leid triumphieren wir über alles durch die Verbindung mit Christus, der uns so sehr geliebt hat« (Hoffnung für alle).

Freiheit bedeutet Befreiung von Sklaverei, von Bindungen oder von der Macht eines anderen. Wenn wir den Fluch erkennen

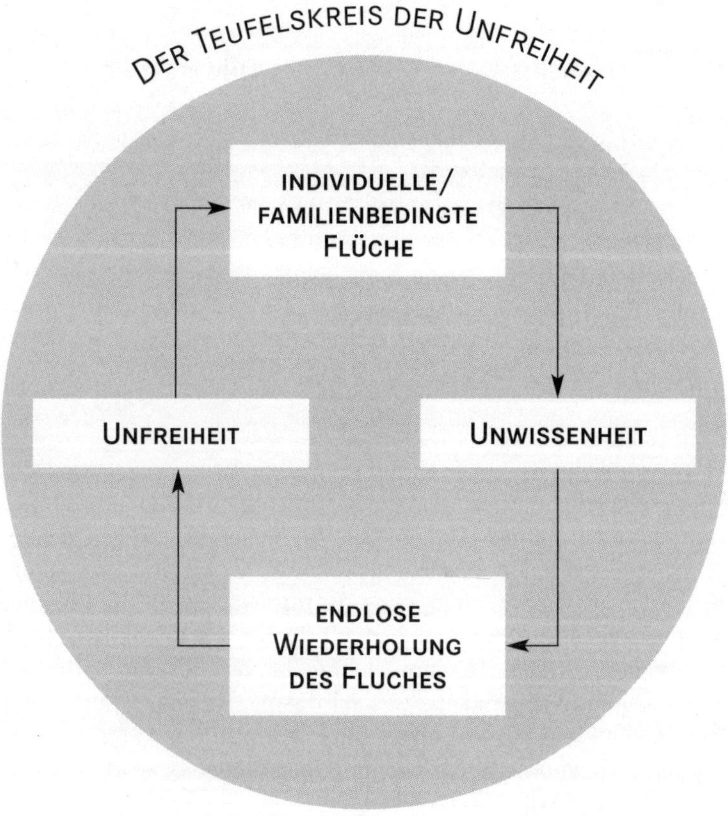

und unsere individuellen Rechte willentlich eintauschen für die Freiheit, nach Gottes Lebensregeln zu leben, können wir die Macht der Sünde über uns und kommende Generationen brechen. Doch wir müssen es wollen und dürfen nicht gleich wieder aufgeben.

Und wie ist das mit Flüchen, die über Generationen hinweg Bestand haben? Haben diese uns und unsere Kinder nicht im Griff, obwohl wir Christen sind? Die Bibel erklärt uns, dass die Sünde eines Menschen Auswirkungen auf seine Nachkommen haben wird - und das über drei oder vier Generationen hinweg (vgl. Exodus 34,7).

Ja, das stimmt, solange wir ihre Macht nicht brechen (vgl. Hesekiel 18,1-4).

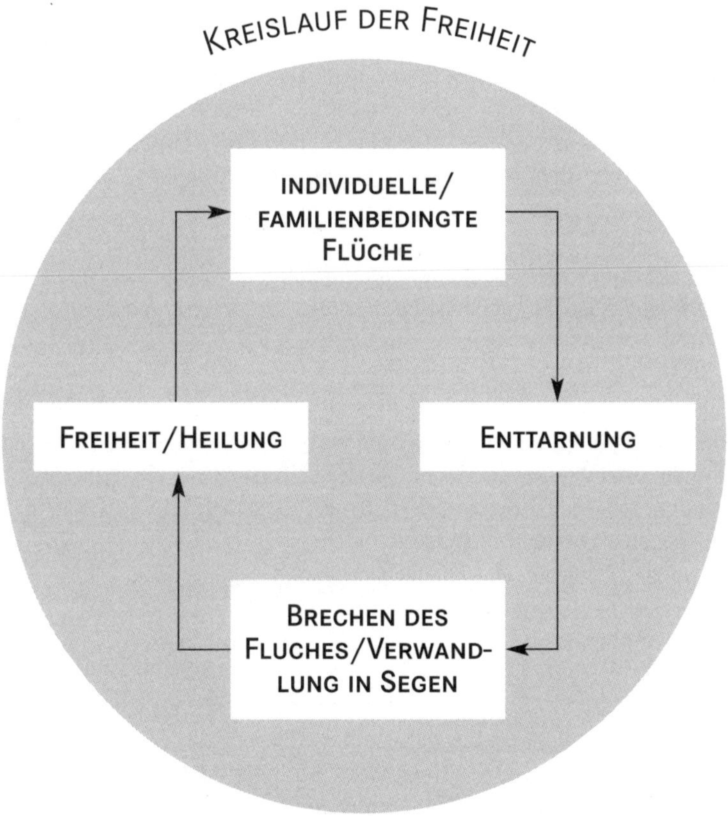

Als Jesus am Kreuz für uns starb, nahm er allen Fluch auf sich – den einen umfassenden und die vielen kleinen. Unsere Sünde wurde ihm aufgeladen. Sie wurde mit ihm gekreuzigt und begraben. Deshalb können wir in ihm neues Leben finden. Und damit können wir von jedem Fluch frei werden und eine neue Familientradition in Gang setzen, deren heiler und unversehrter Charakter Segen über unsere Familien, Gemeinden, Städte und Nationen bringt. Jeder von uns steht jetzt für sich selbst vor Gott und ist nicht länger an die Vergangenheit gebunden. Gottes Freiheit kann nur verspielen, wer die Wahrheit nicht kennt und nicht in sein Leben aufnimmt: »Entziehe meinem Mund nicht das Wort der Wahrheit! Ich hoffe so sehr auf deine Entscheide. ... Dann schreite ich aus auf freier Bahn; denn ich frage nach deinen Befehlen« (Psalm 119,43.45; Einheitsübersetzung).

Es gibt eine schlechte Nachricht: Flüche haben reale Auswirkungen auch auf Christen. Es gibt aber auch eine gute Nachricht: Durch Jesu Tod kann alles überwunden werden. Flüche können gebrochen und sogar in Segen verwandelt werden – allerdings nur für Christen. Wir können die Flüche, die über Generationen hinweg währen, nicht nur brechen, wir können sie sogar in Segen verwandeln.

Wie ein flatternder Spatz oder eine fliegende Schwalbe, so ist ein unverdienter Fluch: er lässt sich auf keinen Menschen nieder. Sprüche 26,2

Wenn wir um diese Wahrheit wissen, müssen wir Gebundenheiten nicht mehr leugnen oder als gegeben hinnehmen. Wir können den Fluch entlarven, seine Macht über uns brechen und ihn zum Segen dienen lassen. Wenn wir das tun, erfahren wir die Freiheit und Fülle eines Lebens in Christus.

Lynda

Als mein Sohn Clint etwa acht Jahre alt war, wurde er einmal so richtig wütend auf eine seiner Schwestern. Er stampfte mit dem Fuß auf und sagte: »Diese Wutausbrüche habe ich von ...«, und dann nannte er einige Personen aus seiner Familie.

Er hatte die Worte kaum ausgesprochen, da erwiderte ich schon: »Oh nein, das hast du nicht, mein Sohn.« Ich setzte mich mit ihm aufs Sofa. Es war die Zeit, als der O. J. Simpson-Prozess gerade durch die Presse ging. Deshalb sagte ich meinem Sohn, dass Simpson - egal ob er diese schrecklichen Morde nun begangen hatte oder nicht - Probleme hatte, seine Gefühle im Zaum zu halten. Und dieses Problem hatte er schon lange. Es begann, als er drei oder fünf oder sieben Jahre alt war und man ihm seine unkontrollierten Wutausbrüche durchgehen ließ. Ich erklärte Clint, dass wir, wenn wir in Christus sind, die Flüche, die auf uns liegen, nicht mehr ausleben müssen. Anschließend beteten wir gemeinsam und riefen Jesu Sieg über diesen Fluch aus.

Danach habe ich nie wieder Anzeichen für eine derart unbeherrschte Wut bei Clint beobachtet. Mit etwa 13 Jahren kam er eines Tages aus der Schule nach Hause und meinte: »Mama, ich habe ein Problem. Ich soll einen Aufsatz darüber schreiben, wann ich das letzte Mal so richtig wütend war und ausgerastet bin. Aber ich kann mich gar nicht mehr erinnern, wann das war.«

Es war eine Gelegenheit, meinen Sohn erfahren zu lassen, welche Macht einerseits Flüche innerhalb der Familiengeschichte haben. Es war aber auch eine Gelegenheit, ihm zu zeigen, dass Gottes Macht noch viel größer ist. Wir entlarvten den Fluch, brachen ihn und machten ihn zum Segen, und heute ist Clint frei davon und muss diesen Ballast nicht sein ganzes Leben mit sich herumschleppen. Er lebt in Freiheit statt in Unfreiheit, in Farbe statt in Schwarz-Weiß. Das Gleiche gilt auch für Rahab.

Rahab wird rehabilitiert (vgl. Josua 2)

Rahab lebte lange vor Jesus, deshalb wusste sie noch nicht, wie die Sache mit dem Erlöser ausgehen würde. Doch auch vor den Tagen Jesu ereignete sich so manches, das die unglaubliche Erlösungskraft seines Todes und seiner Auferstehung erahnen ließ.

Rahab war Prostituierte und besaß eine Kneipe. Doch wer wollte sie dafür verurteilen? Schließlich gehörte sie dem schlimmen Volk der Kanaaniter an, das Noah Generationen zuvor verflucht hatte (vgl. 1. Mose 9,18–25). Das war Rahabs Erbe. Bei ihr war der Apfel nicht weit vom Stamm gefallen. Sie konnte ihr Verhalten durch Generationen ihrer Vorfahren rechtfertigen. Daran würde sich nie etwas ändern. Oder etwa doch?

Was hätte Rahab wohl gesagt, wenn sie erkannt hätte, dass ihre ganze Welt und die vieler kommender Generationen in einem tiefen Wandel begriffen war? Zwei israelitische Kundschafter waren in die Stadt Jericho gekommen, weil Gott Josua, dem Führer der Israeliten, angekündigt hatte, dass er die Stadt in seine Hände geben werde. Jericho war die alles entscheidende Festungsanlage für das Jordantal, der einzigen Barriere, die die Israeliten noch von dem verheißenen Land trennte. Josua benötigte detaillierte Informationen über die Stadt – wo die Tore lagen, wie viele Wachtürme es gab, wie gut die Stadt bewacht war und wie es um die Moral der Bewohner stand. Der Herrscher der Kanaaniter erfuhr von den Kundschaftern und befahl, sie umgehend gefangen zu nehmen. Rahabs Haus, das möglicherweise die einzige Unterkunft der Stadt war, lag oben auf der Stadtmauer in erhöhter Position, sodass niemand sehen konnte, was sich auf dem Dach des Hauses zutrug[2]. Rahab versteckte die beiden Kundschafter dort auf dem Dach, während die Soldaten die Stadt durchsuchten.

Was brachte Rahab wohl zu einem solchen Schritt? Wie kam es, dass sie allem, was sie kannte, den Rücken kehrte und ihr Leben für diese Fremden riskierte? Sie vertraute ihnen an, dass einige aus ihrem Volk die Wunder gesehen hatten, die Gott getan hatte, und sich nun vor ihm fürchteten. Sie erkannte, dass der Gott Israels die Macht hatte, sie von der Schuld ihrer Vorfahren zu befreien. Sie wollte nicht mehr unter dem Fluch leben, beschloss sie. »Wenn ich euer Leben rette, werdet ihr dann mein Leben und das meiner Familie retten?«, fragte sie Josuas Männer. Sie versprachen es und befahlen ihr, eine rote Schnur an ihrem Fenster zu befestigen.

Einige Tage später konnte Rahab die große Menge der Israeliten beobachten, die schweigend um die Stadt marschierten. Sechs Tage ging das so. Dann, am siebten Tag, hörte Rahab die Hörner blasen, bevor das Volk sein Kriegsgeschrei anstimmte. Die Erde bebte. Die Mauern, die die Stadt über Jahre geschützt hatten, brachen in sich zusammen und gaben die Bewohner den Angreifern preis. Nur ein Mauerstück blieb stehen: das, auf dem Rahabs Haus stand.

Ob Rahab wohl wusste, dass ihre Geschichte mit der Entscheidung, das rote Seil ins Fenster zu hängen, noch längst nicht zu

Ende war? Sie war eine heidnische Frau, die unter einem Fluch stand. Doch sie schien zu ahnen, dass ihr Leben auch anders aussehen konnte. Rahab brach den Fluch, als sie die Männer Gottes versteckte. Sie tat einen entscheidenden Schritt, als sie beschloss, dem Gott Israels zu dienen. Doch das war nicht alles. Sie wollte auch in Zukunft frei bleiben. Deshalb heiratete sie einen der Kundschafter Josuas und gliederte sich so in die Reihe der Ahnen Jesu ein. Was für ein Vermächtnis!

Was hätte Rahab wohl gesagt, wenn sie die Prophetie Jesajas gehört hätte, der verkündete: »Eure Verbrechen sind rot wie Blut, und doch könnten sie weiß werden wie Schnee. Sie sind rot wie Purpur, und doch könnten sie weiß werden wie reine Wolle« (Jesaja 1,18)? Was hätte sie wohl dazu gesagt, dass einer aus ihrer Nachkommenschaft sein Blut, rot wie die Schnur an ihrem Fenster, für die Sünden der ganzen Menschheit vergießen würde?

Die Bedeutung von Freiheit für Ihr Leben

Was würde Rahab uns heute zu sagen haben, wenn sie mit uns zusammen die Flüche und Bindungen anschauen würde, an die wir uns schon so sehr gewöhnt haben? Rahab gehört zu den Vorbildern im Glauben, die uns in Hebräer 11 genannt werden: »Solches Vertrauen rettete der Hure Rahab das Leben. Sie hatte die israelitischen Kundschafter freundlich aufgenommen« (Vers 31). Würde sie wohl zu uns sagen:

- »Du musst nicht an diese Flüche gebunden bleiben.«
- »Sei doch nicht eine von denen, die Gott nicht vertrauen oder vor ihrer Unfreiheit die Augen verschließen.«
- »Gott passt in keine Schublade. Du solltest seine Kraft nicht unterschätzen. Er kann Flüche brechen, die über Generationen hinweg Geltung hatten.«

Ja, was würde Rahab sagen?

Wenn Sie die Erlösung, die Jesus Ihnen schenkt, angenommen haben, sind Sie durch sein Blut vollkommen reingewaschen – deshalb sind Sie erlöst *und* frei. Sie gehören dem Himmelreich an, aber Sie sind auch in der Lage, hier auf dieser Erde ein freies und heiles Leben zu führen.

Wir können noch heute die Macht von Wut, Gewalt, Drogen oder Depressionen – oder was sonst uns binden mag – über uns brechen. Wir müssen nicht länger warten!

Gott nimmt uns die Lasten ab und zerbricht unsere Ketten. Doch einfach nur dazustehen mit dem Schlüssel zur Wahrheit Gottes in der Hand, wird keine Gefängnisse öffnen. Wir müssen den Schlüssel ins Schloss stecken und die Tür öffnen, indem wir beten:

Herr,
vergib mir meine Sünden und brich die Macht, die sie über mein Leben haben. Ich besitze den Schlüssel zu deiner Wahrheit, die mich vom Fluch befreit, der mich gefangen hält. Ich will diese Lügen gegen deine Wahrheit eintauschen.

Machen Sie sich gleich auf den Weg in die Freiheit!

Ischa richtet ihr Leben auf die Wahrheit Gottes aus

➤ **Die Freiheit wartet nur darauf, dass ich sie ergreife.**

Lüge: Ich muss warten, bis mir die Freiheit durch Gottes Wirken zufällt.

Lynda

Ich dachte, ich hätte alles getan, um die Dinge, die man mir angetan hatte, loszulassen, und müsste mich nun mit dem erreichten Zustand zufrieden geben. Doch wie Kohlen, die ich versehentlich weggeworfen hatte, weil ich dachte, sie wären verglüht, entzündete sich auch die Bitterkeit gegen meinen Ex-Mann mit neuer Kraft, sobald sich der kleinste Hauch von Enttäuschung, Mutlosigkeit oder Bestürzung regte. Ich wusste nicht, dass ich mehr tun konnte, um anderen zu vergeben, als die Worte zu sagen, die ich schon so oft ausgesprochen hatte: »Ich will ihm vergeben.« Ich wusste nicht, dass mich die Stricke der Unversöhnlichkeit immer noch gefangen hielten. Ich wusste nicht, dass ich ein besseres und freieres Leben führen konnte. Ich wusste all das nicht.

Doch Sie wissen jetzt, dass Freiheit möglich ist. Und zu wissen, dass etwas möglich ist, ist der erste Schritt, es zu erreichen.

Rebecca

Ich lernte Anna während einiger Studioaufnahmen kennen, die ich in ihrer Plattenfirma machte. Anna bot mir ihre Hilfe an und ihre fröhliche Art machte mich neugierig. Wegen unserer gemeinsamen Gottesbeziehung verstanden wir uns gleich sehr gut, als wir ein paar Tage danach zusammen zu Mittag aßen. Später erzählte sie mir, dass sie von ihrem Cousin sexuell missbraucht worden war. Doch statt in dieser Gebundenheit zu verharren, riss Anna sich davon los. Sie strahlte eine solche Freude aus, dass ich niemals ein so schlimmes Schicksal dahinter vermutet hätte. Ich habe miterlebt, wie sie Gott ihren Schmerz hingehalten und mit der Hilfe erfahrener Christen ihre Vergangenheit aufgearbeitet hat. Je mehr sie das tut, umso größer wird auch ihre Freiheit. Anna hat mir gezeigt, dass Freiheit möglich ist, egal wie schlimm die Schicksalsschläge waren, die wir hinnehmen mussten.

Nehmen Sie Papier und Stift zur Hand und schreiben Sie auf, in welchen Bereichen Ihres Lebens Bindungen bestehen. Halten Sie diese Bereiche Gott im Gebet hin. Benennen Sie die Bindungen eine nach der anderen und bitten Sie Gott, dass er Sie davon befreit. Das ist Ihr erster Schritt auf dem Weg in die Freiheit. Weitere Schritte werden wir Ihnen in einem der nächsten Abschnitte nennen.

➤ **Gott kann mir zurückerstatten, was Satan mir geraubt hat.**

Lüge: Was ich verloren habe, werde ich niemals erstattet bekommen. Ich bleibe für immer auf der Verliererstraße.

Gott kann nicht nur die Macht eines Fluches brechen, er kann uns auch erstatten, was der Fluch uns geraubt hat.

Lynda

Ich habe erlebt, wie Gott meiner Familie all das erstattet hat, was uns durch die Scheidung genommen wurde.

Rebecca

Ich habe erlebt, wie Gott mir neue Hoffnung und Kraft geschenkt hat, nachdem ich beinahe völlig ausgebrannt war und meine ganze Freude und Leidenschaft für meinen Dienst und meine Begeisterung für das Leben verloren hatte.

Rebecca und Lynda

Wir haben der Lüge nicht geglaubt, dass es kein Licht am Ende des Tunnels gibt. Stattdessen haben wir darauf vertraut, dass Gott uns heilen kann und wird.

In der Bibel gibt es die Geschichte eines Königs namens Balak, der einen Seher beauftragte, Gottes Volk zu verfluchen. Doch der Fluch wirkte nicht. Stattdessen segnete Gott sein Volk (vgl. 4. Mose 22–24). Auf gleiche Weise kann auch das, was Ihnen ursprünglich schaden sollte, in etwas Gutes verwandelt werden. Immer wieder hören wir in der Bibel von Menschen, die Gott aus Schwachheit und Verzweiflung herausgeführt und ihnen neue Hoffnung gegeben hat. Das kann er auch heute für uns tun, wenn wir uns ihm anvertrauen und vor ihm im Gebet unsere Verletzungen, Bindungen und Lasten ausbreiten.

Wir haben zwei wunderbare Bibelverse zu diesem Thema herausgesucht, die Sie auswendig lernen und sich ins Gedächtnis rufen können, wenn Sie wieder einmal das Gefühl haben, die Verluste Ihres Lebens niemals überwinden zu können:

Wird er [der Dieb] ertappt, so muss er es siebenfach bezahlen und schlimmstenfalls alles hergeben, was er besitzt.
Sprüche 6,31

Und ich will euch die Jahre erstatten, deren Ertrag die Heuschrecken, Käfer, Geschmeiß und Raupen gefressen haben.
Joel 2,25 (Luther)

➤ Ich kann Schritte gehen, die mich der Freiheit näher bringen.

Lüge: Ich habe keine Ahnung, wie ich frei werden könnte.

Um aus Bindungen frei zu werden, müssen wir uns eingestehen, dass wir ein Problem haben. Wir können nicht länger andere – Menschen oder Umstände – für unsere Unfreiheit verantwortlich machen. Es ist wichtig, dass wir verstehen, warum wir uns so oder so verhalten und dass dahinter ein Fluch liegen kann, der unsere Familie seit Generationen belastet; aber das entschuldigt unser Verhalten nicht. Wir sind für unsere Handlungsweisen und Entscheidungen selbst verantwortlich. Äußere Umstände haben Ihnen möglicherweise Ihre Vergangenheit geraubt, aber lassen Sie nicht zu, dass sie Ihnen auch noch die Zukunft nehmen. Es ist an der Zeit, dass Sie sich Ihrer Verantwortung stellen. Die Tage, an denen Sie Ihr Handeln vertuscht und entschuldigt haben, sind vorbei. Heute ist der Tag, an dem Sie frei werden können.

Die Bibel ermahnt uns, dass viele unserer Kämpfe nur mit geistlichen Waffen und durch Gebet gewonnen werden können (vgl. 2. Korinther 10,4). Lernen Sie diesen Vers auswendig und wagen Sie die folgenden Schritte, um Flüche zu brechen und in allen Bereichen Ihres Lebens Freiheit zu erlangen.

Kehren Sie um!
Nehmen Sie sich Zeit, in der Stille vor Gott zu kommen. Lassen Sie sich von ihm zeigen, wo Sie seine Vergebung brauchen.

Bitten Sie ihn um Vergebung für die Dinge, die Sie von seinem Segen abgeschnitten haben (zum Beispiel Wut, Angst, Unversöhnlichkeit, Sex, Drogenmissbrauch oder Alkoholismus).

Wenn wir aber unsere Verfehlungen eingestehen, können wir damit rechnen, dass Gott treu und gerecht ist: Er wird uns dann unsere Verfehlungen vergeben und uns von aller Schuld reinigen, die wir auf uns geladen haben.
1. Johannes 1,9

Setzen Sie den destruktiven Dingen ein Ende
Wenn Sie irgendeinen Bereich Ihres Lebens einer anderen Macht unterwerfen als Gott, machen Sie sich angreifbar für destruktive Gedanken, Sehnsüchte und Verhaltensweisen. Diesen Dingen müssen Sie ein Ende setzen und Gott wieder die Regie übergeben.

Denn auch ich habe, wenn hier etwas zu verzeihen war, im Angesicht Christi um euretwillen verziehen, damit wir nicht vom Satan überlistet werden; wir kennen seine Absichten nur zu gut.
2. Korinther 2,10–11

Widerstehen Sie den Lügen Satans
Ed Silvoso von *Harvest Ministries* beschreibt eine Festung Satans als »eine gedankliche Haltung, die von Hoffnungslosigkeit geprägt ist und dazu führt, dass wir etwas, das Gottes Wort widerspricht, als unabänderlich ansehen.«[3] Die Festungen, die Satan in unserem Herzen und Denken errichtet, können wir nicht aus eigener Kraft zerstören. Beten Sie im Namen Jesu Christi, dass Sie diesen Lügen nicht länger erliegen.

Meine Waffen in diesem Kampf sind nicht die eines schwachen Menschen, sondern die mächtigen Waffen Gottes. Mit ihnen zerstöre ich feindliche Festungen.
2. Korinther 10,4

Glauben Sie der Wahrheit
Reißen Sie die Festungen Satans ein und bauen Sie aus den Trümmern einen Turm der Wahrheit. Das bedeutet: Programmieren Sie Ihr Denken mit Hilfe der Wahrheit Gottes um – was sagt die Bibel über Sie, über Gott und über Satan. Und wenn der Feind dann mit falschen Gedanken auf Sie eindringt, können Sie in den Turm der Wahrheit fliehen.

Gott ist wie ein starker Turm; wer ihm gehorcht, findet bei ihm sichere Zuflucht.
Sprüche 18,10

Trainieren Sie Ihr Denken, damit Ihre Gedanken heil und frei sind

Unser Denken ist ein Schlachtfeld in der geistlichen Auseinandersetzung zwischen Gott und Satan. Umgeben Sie sich mit heilen Menschen, Musik, Bibelworten - was immer Ihnen hilft, Ihren Blick auf die Wahrheit Gottes zu lenken und in seiner Freiheit zu leben.

Passt euch nicht den Maßstäben dieser Welt an. Lasst euch vielmehr von Gott umwandeln, damit euer ganzes Denken erneuert wird.
Römer 12,2

Bemühen Sie sich um seelsorgerliche Begleitung. Bitten Sie eine Person, die Ihre Achtung besitzt und Gott ehrt, um Rat. Bitten Sie diese Person, dass sie im Gebet vor Gott für Sie eintritt und dass Sie vor ihr Rechenschaft ablegen können über die Wege, die Sie im Glauben und in der Freiheit Gottes gehen. Vielleicht benötigen Sie für Ihre inneren Fragen fachlich geschulte Hilfe. Ein christlicher Lebensberater oder Therapeut in Ihrer Gemeinde oder in Ihrer Nähe kann Ihnen eine große Hilfe sein, von Bindungen frei zu werden. Es ist doch beruhigend zu wissen, dass Gott uns die Gemeinschaft anderer Christen gegeben hat, damit sie uns auf unserem Weg mit ihm unterstützt. Wir sind nicht allein unterwegs zur vollkommenen Freiheit!

Es ist an der Zeit, in Farbe zu leben.

Rebecca

Die 28-jährige Heather Williams ist ein gutes Bespiel für eine freie *Ischa*. Sie wurde in eine Familie hineingeboren, in der Vernachlässigung und Missbrauch an der Tagesordnung waren. Als kleines Kind warf ihr Vater sie von einem Balkon im ersten Stock herunter. Als sie elf war, wollte ihre Mutter sie der staatlichen Fürsorge übergeben, doch dann wurde sie von ihrem Großvater aufgenommen. Fünf Jahre später wurde Heather - die zu diesem Zeitpunkt bereits eine rebellische junge Frau war, die Entscheidungen fällte, die sie später bereuen sollte - von einem ihrer Onkel und Tanten adoptiert.

Mit achtzehn veränderte sich ihr Leben. Ihr Vater war Christ geworden und begann, sich wieder um sie zu kümmern und sie in den Gottesdienst mitzunehmen. Dort erfuhr sie von der barmherzigen Liebe Jesu. Sie hatte schon an anderen Orten verzweifelt nach Liebe gesucht. Nun vertraute sie sich Jesus an. Sie fing ein neues Leben an und erlebte Befreiung von der Vergangenheit, die sie so sehr verfolgt hatte. Sie selbst sagt von sich, sie sei »ein völlig anderer Mensch«.

Ich begegnete Heather Jahre später bei einem Konzert, das von ihrem Mann Tim mitorganisiert worden war. Damals hatte sie gerade die schlimmste Tragödie ihres Lebens hinter sich. Fünf Jahre hatten Heather und Tim versucht, ein Kind zu bekommen, dann wurde ihnen Caedmen geschenkt - ein scheinbar völlig gesunder Junge. Doch die Ärzte bemerkten zu spät, dass sein Herz doppelt so groß war wie das anderer Babys.

Heather und Tim verloren ihren kleinen Sohn nach nur sechs Monaten. Aber die Freude, die ich bei Heather trotz dieses Verlustes erleben durfte, beeindruckte mich. Sie hatte sich in ihrem Schmerz zu Gott hin- und nicht von ihm abgewandt. Sie erzählte mir, sie habe oft gebetet: »Herr, ich wollte nicht, dass mein Sohn gehen muss. Aber ich vertraue dir.« Sie versuchte nicht, so zu tun, als sei nichts geschehen, doch sie ließ andere und vor allem Gott selbst an ihrem Schmerz Anteil nehmen. Sie sagte zu mir: »Wenn du dich von deinen Problemen gefangen nehmen lässt, wirst du niemals an das Ziel gelangen, das Gott deinem Leben geben möchte.«

In den leidvollen Monaten nach Caedmens Tod spürte Heathers Mann, dass Gott ihm eine Zusage machte: Es sollte kein Jahr vergehen, ehe er wieder ein eigenes Kind in seinen Armen halten würde. Am Weihnachtsfeiertag, nur fünf Tage, bevor sich Caedmens Tod jähren sollte, bekamen Heather und Tim ein gesundes kleines Mädchen. Skye Caitlyn erblickte das Licht der Welt, und Gott gewährte den Herzenswunsch einer Frau, die ihm vertraut hatte.

Als Christin hatte Heather nicht zugelassen, dass dieses leidvolle Erlebnis sie gefangen nahm. Stattdessen vertraute sie der Wahrheit des Wortes Gottes und seiner barmherzigen Liebe zu ihr. Nun hat diese Wahrheit sie frei gemacht und ihrem Leben neue Farbe verliehen.

So ist Ischa

Eine wirklich freie *Ischa* vertraut darauf, dass Gott die Macht hat, sie von allen Bindungen frei zu machen.

[1] Barbara Johnson, *The Women of Faith Devotional.* Zondervan, 2002, S. 211.

[2] Gien Karssen, *Her Name Is Woman: Book 1, NavPress, 1975, S. 71.*

[3] Diese Ausführung haben wir in einer Predigt des Autors gehört.

Teil III

Zum Leben befähigt

8

Gut beraten – »Gehst du den Weg mit mir?«

Ein Erbe ist erst dann ein Erbe, wenn es von einer Generation an die nächste weitergereicht wird. Gottes Wirken in Ihrem Leben hat Ihnen einen großen Reichtum an Erfahrung und Weisheit hinterlassen – ein kostbares Erbe, das nur darauf wartet, weitergegeben zu werden.
Betty Huizenga[1]

Ein Vermächtnis der Liebe
von Rebecca St. James

Du bist den Weg mit mir gegangen,
als Freundin und als Begleiterin.
Du hast mir dein Ohr geliehen,
hast zugehört, hast mich verstanden,
hast mit mir gelacht – in all den Jahren.
Du, die du schon länger lebst als ich,
du, die du meinen Schmerz und meine Ängste kennst.
An deiner Schulter habe ich mich ausgeweint und gewusst:
Du hast diese Tränen auch schon geweint.
Manche der Erfahrungen, die du mit mir geteilt,
hast du durch Leid und Schmerz hindurch gemacht.
Mir, die ich in deinen Spuren laufen konnte,
blieb mancher Umweg so erspart.
Die Jahre sind vergangen.
Nun bin ich selbst Freundin und Begleiterin.

Nun reiche ich die Perlen weiter, die Gott mir anvertraut.
Ich danke Gott für dich, meine Freundin und Begleiterin,
denn du hast mir ein Vermächtnis der Liebe hinterlassen.

Wie man Eisen durch Eisen schleift, so schleift ein Mensch den Charakter eines anderen.
SPRÜCHE 27,17 (HOFFNUNG FÜR ALLE)

REBECCA

Ich erinnere mich noch gut an ein paar Schallplatten von einer lächelnden, blonden kleinen Frau namens Evie, die sich in meiner Kindheit in Australien in der Plattensammlung meiner Eltern fanden. Einige der Liedtexte werde ich nie vergessen; so zum Beispiel: »I'm only four feet eleven but I'm going to heaven« (»Ich bin nur 1,30 groß, aber ich komme in den Himmel«) oder: »Come on ring those bells, light the Christmas tree« (»Lasst die Glöckchen erklingen, zündet die Kerzen am Weihnachtsbaum an«). Ich wusste damals nicht, dass Gott diese kleine Lady benutzen würde, um mein Leben grundlegend zu prägen.
Meine Eltern hatten sich mit Evie während einer ihrer Tourneen durch Australien angefreundet. Aufgrund dieser Verbindung besuchten sie und ihr Mann Pelle meine Auftritte, wann immer ich nach Florida kam, wo sie lebten. Jedes Mal ermutigte mich Evie für meinen Dienst und für mein persönliches Leben. Ich fühlte mich ihr innerlich verwandt. Unser Charakter, unsere Liebe zu Gott und unsere Leidenschaft für das Leben verbanden uns. Dieses innere Band wurde verstärkt durch die Tatsache, dass sie im Rampenlicht der christlichen Musikszene Wege gegangen war, die ich nun auch beschritt. Sie verstand mich.
Mit der Zeit wurde ich mir der Notwendigkeit bewusst, jemanden zu finden, der mir als Seelsorger zur Seite stand. Ich hatte viele christliche Künstler erlebt, die durch die ständige körperliche, emotionale und geistliche Anspannung und die überfrachteten Terminpläne und Erwartungen die Leidenschaft für ihre Berufung verloren hatten und nun abgestumpft, verletzt und hart waren. Wer öffentlich auftritt, steht ständig in der Gefahr, nur noch um die Welt des Entertainment zu kreisen – um die Bewunderung durch Fans, um seine Selbstdar-

stellung und um Profite. Ich wollte meine Offenheit für Gott und meine Sanftheit als Frau nicht verlieren. Ich wollte nicht zulassen, dass mein Beruf meinen Charakter verbiegt.

Als ich Evie wieder einmal besuchte, spürte ich den intensiven Wunsch, sie als meine Seelsorgerin zu gewinnen. Ich wollte zu ihren Füßen sitzen und ihre Weisheit in mich aufnehmen. Sie strahlte so viel Freude in Christus aus, und ich hatte eine große Achtung für sie. Ich sah in Evie eine Frau, die all das bereits erlebt hatte, was ich gerade durchmachte, und trotzdem ihre tiefe Liebe zu Jesus bewahrt hatte – das wollte ich auch.

Ich brachte diesen Gedanken in den darauf folgenden Monaten im Gebet vor Gott, doch ich zögerte noch, sie zu fragen, weil ich mir nicht sicher war, wie sie reagieren würde. Schließlich schickte ich Evie eine E-Mail, in der ich ihr meinen Wunsch nannte. Am nächsten Tag rief sie mich an und sagte, sie sei *ganz zufällig* in Nashville, wo ich wohnte (was äußerst selten vorkam), und wollte mich fragen, ob wir uns nicht am Abend treffen könnten. Ich war begeistert, dass Gott mir eine so deutliche Bestätigung für meinen Wunsch nach dieser Seelsorgebeziehung gab.

Wir trafen uns in Evies Hotel, unterhielten uns, tauschten uns aus – und so begann eine der kostbarsten Beziehungen meines Lebens. Ich hatte eine Seelsorgerin gefunden.

Frauenfreundschaften

In unserem Buch gehört Seelsorge zu den Themen, die mit unserer Befähigung und Bevollmächtigung durch Gott zu tun haben. Wir haben in Kapitel 1 bereits gesagt, was Befähigung zum Leben bedeutet, nämlich dass Gott seine Kraft in uns investiert, Dinge in Bewegung bringt und uns fürs Leben zurüstet. Er tut dies unter anderem durch Menschen – durch Seelsorger, die Gott lieben und sich die Zeit nehmen, uns etwas von dem weiterzugeben, was sie von Gott gelernt haben. Die Bibel drückt das so aus: »Was du von mir in Gegenwart vieler Zeugen gehört hast, das gib jetzt an zuverlässige Christen weiter, die fähig sind, auch andere im Glauben zu unterweisen« (2. Timotheus 2,2; Hoffnung für alle).

Rebecca

Der Apostel Paulus lehrte Timotheus. Der wiederum gab es an andere zuverlässige Gläubige weiter, und die lehrten wieder andere. Irgendjemand unterwies Evie im Glauben. Evie lehrt mich, was sie selbst zuvor gelernt hat. Ich unterweise andere in dem, was ich gelernt habe und die geben es wieder an andere weiter. So sieht Gottes Seelsorgemodell aus.

Seelsorge ist etwas, wovon viele schon gehört haben, worüber wir aber in der Regel herzlich wenig wissen. Uns wird gesagt, jeder Christ solle einen Seelsorger haben, aber wir wissen nicht, wo wir ihn finden sollen. Wir wissen auch, dass wir selbst eigentlich Seelsorger für andere sein sollten, doch dieser Gedanke versetzt uns in Angst und Schrecken.

Wie ist das mit Ihnen? Ist Seelsorge ein fester Bestandteil Ihres Lebens? Oder haben Sie manchmal Gefühle wie diese:

- Ich bin viel zu unwichtig und viel zu wenig wert, als dass ein anderer Zeit in mich investieren sollte.
- Ich bin ganz auf mich gestellt. Alle, die für mich Vorbilder waren, haben mich allein gelassen.
- Ich habe Hilfe gesucht, fand aber nur Ablehnung.
- Ich bin mit den Anforderungen, die an mich gestellt werden, völlig überfordert, weil keiner mir sagt, wie ich sie bewältigen kann.
- Ich habe selbst so viele Probleme und Fehler – wie soll ich da anderen sagen, wie sie ihr Leben gestalten sollen?

Wenn Sie eine dieser Fragen mit Ja beantwortet haben, haben Sie bereits aus erster Hand erfahren, wie sehr wir Frauen geeignete Seelsorgerinnen brauchen und wie schwer es uns fällt, diese zu finden oder selbst andere Frauen seelsorgerlich zu begleiten. Wir werden in diesem Kapitel zeigen, wie wertvoll Seelsorge ist und wie man eine Seelsorgerin findet beziehungsweise selbst eine wird.

Früher war Seelsorge etwas ganz Normales. Sicher, das Leben früherer Generationen war einfacher und weniger gehetzt. Doch ob die Menschen nun über Seelsorge sprachen oder nicht, es war jedem bewusst, dass man sie braucht. Die Menschen wurden in ihre Rolle als geistliche Väter und Mütter eingeführt, indem sie von anderen geistlichen Vätern und Müttern lernten. Sie lernten von denen, die schon Kinder erzogen hatten, was man als Eltern wissen muss. Sie lernten ihr Handwerk von Fachleuten, die bereit waren, ihr Wissen mit ihnen zu teilen. Sie lernten, manche Untiefen des Lebens zu umschiffen, weil andere sich bereits erfolgreich hindurchnavigiert hatten.

Die individualistische Gesellschaft jedoch hat mit all dem aufgeräumt. Seelsorge wurde ersetzt durch Lebensmottos wie: »Ich mach's, wie ich's für richtig halte.« Oder: »Wer bist du schon, mir zu sagen, was ich tun und was ich lassen soll?« Oder auch: »Ich handle ganz aus meinem Bauch raus.«

Wir haben völlig vergessen, dass wir soziale Wesen sind, die andere brauchen. Unsere Familien sind oft so zerstreut und zerrissen, dass wir uns gar nicht mehr die Zeit nehmen, uns um die zu kümmern, die nach uns kommen. Leider ist auf ähnliche Weise auch die Seelsorge in der Gemeindefamilie untergegangen. Wir hören viel zu selten, wie wichtig Seelsorge für unser geistliches und emotionales Wachstum ist. Wir haben vergessen, dass Menschen, die nach Gottes Willen leben wollen, andere Menschen brauchen, die Gottes Willen achten, um überhaupt zu Menschen zu werden, die wissen, wie man nach Gottes Willen lebt.

Mentoring – ein moderneres Wort für Seelsorge – kommt eigentlich aus der griechischen Mythologie. Als der griechische Krieger Odysseus in den Trojanischen Krieg ziehen musste, überließ er seinen Sohn Telemachos der Fürsorge eines vertrauenswürdigen Vormundes. Dieser hieß Mentor. Der Krieg dauerte zehn Jahre und weitere zehn Jahre vergingen, bevor Odysseus nach Hause zurückkehrte. Doch bei seiner Rückkehr war aus seinem Sohn durch Mentors Unterweisung ein gut geratener junger Mann geworden.

Seit diesen Anfängen im antiken Griechenland hat die Seelsorge nichts von ihrer Dringlichkeit verloren. Einige der bekanntesten christlichen Autoren unserer Tage beschreiben, was zu einem fähigen Seelsorger oder Mentor gehört:

Jemand, der einen wesentlichen Einfluss auf die Entwicklung eines anderen, in der Regel jüngeren Menschen hat.[2]
Howard Hendricks

Jemand, der als Vorbild dient, der bei bestimmten Projekten als Supervisor fungiert und der in vielen Bereichen individuelle Hilfe anbietet - der in der Nachfolge anleitet, der ermutigt, korrigiert, konfrontiert und Rechenschaft fordert.[3]
Ted Engstrom

Eine vertrauenswürdige Freundin. ... In unserer Beziehung zu jüngeren Frauen muss das Vertrauen bestehen, dass wir das, worüber wir reden, heilig halten. Ein solches Vertrauen wächst Woche für Woche, wenn Sie sich treffen, gemeinsam lachen und lernen.[4]
Betty Huizenga

Wie Huizenga glauben auch wir, dass zur Seelsorge eine tiefe Freundschaft gehört. Um den Weg *Ischas* zu einem vollmächtigen Leben aufzuzeigen, werden wir christliche Seelsorge in diesem Kapitel einfach beschreiben als: »eine Freundschaft unter Frauen, in der eine Frau einer anderen hilft, zu der Person zu werden, zu der Gott sie geschaffen hat.« Ziel einer Seelsorgerin ist es, Sprachrohr zu sein, Einsichten über das Leben und den Glauben weiterzugeben und die Rat suchende Person in eine wachsende Beziehung zu Gott zu führen, damit sie ihr Leben selbstständig bewältigen kann und befähigt wird, anderen seelsorgerlich zur Seite zu stehen. Und das Ziel der Rat suchenden Person ist, sich unterweisen und formen zu lassen.

- Seelsorge bedeutet, den anderen zu unterstützen, nicht die Dinge für den anderen zu regeln.
- Seelsorge bedeutet, Wege aufzuzeigen, nicht Anordnungen zu geben.
- Seelsorge bedeutet, den anderen auf seinem Weg zu begleiten, nicht über ihn zu herrschen.
- Seelsorge bedeutet, nach vorne zu schauen und nicht nach hinten.
- Seelsorge bedeutet, die Verletzungen der Vergangenheit zu überwinden helfen, nicht sie immer und immer wieder durchzukauen.
- Seelsorge bedeutet, den anderen dahin zu führen, dass er Gott vertraut, nicht ihn in die Abhängigkeit vom Seelsorger zu führen.
- Seelsorge bedeutet, den anderen dahin zu führen, dass er Stärken, die Gott ihm gegeben hat, nutzen kann, statt sich ständig auf seine Schwächen zu konzentrieren.

Lynda

In meinem Buch *The Hungry Heart* (dt. Das hungrige Herz) habe ich meine Leserinnen mit einer Frau namens Isabel bekannt gemacht, die ich seelsorgerlich begleiten durfte. Es fing damit an, dass ich sie eines Tages zum Mittagessen einlud. Ich hatte den Kontakt zu ihr, nachdem sie zum Glauben an Christus gekommen war, über drei Jahre aufrechterhalten. Unser Mittagessen bestand daraus, dass Isabel mir unter Tränen ihre Nöte schilderte. Am Ende stellte ich ihr eine Frage: »Isabel, was passiert, wenn du nichts isst? Du wirst immer schwächer, du kannst nicht mehr arbeiten und du hörst auf zu wachsen. Du brauchst jemanden, der sich mit dir auf den Weg macht und dir hilft, geistliche Nahrung zu finden, damit du auch die anderen Bereiche deines Lebens bewältigen kannst.«

Wir trafen uns von da an jeden Dienstag während ihrer Mittagspause. Zunächst ließ ich sie Bibeltexte wie den Philipperbrief lesen. Wir sprachen darüber, wie diese Worte zu ihrer Lebenssituation passten, und beteten. Inzwischen – etwa zwei Jahre später – hat sich uns eine weitere Frau angeschlossen. Oft benutzen wir das Studienmaterial von Cynthia Heald, doch immer übernimmt der Heilige Geist die Führung. Diese Bibelstudien sind etwas ganz Besonderes, weil Cynthia sich die Zeit genommen hat, mir aus der Ferne als Ratgeberin zur Seite zu stehen, und ich gebe es weiter. Die beiden Frauen sind im Glauben gewachsen und nehmen Gottes Wahrheit mit in ihren Alltag. Sie helfen inzwischen sogar anderen. Und auch ich bin geistlich daran gewachsen – ich habe noch nie etwas getan, bei dem ich so sehr das Gefühl gehabt hätte, Gott ganz im Stillen eine Freude zu bereiten.

Dieses Seelsorgeprojekt ist langfristig angelegt; andere dauern nur eine kurze Zeit. Dieses hat kein festes Arbeitsziel, andere schon. Dieses ist wenig strukturiert; andere sind stärker vorausgeplant. Die Umstände von Seelsorgebeziehungen sind so unterschiedlich wie die Menschen, die daran teilhaben. Doch eines ist sicher: Jede von uns, egal wie alt sie ist oder in welcher Lebensphase sie sich befindet, ist darauf angewiesen, Seelsorge zu empfangen, und jede von uns sollte selbst zu einer Seelsorgerin für andere werden.

Wie man eine geeignete Seelsorgerin findet

Lynda

Tina ist ebenfalls eine Frau, in deren Leben so einiges vorgefallen ist. Ihre Mutter war eine drogenabhängige Prostituierte und ließ Tina nach ihrer Geburt im Krankenhaus zurück. Tina wurde von ihrer Großmutter aufgezogen; die starb jedoch, bevor Tina volljährig war. Tina kam bei anderen Verwandten unter, wurde dort aber von einem Angehörigen sexuell missbraucht. Sie hatte einen Freund, wurde schwanger und wusste nicht, ob das Baby von ihrem Freund oder dem Angehörigen war. Daraufhin zog sie zu wieder anderen Verwandten um. Bald darauf wurde ihr Freund ermordet.

Ich lernte Tina kennen, als ihre Tochter etwa zwölf war. Damals lebte Tina mit drei verschiedenen Männern zusammen und schob ihre Tochter in mindestens zwei verschiedene Familien ab. Vor ein paar Jahren verlor ich den Kontakt zu den beiden, daher weiß ich nicht, was aus ihnen geworden ist, aber ich denke noch oft an sie. Nie habe ich ein eindrücklicheres Beispiel dafür erlebt, was passiert, wenn ein Mensch niemanden hat, der ihm hilft, klügere und bewusstere Lebensentscheidungen zu fällen.

Stellen Sie sich vor, was möglich gewesen wäre, wenn Tina mir oder einer anderen gläubigen Frau erlaubt hätte, ihr zu zeigen, wie man als Frau und Mutter im Glauben an Gott lebt. Wie viel Missbrauch, wie viele falsche Entscheidungen hätten abgewendet werden können. Tinas Tochter und alle kommenden Generationen würden ein völlig anderes Leben führen.

Was ich daraus gelernt habe, erinnert mich an einen Geländelauf, bei dem mein Sohn an einem regnerischen Samstag im Herbst seines letzten Schuljahres mitgemacht hat. Mit seiner Größe von 1,90 m und seinen 70 Kilo Gewicht verbunden mit seinen schlaksigen Beinen war er wie immer im Vorteil. Mit dem Pistolenschuss jagten die Jungen davon. Der kalte Morgenregen machte es den Läufern ebenso schwer wie der anspruchsvolle Streckenverlauf. Clint führte. Als er an eine Weggabelung kam, wusste er nicht, welchen Weg er nehmen musste. Er schaute sich nach jemandem um, der es ihm

hätte sagen können, doch da war niemand. So entschied er selbst nach bestem Wissen und beendete das Rennen als Erster. Bald erfuhr er, dass er den verkehrten Weg genommen hatte - doch nicht nur er, auch alle, die hinter ihm gelaufen waren. Aus diesem Grund wurde das Rennen aus der Jahreswertung herausgenommen.
Auch hier hätte ich eine völlig andere Geschichte zu berichten gehabt, wenn jemand da gewesen wäre, der den richtigen Weg gewiesen hätte. Unter den schwierigen Bedingungen und mit seiner geringen Erfahrung hätte Clint in dieser unklaren Wegsituation durchaus jemanden brauchen können, der die Strecke kannte und wusste, wo's langging.
Clint hätte in dieser Lage seine Fehlentscheidung auf die schlechte Betreuung schieben können. So machen es viele Menschen mit den Fehlern ihrer Vergangenheit, mit den schwierigen Verhältnissen, unter denen sie aufgewachsen sind, oder mit der Tatsache, dass sie keinen Seelsorger oder Beistand hatten. Doch wir besitzen die Bibel - sie ist wie eine Karte, die uns den richtigen Kurs weist. Und wir haben reifere Christen in unseren Gemeinden oder in freien Werken, die uns bei der Frage, welche Wege wir gehen sollen, beraten können. Selbst wenn wir durch unsere Herkunftsfamilie keine hilfreiche Unterstützung bekommen, können wir in der Seelsorge Wegweisung erfahren.

Rebecca

Bei Evie erlebte ich, dass man dann am ehesten einen Seelsorger sucht und findet, wenn einen die Not dazu drängt. Die Seelsorge ist am erfolgversprechendsten, wenn der Ratsuchende jemanden findet, der eine ähnliche - wenn auch nicht identische - Lebensgeschichte hat. Ich kenne zum Beispiel eine erfahrene Mutter, die drei Frauen seelsorgerlich begleitet. Zwei von ihnen kamen zu ihr, weil sie Rat bei der Erziehung ihrer Kinder brauchten.
Ein anderes Beispiel für eine erfolgreiche Seelsorge ist das einer jungen Frau, die vor kurzem ihren Mann verloren hat und nun den Schmerz und die Frage nach dem Warum aufarbeitet. Sie wird dabei von einer älteren Frau begleitet, die ebenfalls mit jungen Jahren Witwe wurde.

Lynda

Während ich für die Zeitschrift *Single Parent Familiy* arbeitete, hörte ich einen Hilfeschrei von allein erziehenden Müttern und Vätern aus aller Welt am häufigsten: »Zeigt mir und meinen Kindern, wie wir gute Ratgeber und Begleiter finden können!« Bei Radiosendungen bekam ich häufig Anrufe von allein erziehenden Eltern, die meinten: »In der Gemeinde finde ich keine Unterstützung.« Und daraufhin riefen dann Gemeindeleiter an, die sagten: »Wir wollen doch helfen, aber wir wissen nicht wie.« Die Kommunikation ist massiv gestört. Wo sollen wir nach geeigneten Seelsorgern suchen? Nach welchen Eigenschaften müssen wir fragen? Es ist nicht so schwer, wie wir oft meinen. Vielleicht haben Sie schon eine gute Seelsorgebeziehung gefunden – als Ratsuchende oder als Ratgebende. Oder direkt vor Ihrer Nase wartet eine atemberaubende Chance zur Seelsorge.

Wie man Seelsorger wird

Lynda

Ich habe allein erziehenden Eltern Mut zur Seelsorge gemacht, indem ich ihnen ein Modell vermittelte, bei dem sie einerseits Empfangende und andererseits Gebende sind. Wir haben ja bereits festgehalten, dass jede von uns eine Seelsorgerin braucht; wobei Frauen, die ihre Kinder alleine großziehen, sich dessen besonders bewusst sind. Empfangende ist diese Alleinerziehende – oder jede andere Frau – dort, wo sie eine Begleiterin für ihren Glaubens- und Lebensweg findet. Doch das Geben ist genauso wichtig. Schon bald, nachdem ich auf mich selbst gestellt war, beteiligte ich mich mit den Kindern an einem Projekt unserer Gemeinde, das Menschen in einem sozialen Brennpunkt der Stadt erreichen sollte. Durch das, was wir dort erlebten, lernten wir, von unseren eigenen Nöten wegzuschauen und die Bedürfnisse anderer wahrzunehmen. So trug das Geben zu unserer eigenen Heilung bei.

Oft haben wir einen Tunnelblick, wenn es um unsere Probleme geht und um die Frage, wer uns bei der Bewältigung unserer Nöte helfen kann. Doch wenn wir es wagen, unsere Sorgen Gott anzuvertrauen und so den Tunnelblick aufgeben, werden wir offen, die Nöte der Menschen um uns herum wahrzunehmen. Gott will auch Sie auf einzigartige Weise gebrauchen, um einem anderen Menschen zu helfen, und er kann Ihnen alles geben, was es dazu braucht. Alles, was er von Ihnen verlangt, ist die Bereitschaft, ihm Ihre eigenen Sorgen anzuvertrauen. Wenn Sie das tun, sind seinen Möglichkeiten in Ihnen und durch Sie etwas zu bewirken, keine Grenzen mehr gesetzt.

Eine geeignete Seelsorgerin zu *finden*, ist vielleicht gar nicht nötig – Gott kann Sie beide zusammenführen. Bitten Sie Gott aber, Ihnen Menschen zu schicken, auf die *Sie* einen positiven Einfluss haben können. Beobachten Sie dann, was geschieht. Von überall her werden Menschen auftauchen – Menschen, die kurzzeitig Hilfe brauchen, und solche, die Ihre langfristige Unterstützung benötigen. So eine Begegnung kann sich ganz plötzlich im Supermarkt ergeben oder während eines zweistündigen Gesprächs auf einer Flugreise oder auch über Jahre hinweg, zum Beispiel in der Jugendgruppe Ihrer Gemeinde oder im Hauskreis für Jungverheiratete. Andere werden für Sie beten. Sie werden die Erfahrung machen, dass Gott für Sie Termine macht und Sie zu den verschiedensten Tageszeiten Begegnungen mit Menschen haben, die ganz und gar nicht zufällig sind. Wenn Sie mit ganzem Herzen für andere da sind, wird dieser Dienst an anderen eine der lohnendsten Erfahrungen Ihres Lebens werden.

Noomi und Rut – ein Seelsorgekurs für Anfänger (vgl. Rut 1–4)

Es gibt nur zwei Bücher in der Bibel, die den Namen einer Frau tragen – eines davon ist das Buch Rut, ein wunderbares Beispiel für biblische Seelsorge. Und nun raten Sie mal, was der Name Rut bedeutet? »Freundschaft« oder »Freundin«. Das eine, sofort ersichtliche Thema dieses Buches fasst alles zusammen, was wir bisher über die Freundschaft – oder Seelsorgebeziehung – zwischen Frauen unterschiedlichen Alters gesagt haben. Das andere zugrunde liegende Thema des Buches ist noch viel umfassender. Beinahe alle Kommentatoren bezeichnen das Buch Rut als eine Art Momentaufnahme der Souveränität und Barmherzigkeit Gottes. Er führt eine

Geschichte, die mit Hunger, Tod und Leid beginnt, zu einem guten Ende. Doch schauen wir uns an, was damit gemeint ist.

Das erste Thema: Freundschaft

Der Handlungsrahmen: Noomi und ihr Mann waren mit ihren beiden Söhnen aus Bethlehem weggezogen in das Land der feindlichen Moabiter, um einer Hungersnot zu entgehen. Beide Söhne nahmen Moabiterinnen zur Frau.

Die handelnden Personen: Noomi und ihr Ehemann; ihre Schwiegertöchter Rut und Orpa; Boas, ein Verwandter von Noomis Ehemann.

Der Konflikt: Alle drei Frauen werden Witwen. Noomi will nach Bethlehem zurückkehren. Werden Rut und Orpa sie begleiten, obwohl sie doch in Moab größere Chancen haben, wieder einen Ehemann und die damit verbundene materielle Absicherung zu finden?

Die Handlung: Rut zieht mit Noomi nach Bethlehem und sucht dort Arbeit auf dem Feld. Sie weiß nicht, dass ihr Arbeitgeber ein entfernter Verwandter von Noomis verstorbenem Mann ist.

Die Kernaussage: Die Beziehung zueinander hilft beiden, Noomi und Rut, Gottes Willen und ihre ganz eigene Berufung als Frauen zu erfüllen.

Die Auflösung der Geschichte: Boas und Rut heiraten und bekommen einen Sohn, den sie Obed nennen.

Das zweite Thema: Die Beziehung zu ihrem Retter

Gott brachte Noomi und Rut zusammen und nutzte diese Beziehung, um seine erstaunlichen Absichten zu verwirklichen. Schauen wir uns die Situation genauer an.

Hätte Noomi noch einen weiteren Sohn gehabt, hätte er sie versorgen können, nachdem Noomis Ehemann gestorben war. Außerdem hätte dieser Sohn als naher Verwandter Rut heiraten können und so ihre Zukunft und den Fortbestand der Familie sichern können. Ihm wäre die Rolle eines Retters zugekommen. Doch Noomi hatte keinen weiteren Sohn, der ihre Schwiegertochter aus ihrer Not hätte erlösen können. So waren die beiden allein in einer Gesellschaft, die mit Witwen nicht sehr zimperlich umging.

Und doch waren sie nicht wirklich allein. Gott machte Boas, einen anderen Verwandten, zu ihrem Retter. Er konnte die beiden vor Gefahren und materieller Not bewahren. Boas ist ein Sinnbild für Jesus, der durch seinen Tod zum Retter aller Menschen wurde und die Gottesbeziehung derer, die sich ihm als Erlöser anvertrauen, wiederherstellt. Die Analogie sieht folgendermaßen aus:

Noomi/Ruth ⟶ Boas
(Verwandter und Retter)

seelsorgerliche Frauenfreundschaften ⟶ Gott
(in Jesus uns verwandt, Retter)

Die Freundschaft zu Noomi führte Rut zu Boas, der ihr Retter wurde. In gleicher Weise kann uns eine gute Seelsorgebeziehung auf Jesus, unseren Retter, hinweisen. So wie Gott durch die äußeren Umstände unseres Lebens handelt, so offenbaren auch die scheinbar natürlichen Ereignisse im Leben von Rut und Noomi (Umzug, Ehe, Tod, Ernte, Essen, Schlafen, Landerwerb) das zielgerichtete Handeln eines liebenden Gottes, der sich um die kümmert, die ihm vertrauen. Obwohl es anders erscheint, setzt sich Gott in seiner Treue für Rut ein. Und das Sahnehäubchen besteht darin, dass Rut durch ihre Ehe zu den Vorfahren Jesu gehört, denn Obed, der Sohn von Boas und Rut, war der Großvater Davids, einem direkten Vorfahren Christi. Rut wandte ihren Blick von ihrer eigenen Not ab und richtete ihn auf die Not anderer, wurde von einer Empfangenden zu einer Gebenden. Als sie das tat, hatte sie keine Ahnung, dass Gott ihren Entschluss benutzen würde, um alle nach ihr lebenden Menschen zu segnen.

Die Vorsehung, die Rut auf das richtige Feld von Bethlehem führte, leitete später auch die Weisen aus dem Morgenland in diese Stadt, sodass sie dem Erlöser begegneten (vgl. Matthäus 2,1–11). Der heute »Feld von Boas« genannte Acker, auf dem Rut Ähren aufsammelte, befindet sich etwa 1,5 Kilometer östlich von Bethlehem. Das angrenzende Feld wird »Feld der Hirten« genannt. Der Überlieferung nach verkündeten dort die Engel die Geburt Jesu[5]. Dort also, wo sich Rut und Boas begegneten, sangen über tausend Jahre später Engel: »Groß ist von jetzt an Gottes Herrlichkeit im Himmel; denn sein Frieden ist herabgekommen auf die Erde zu den Menschen, die er erwählt hat und liebt!« (Lukas 2,14).

Gott nutzte die seelsorgerliche Freundschaft zweier Frauen, um seine Absichten in die Tat umzusetzen.

Die Bedeutung von Seelsorge für Ihr Leben

Noomi und Rut konnten nicht ahnen, dass wir Tausende von Jahren später über ihre Freundschaft sprechen und sie als Modell für Freundschaftsbeziehungen unter Frauen betrachten würden. Doch genau das ist der Fall. Noomi und Rut hätten der Lüge glauben können, dass sie ohnehin nichts machen könnten. Sie hätten in Moab bleiben oder getrennte Wege gehen können. Doch dann hätten sie nie erlebt, wozu ihre Freundschaft führen sollte.

Haben Sie einen Blick für das Ganze? Haben Sie eine reifere Freundin, die Ihnen hilft, dieses Bild zu erkennen? Gott kann Sie durch Freundschaften zu anderen Frauen berufen, die Aufgaben zu tun, die er Ihnen anvertrauen will. Doch es ist bei Ihnen nicht anders als bei Noomi und Rut: Seelsorge gelingt dort, wo wir die folgenden Wahrheiten beherzigen:

Ischa richtet ihr Leben auf die Wahrheit Gottes aus

➤ **Meine Seelsorgerin berät mich aus dem Horizont ihrer eigenen Erfahrungen – auch ihrer Fehler – und ich profitiere von den Einsichten, die sie gewonnen hat.**

Lüge: Eine Seelsorgerin muss vollkommen sein und alles perfekt auf die Reihe kriegen, und deshalb werde ich niemals eine finden oder sein können.

Als Noomi mit ihrem Mann von Bethlehem nach Moab zog, taten sie vermutlich nicht den Willen Gottes, denn Moab war ein heidnisches Volk. Doch trotz dieses Fehlers schuf Gott die Voraussetzungen, um Noomi seine Barmherzigkeit zu zeigen – ein Geschenk, das sie an Rut weitergab. Wie kann Gott Ihnen Rettung schenken? Kann es sein, dass Gott Sie mit Hilfe einer Seelsorgebeziehung von Ihrer Vergangenheit frei machen will?

Lynda

Ich habe meine Erfahrung einer gescheiterten Ehe benutzt, um viele junge Frauen seelsorgerlich zu begleiten. Gott hat mir meine Fehler nicht nur vergeben, er hat sie auch zum Guten genutzt: So konnte ich mit Leidenschaft und Barmherzigkeit mit anderen Frauen reden, die Schwierigkeiten in der Ehe hatten oder eine Scheidung bewältigen mussten. Wir alle haben schon Fehler gemacht. Bemühen Sie sich darum, sie zu verstehen, und nutzen Sie sie dann in der Seelsorge, die Sie empfangen, und in der, die Sie anderen geben.

Die gläubige Frau, die Sie als Seelsorgerin wählen, sollte ein Herz für Sie und für die Seelsorge haben. Sie sollte bereit sein, Zeit und Kraft zu investieren und sich auch zu einer längerfristigen Begleitung zu verpflichten. Sie sollte eine integere Frau sein und vertraulich mit dem umgehen, worüber Sie sprechen. Weisheit, Geduld und emotionale wie geistliche Reife sollten sie auszeichnen. (Das Alter allein zählt nicht.) Howard Hendricks sagt über Seelsorger:

- Sie scheinen das zu haben, was der andere persönlich braucht.
- Sie pflegen ihre Beziehungen.
- Sie genießen die Achtung anderer Christen und sind als Ratgeber gefragt.
- Sie können ein Netzwerk an Ressourcen bieten.
- Sie hören ebenso gerne zu wie sie reden.
- Ihr Lebensstil ist von Reife und Beständigkeit geprägt.
- Sie können erkennen, welche Bedürfnisse der andere mitbringt.
- Sie sind an den Sorgen und Fragen des anderen interessiert.[6]

Behalten Sie diese Qualitäten bei Ihrer Suche nach einer geeigneten Seelsorgerin im Hinterkopf. Es geht nicht um Vollkommenheit, aber es braucht Reife. Ihre Seelsorgerin macht nicht immer und immer wieder dieselben Fehler; sie lernt daraus und das macht sie klug und fähig, Sie zu beraten.

➤ **Ich muss erst eine Beziehung zu der Frau aufbauen, die mich seelsorgerlich begleitet.**

Lüge: Seelsorge bedeutet, einer Person, die ich so gut wie gar nicht kenne, sehr persönliche Dinge mitzuteilen.

Noomi baute erst eine ganz alltägliche Beziehung zu Rut und Orpa auf. Wir erleben dies zum Beispiel, als Noomi versucht, sich von den beiden zu verabschieden. Noomi küsste sie, sie weinten gemeinsam, die beiden Jüngeren boten an, mit ihr zu ziehen, und Noomi nannte sie dreimal hintereinander »meine Töchter«. Später küsst Orpa Noomi zum Abschied, »Rut aber wollte sie auf keinen Fall verlassen« (Hoffnung für alle) (vgl. Rut 1,1-14).

Noomi handelte seelsorgerlich, ohne als Seelsorgerin betrachtet zu werden. Sie tat es in den alltäglichen Begegnungen mit ihren Schwiegertöchtern. Als schwierige Zeiten kamen, besaßen die jungen Frauen ein liebevolles Verhältnis zu Noomi.

Rebecca und Lynda

Wir beide haben viel von den Beziehungen zu unseren Müttern profitiert. Selbst wenn Sie in Ihrer Herkunftsfamilie weder Rat noch Unterstützung gefunden haben, können Sie dennoch als erwachsene Frau gute seelsorgerliche Begleitung finden und weitergeben. Beginnen Sie mit den Frauen, denen Sie tagtäglich begegnen. Manchmal werden daraus echte Freundschaften entstehen, manchmal auch nicht. Denken Sie immer daran, dass Sie für jede Frau, der Sie begegnen oder die Ihre Art zu leben beobachtet, eine potenzielle Seelsorgerin sein könnten. Erzwingen Sie nichts, aber sträuben Sie sich auch nicht, wenn eine Beziehung entsteht. Lassen Sie einfach die Liebe Gottes durch Sie hindurchstrahlen, egal wie lange es dauern mag.

➤ Die Seelsorgerin, die Gott mir zur Seite stellt, lebt in einer vertrauten Beziehung zu Gott und ermutigt mich, ebenso eine vertraute Gottesbeziehung zu suchen.

Lüge: Wichtig ist nur, dass es eine Christin ist; ansonsten ist es egal, wer meine Seelsorgerin ist.

Geben Sie sich nicht mit irgendeiner Frau zufrieden, die älter ist als Sie selbst. Gott gibt sich viel Mühe, Menschen für Sie zu finden, die in ihrer Beziehung zu ihm nicht stagnieren. Noomi hatte ihre Beziehung zu Gott offensichtlich früher schon gepflegt und nun, in schweren Zeiten, wusste sie, an wen sie sich wenden konnte.

Rebecca

Ich denke, dass jede Frau Gott fragen sollte, wen er als Seelsorgerin an ihre Seite stellen möchte. Hätte ich irgendeine Frau aus meiner Gemeinde um Seelsorge gebeten, ohne Gott zu bitten, dass er mir eine geeignete gibt, wäre aus meiner Seelsorgebeziehung nicht diese froh machende und wirklich gesegnete Freundschaft geworden, wie ich sie bei Evie erlebe. Unsere Vertrautheit in der Beziehung zu Jesus verbindet uns ebenso wie ein tiefes Verständnis füreinander, wie nur Gott es schenken kann.

Wenn Sie sicher sind, dass Sie sich nach einer dem Willen Gottes entsprechenden Seelsorgebeziehung sehnen, und wissen, was Sie davon erwarten, können Sie die folgenden Schritte ausprobieren, um an Ihre Seelsorgerin zu gelangen:

- Bitten Sie Gott im Gebet um eine Seelsorgerin.
- Schreiben Sie Ihre speziellen Wünsche und Bedürfnisse auf.
- Bitten Sie Ihre Gemeindeleitung um Empfehlung und Vermittlung einer Seelsorgerin.
- Halten Sie Ausschau nach einer Person, die die charakterlichen Merkmale mitbringt, nach denen Sie suchen.
- Rufen Sie die Frau, die Ihnen aufgefallen ist, an. Vereinbaren Sie einen Termin mit ihr, um ein grundlegendes Gespräch zu führen. Bitten Sie jemanden um Vermittlung eines Erstgespräches, falls es das Ihnen leichter macht.
- Erwähnen Sie das Wort »Seelsorge« erst, wenn Sie wissen, wohin Gott Sie führen möchte.
- Lernen Sie die Frau näher kennen, um herauszufinden, ob dies die Seelsorgerin ist, zu der Gott Sie führen will.
- Bitten Sie sie um Rat, wie Sie mit einem konkreten Problem umgehen sollen, oder bitten Sie sie, Ihnen eine Bibelstelle zu erklären, die Sie gelesen haben.
- Vergessen Sie nicht, dass die besten Seelsorgerinnen manchmal die sind, die sich gar nicht als solche bezeichnen würden. Weisheit ist wichtiger als ein Titel und Gott kennt eine sehr weise und ganz einmalige Frau, die nur darauf wartet, Ihnen zur Seite zu stehen.

Das Wichtigste, woran wir bei unserer Suche nach einer Seelsorgerin denken müssen, ist die Tatsache, dass Gott die Seelsorge erfunden hat. Die Bibel vergleicht eine Person, die einer anderen hilft, ein kluges Leben nach Gottes Willen zu führen, mit einem Eisen, das ein anderes Eisen schärft (Sprüche 27,17). Gott will, dass andere uns seine ewige Wahrheit weitergeben, damit wir wie ein geschärftes Eisen sind. Und es entspricht auch seinem Willen, wenn wir ihn darum bitten, dass sich so etwas in unseren Freundschaftsbeziehungen ereignet. Der Heilige Geist wird Sie darin leiten. Er hat bereits damit begonnen, als Sie dieses Kapitel zur Hand nahmen.

➤ **Meine Seelsorgerin wird mir helfen, das Wirken Gottes zu erkennen und die Vergangenheit hinter mir zu lassen, sodass ich zu einem gesunden Glaubenswachstum gelange.**

Lüge: Mir kann keiner helfen.

Umkehren ist ein Schlüsselwort im Buch Rut. Noomi kehrte auf dem Weg, den sie mit ihrem Mann gegangen war, um. Sie kehrte Moab und den Fehlern, die sie in der Vergangenheit begangen hatte, den Rücken. Sie ließ die Gräber ihrer Angehörigen hinter sich und kehrte wieder in ihre Heimat Juda zurück. Auch half sie Rut, nach vorne zu schauen auf das Ziel ihres Weges.

Wenn wir Gott unsere Sorgen überlassen, benutzt er *immer* Gutes und Schlechtes, um seine Liebe und Herrlichkeit zu zeigen. Ein ganz wichtiger Aspekt seelsorgerlicher Frauenfreundschaften besteht darin, unseren Blick auf das zu richten, was vor uns liegt – die Vergangenheit anzuschauen, um daraus zu lernen, und uns dann auf die Zukunft zu konzentrieren, um zu erkennen, wie Gott uns zu seiner Ehre gebrauchen kann.

Rebecca

Eines habe ich im Zusammensein mit Evie immer genossen: Wir können zusammen lachen und zusammen weinen, wir können Freud und Leid miteinander teilen. Bei Evie kann ich ganz ich selbst sein und alle Masken fallen lassen. Bei ihr bin ich nicht Rebecca St. James – bei ihr bin ich nur Rebecca. Solch einen Menschen braucht jede von uns als Seelsorgerin: jemanden, bei dem wir ganz wir selbst sein können. Schwierigkeiten gehören zum Leben und wir müssen sie mit unseren Seelsorgern und mit Ratsuchenden ehrlich anschauen. Aber wir müssen auch die Schwierigkeiten der Vergangenheit verarbeiten, um Heilung zu finden und letztlich zum Leben befähigt zu werden.

Es hängt von Ihnen selbst ab, wie viel Gewinn Sie aus einer Seelsorgebeziehung ziehen und inwieweit Ihre Seelsorgerin Ihnen helfen kann, Fortschritte zu machen. Jede Seelsorgebeziehung ist unterschiedlich definiert und strukturiert und dient unterschiedlichen Bedürfnissen. Bitten Sie den Heiligen Geist um seine Leitung, damit Sie Ihre Beziehung so gestalten können, wie es Ihren Bedürfnissen entspricht. Was sollte die Seelsorge, die Sie empfangen, beinhalten?

- Unterstützung im Gebet
- Weisheit
- Ermutigung
- ein Sprachrohr, das auf Vorwürfe verzichtet
- Erfahrung
- Zugang zu biblischer Wahrheit
- Vision – Augen, die das große Ganze im Blick haben

Eines sollte Seelsorge niemals bewirken: Sie sollte niemals zum geistlichen Stillstand führen. Vielmehr sollte Sie Ihnen helfen, zu einer emotional und geistlich gesunden und vor Lebensenergie sprühenden Frau zu werden. Wie und in welchen speziellen Lebensbereichen das geschieht, hängt von Ihren konkreten Bedürfnissen und Sehnsüchten ab. Entscheiden Sie, was Sie von einer Seelsorgebeziehung erwarten und machen Sie sich dann unter Gottes Führung auf, um sie zu finden.

➤ **Ich habe nicht genug Zeit, um auf Seelsorge zu verzichten.**

Lüge: Ich habe weder Zeit und Energie, um Seelsorge in Anspruch zu nehmen, noch um andere zu begleiten.

Wenn Rut sich nicht die Zeit genommen hätte, auf Noomi zu hören, hätte sie Boas nicht geheiratet und wäre nicht zu einer Vorfahrin Jesu geworden. Rut nahm den Rat einer erfahrenen Frau in Anspruch und öffnete sich so der Unterweisung Gottes.

Wenn wir Zeit und Mühe auf uns nehmen, den seelsorgerlichen Rat einer Frau zu suchen, die nach Gottes Willen lebt, holen wir nicht nur die Meinung irgendeiner anderen Person ein. Wir laden

den Heiligen Geist ein, durch diese Person zu uns zu reden und uns zu zeigen, welchen Weg wir gehen sollen. Wir entscheiden uns für eine Haltung, die geprägt ist von Demut, Lernbereitschaft und der Offenheit, der Seelsorgerin zu vertrauen und uns ihr mitzuteilen. Auf diese Weise bereiten wir uns vor, ein Werkzeug des Heiligen Geistes zu werden, durch das er zu denen reden kann, die wir seelsorgerlich begleiten. Weil Seelsorge unser Engagement verlangt, ist sie oft unbequem. Es bedarf einer willentlichen Entscheidung, unsere Kraft, Weisheit und Zeit in Seelsorge zu investieren. Darum sollten Sie gut überlegen, wen und wie viele Personen Sie seelsorgerlich begleiten.

Gott füllt uns die Hände und wir wiederum füllen anderen die Hände. Wir unterweisen einander und so gewinnt die Wahrheit immer mehr Raum in uns. Wenn wir nicht weitergeben, was wir empfangen haben, wird unser geistliches Wachstum gehemmt.

Rebecca

Vor einiger Zeit stand ich an einem Sommernachmittag neben dem kleinen Schuppen in meinem Garten und schüttete Evie am Telefon mein Herz aus. Verständnisvoll hörte sie mir zu, als ich ihr erzählte, ich hätte Angst vor einem erneuten Burnout; dass ich eines Tages mein Leben so heftig gegen die Wand fahren könnte, dass ich mich nicht mehr davon erhole. Ich werde nie vergessen, was sie mir an diesem Tag sagte: »Rebecca, allein die Tatsache, dass du dir dieser Schwäche bewusst bist, wird dich wachsam machen, damit es nie passiert, und wird dir helfen, den Sieg darüber zu erringen.«

Monate später hatte ich ein sehr persönliches Gespräch mit einer jungen Frau, deren Seelsorgerin ich geworden war, ohne dass wir das offiziell vereinbart hatten. Sie sprach davon, wie unsicher sie sich fühle, und dass diese Unsicherheiten ihr Handeln bestimmen und ihr Herz hart machen könnten. »Liebe Freundin, allein die Tatsache, dass du dir dieser Schwäche bewusst bist, wird dir helfen ...« Ich entdeckte wieder einmal aufs Neue, wie froh machend und schön es ist, Seelsorge zu empfangen und anderen als Seelsorgerin zur Seite zu stehen.

So ist Ischa

Eine seelsorgerlich begleitete *Ischa* ist eine Frau, die das machtvolle Instrument der Seelsorge erkennt und einsetzt, um dadurch ihr Leben und das anderer Frauen zu bereichern.

---

1 Betty Huizenga, *Gifts of Gold: Gathering, Training, and Encouraging Mentors*, Cook Publishing, 2002, S. 25.

2 Howard G. Hendricks, *As Iron Sharpens Iron: Building Characters in a Mentoring Relationship*, Moody Press, 1995, S. 18.

3 Ted Engstrom, *The Fine Art of Mentoring: Passing on to Others What God Has Given to You*, Wolgemuth and Hyatt, 1989, S. 4.

4 Huizenga, S. 27.

5 Gien Karssen, *Her Name Is Woman: Book 2*, NavPress, 1977, S. 133.

6 Hendricks, S. 27.

9

Leben mit Grenzen – ein schützender Zaun

Um als Christen ein größtmögliches Maß an Gelassenheit und Wirkung zu erzielen, müssen wir innerhalb der Grenzen Gottes leben; denn dort, umfangen von seiner Liebe und beschützt von seiner Gnade, erfreuen wir uns der angenehmsten Freiheit.
BARBARA JOHNSON[1]

Mir ist ein schöner Anteil zugefallen; was du mir zugemessen hast, gefällt mir gut.
PSALM 16,6

- Kay lässt zu, dass ihr emotionales Gleichgewicht von Zyklusproblemen gestört wird.
- Ann kümmert sich um jeden in ihrer Familie, nur nicht um sich selbst.
- Carmen lässt sich von jedem neuen geistlichen Trend mitreißen.
- Donna stolpert von einer unguten Beziehung in die nächste.
- Susan kann nicht mit Geld umgehen.
- Tonyas Leben ist so durcheinander geraten; sie weiß gar nicht, wie sie es wieder in den Griff bekommen soll.

Was verbindet diese Frauen miteinander? Es fehlt ihnen an Grenzen. Obwohl viele Menschen in diesem Bereich Probleme haben, erkennen manche inzwischen, wie verbreitet dieser Mangel an Ausgewogenheit in unserem Land ist. In einem Artikel der Zeitung *USA Today* heißt es, dass die Stadt Ridgewood in New Jersey darangegangen ist, notwendige Leitlinien neu aufzubauen. Man beschloss dort, die überstrapazierten Terminkalender der Bürger wenigstens kurzzeitig zu reglementieren. Der Artikel beschreibt den Versuch, Spielräume zurückzugewinnen, so:

- keine Hausaufgaben, kein Training, keine Klarinettenstunde,
- kein Matheclub, kein Fußball, keine Sitzungen,
- kein Schwimmen, kein Pfadfindertreffen, keine Chorprobe,
- nichts von alledem, was normalerweise im Terminkalender steht!

Ein 18-köpfiger Ausschuss brachte sieben Monate damit zu, einen freien Abend für die Einwohner dieser wohlhabenden Stadt an der Ostküste zu planen. Ziel der so genannten *Ridgewood Family Night* (Ridgewood-Familienabend) war, Familien Gelegenheit zu geben, einen Abend gemeinsam zu verbringen – einen Abend, an dem keine Aktivitäten geplant waren und die Familien Zeit hatten, ihr Lebenstempo herunterzufahren und das Zusammensein zu genießen.[2]

Dieses Ereignis war die Antwort der Stadt Ridgewood auf ein Problem, das wir überall in unserer modernen Gesellschaft antreffen. Unser 21. Jahrhundert ist geprägt von Eile. Wir sind viel zu beschäftigt, zu überarbeitet, zu eingebunden, zu überfüttert mit Konsumgütern und Unterhaltungsangeboten, zu gestresst und als Folge davon zu unglücklich. Wir sind eine Gesellschaft ohne Grenzen – und das nicht nur im Bereich unserer Aufgaben und Termine, sondern auch in den meisten anderen Lebensbereichen.

Rebecca

Während wir an diesem Buch schrieben, erlebte ich einen Flug von Chicago nach Nashville, der mir auf doppelte Weise deutlich machte, wie notwendig dieses Kapitel über Grenzen ist. Zunächst fiel mir beim Einchecken eine Frau auf, die vor mir in der

Schlange stand. Sie hielt ein Buch in der Hand, das überlasteten Menschen Hoffnung und Tipps versprach. Dann, nur Minuten später, setzte ich mich an meinen Fensterplatz, blickte hinaus und freute mich auf den Moment, an dem wir abheben würden. Plötzlich bemerkte ich eine riesige Fliege, die sich zwischen den Scheiben verfangen hatte. Da ihr Nahrung und Sauerstoff fehlten, war mir klar, dass die Überlebenschancen dieses kleinen Kerlchens ziemlich gering waren - außer das Tierchen fände den Weg zurück, das Schlupfloch, durch das es gekommen war.
Ich beobachtete die Fliege, wie sie benommen nach einem Ausweg suchte. Das erinnerte mich an meine Situation nur wenige Jahre zuvor. In dieser Zeit war mein Leben so völlig überladen und ganz ohne Grenzen gewesen, sodass ich ständig nur noch weinte. Ich wusste nicht mehr, wie ich aus meiner Erschöpfung herausfinden sollte. Eines kam zum anderen, und mein übervoller Terminkalender brachte mich fast um den Verstand. Wie die Fliege in ihrer Falle hatte auch ich den Weg zurückverfolgen müssen, den ich gekommen war. Nur so konnte ich einen Ausweg finden. Ich hatte eine Grenze nach der anderen wieder zurückerobern müssen, indem ich nein zu sagen lernte.
In diesem Kapitel soll es darum gehen, Grenzen zu setzen und in einer Welt, die diese Kunst verloren hat, wieder neu zu einer gesunden Balance zu finden.

Vor vierzig Jahren schrieb Dr. Hans Selye über den übermäßigen Stress, dem wir aufgrund unseres hektischen Lebensstils ausgesetzt sind, und über die Probleme unseres Körpers, sich darauf einzustellen. Er beschrieb zwei Arten von Stress: Angenehmen Stress, der durch freudige Ereignisse wie Weihnachten oder Geburtstage hervorgerufen wird, und unangenehmen Stress, verursacht durch Dinge wie den Tod eines geliebten Menschen oder einen Jobwechsel. Wir könnten unseren Körper mit einem normalen Trinkglas vergleichen, in das aus zwei Karaffen positiver beziehungsweise negativer Stress eingefüllt wird. Das Glas fasst immer nur die gleiche Menge Flüssigkeit, egal ob etwas Gutes oder etwas Schlechtes hineingegossen wird. Irgendwann läuft das Ganze über[3].

Unsere komplexe Zeitplanung verbunden mit unserer Unfähigkeit, sie durch gesunde Grenzen im Gleichgewicht zu halten, führt zu einem Übermaß an Stress. Kennen Sie das auch?

- Hasten Sie von einem Termin zum nächsten?
- Fühlen Sie sich häufig emotional überfordert von den vielen Erwartungen, die am Arbeitsplatz und in der Familie an Sie gestellt werden?
- Fällt es Ihnen oft schwer, die richtigen Grenzen zu ziehen und Ihrem Körper ein gesundes Maß an Nahrung, Ruhe, Bewegung oder Sex zu verschaffen?
- Haben Sie das Gefühl, Ihre Zeit nicht richtig einteilen zu können?
- Haben Sie sich finanziell übernommen?
- Fällt es Ihnen schwer zu erkennen, wann andere Sie in geistlichen Dingen missbrauchen oder manipulieren?
- Haben Sie oft das Gefühl, die Dinge nicht mehr im Griff zu haben?

Wenn Sie eine dieser Fragen mit Ja beantwortet haben und möchten, dass sich daran etwas ändert, sollten Sie weiterlesen. Wir haben nicht vor, Ihnen die Aufgabe abzunehmen, Ihre eigenen Grenzen zu ziehen. Vielmehr wollen wir Ihnen helfen, ein bewährtes Raster anzulegen, um (erstmals oder erneut) gesunde Grenzen zu ziehen und die Kontrolle über Ihr Leben selbst zu übernehmen.

Was sind Grenzen?

Rebecca

Ich habe schon in jungen Jahren gelernt, wie wichtig Grenzen sind. Als ich ungefähr acht Jahre alt war, verbrachte ich mit meiner Familie die Ferien im Haus meiner Großeltern. Von meinen sechs Geschwistern war mein Bruder Daniel mir altersmäßig am nächsten. Weil wir die älteren, verantwortungsbewussteren Kinder waren, wurden wir zusammen in ein Bett gesteckt. Ich hatte von vorneherein das Gefühl, dass das nicht gut gehen konnte, und so warnte ich ihn: »Bleib bloß auf deiner Seite!« Er empfand das wohl als Aufforderung, mich zu ärgern, denn schon bald spürte ich einen seiner Füße an meinem Bein. Ich, die immer geduldige und reife große Schwester, stieß ihn mit dem Fuß weg. Der Kleinkrieg ging weiter, bis eine höhere Autorität in Gestalt meiner Mutter den Raum betrat und das Spielchen mit den Schuldzuweisungen begann. Und ehe wir uns versahen, wurde eine Grenze gezogen – in Form einer zusammengerollten Decke, die das Bett in der Mitte teilte.

Die beiden Psychologen Dr. Henry Cloud und Dr. John Townsend haben sich intensiv mit der Frage von Grenzen befasst. Sie bestätigen, dass wir von Kindheit an bis ins hohe Alter Grenzen brauchen. Ihr erstes Buch zu diesem Thema, mit dem passenden Titel *Boundaries* (dt. Nein sagen ohne Schuldgefühle), wurde über eine Million Mal verkauft. Es folgten weitere erfolgreiche Bücher über Grenzen für Kinder, für Paare, innerhalb der Ehe – für so ziemlich jede Gruppe außer Haustieren. Cloud und Townsend schreiben: »Grenzen definieren uns. Sie definieren, was ich bin und was ich nicht bin. Eine Grenze zeigt mir, wo meine Person endet und die eines anderen anfängt; so gewinne ich ein Gefühl für Eigentum.«[4]

Randy Alcorn schreibt über das menschliche Bedürfnis nach guten, dem Willen Gottes entsprechenden Grenzen Folgendes:

Ein kluger Reisender verflucht die Leitplanke nicht. Er beklagt sich nicht: »Die Leitplanke hat meinen Kühler verbeult!« Er schaut über die Klippe, sieht die demolierten Autos und dankt Gott für die Leitplanke. Gottes Leitplanken bestehen aus seinen ethischen Geboten. Sie trennen uns von der Zerstörung. Sie sind nicht da, um uns zu bestrafen oder uns etwas zu nehmen, sondern um uns zu schützen.[5]

Wir möchten in diesem Kapitel Grenzen als »Lebenszäune« bezeichnen. Mit einem Zaun werden Eigentumsgrenzen markiert, damit jeder weiß, was ihm gehört und was dem Nachbarn. In Ridgeway, New Jersey, hat man erkannt, dass zum Grenzenziehen auch gehört, Dinge zu tun und Dinge zu lassen. Doch Grenzen – oder Lebenszäune – sind nur dann sinnvoll, wenn ihre Einhaltung durchgesetzt wird und sie unseren Lebensstil prägen.

Vielleicht meinen Sie nun, Sie bräuchten keine Lebenszäune. Auch die ersten Siedler in Amerika dachten nicht an Zäune. Zunächst schienen die offenen, unbegrenzten Räume endlose Freiheiten und Möglichkeiten zu eröffnen, doch schon bald lernten die Siedler, dass sie Zäune zu ihrem Schutz brauchten und um ihr Land als ihren Besitz markieren zu können. Erst nachdem sie Zäune angelegt hatten, fanden sie wirklich Freiheit und Frieden.

Von den ersten Umfriedungen bis zu den unsichtbaren Grenzen unserer heutigen Tage haben Zäune die Grenzziehungen ermöglicht, um das Gute drinnen und das Schlechte draußen zu halten. Ob es nun um die Markierung persönlichen Eigentums geht oder um den Schutz vor Gefahren, auch wir müssen Zäune um unser Leben ziehen.

Sechs grundlegende Grenzen

Als wir in unserer Kindheit das Malen lernten, wurde vielen von uns gesagt, wir sollten zuerst die Umrisse zeichnen und sie anschließend bunt ausfüllen. Das hat uns geholfen, die äußeren Linien einzuhalten. Wenn wir älter werden und unsere Buntstifte wegpacken, vergessen wir dummerweise oft, auch bei den Grenzen unserer Person und unserer Beziehungen erst die äußere Linie zu ziehen, um uns dann innerhalb dieser Grenze sicher bewegen zu können. Die Folge davon: Unser Leben ist nicht klar umrissen und wird zum Spielball äußerer Umstände und den Launen anderer Menschen. Ein solcher Mangel an Leitlinien für ein selbstbestimmtes Leben zeigt sich häufig in unserem eigenen Handeln, aber auch darin, wie viel wir uns von anderen gefallen lassen. Es gibt zwar viele Bereiche, in denen Grenzen nötig sind, doch die folgenden sechs gehören vermutlich zu den wichtigsten:

Emotionale Grenzen

Sie haben Angst vor der Zukunft. In Ihrem Zorn handeln Sie nicht mehr überlegt. Sie lassen zu, dass Menschen, die Ihnen nicht gut tun, einen maßgeblichen Einfluss auf Ihr Leben ausüben.

Emotionale Grenzen vermitteln uns die nötigen Leitlinien im Umgang mit unseren Gefühlen. Dazu gehört sowohl die Art und Weise, wie wir selbst mit Gefühlen umgehen, als auch der Grad der Einflussnahme, die wir anderen auf unsere Gefühlswelt gestatten.

Lynda

Vor nicht allzu langer Zeit hörte mein Mann mir geduldig zu, während ich mich voller überschäumender Gefühle über etwas beklagte, was er getan hatte. Ich war der Überzeugung, Dave müsse wissen, wie ich mich dabei fühlte. Immerhin hatte ich seit ein paar Stunden an nichts anderes mehr denken können. Je mehr ich über die Sache sprach, umso monströser wurde sie, und ich ließ alles an Dave aus. Unter Tränen schüttete ich ihm mein Herz aus. Dave hörte so geduldig zu wie immer, doch das heizte meinen Ärger nur noch mehr an. Als endlich alles raus war, ging ich ins Bad, um mir das Gesicht zu waschen. Ich hatte jetzt wirklich etwas Make-up nötig!
Den Rest des Tages blieb ich auf Distanz zu meinem Mann. Können Sie sich vorstellen: Am nächsten Morgen wusste ich nicht einmal mehr, warum ich so wütend gewesen war. Ich erinnerte mich zwar an den Anlass, wusste aber nicht, wo diese Intensität der Gefühle hergekommen war. Ich dachte noch ein weinig darüber nach, dann ging ich wieder zu Dave. Nach den Erfahrungen vom Vortag fürchtete er sicher, was ihn nun erwarten würde. Doch ich sagte: »Erinnerst du dich noch, worüber wir - na, gut *ich* - gestern geredet habe? Nun, das ist mir heute auch noch wichtig, aber zu höchstens zwanzig Prozent von dem, was es mir gestern ausgemacht hat. Ich meine immer noch, was ich gesagt habe, aber nicht so sehr wie gestern.«

Emotionale Grenzen zu ziehen bedeutet nicht, seine Gefühle zu unterdrücken. Doch wir lernen, unsere Gefühle zu verstehen und zu beherrschen und halten zugleich eine gesunde Distanz zu den unkontrollierten, unberechenbaren Emotionen anderer. Als Frauen müssen wir verstehen, dass Gefühle bei uns eine größere Rolle spielen als bei Männern und dass sie in bestimmten Phasen des Monatszyklus' intensiver sind als in anderen. Das war wohl ein Teil des Fluches, den Gott über Eva aussprach, nachdem sie die erste Sünde beging (genauso wie der Haarwuchs in der Nase des Mannes!).

Körperliche Grenzen

Sie überschreiten ständig Ihre eigenen Kräfte, um für andere da zu sein. Sie tun sich schwer mit sexuellen Grenzen. Sie gehen falsch mit Ihrem Körper um.

Körperliche Grenzen geben uns die Regeln vor, nach denen wir für unseren Körper sorgen sollten. Sie stellen auch an andere die Erwartung, dass diese Regeln geachtet werden. Wenn wir die körperlichen Grenzen nicht durchsetzen, sorgen wir nicht genug für Dinge, die uns gut tun, und lassen stattdessen zu, dass schädliche Einflüsse auf uns einwirken. Wir essen zu viel, treiben zu selten Sport, gönnen uns zu wenig Ruhe; oder wir geben unserem sexuellen Drang nach, weil unsere moralischen Zäune morsch sind. Das führt unweigerlich zu Schuldgefühlen, die dann an unserem Selbstbewusstsein nagen. Und das wiederum ist geradezu eine Einladung an andere, uns schlecht und respektlos zu behandeln.

Geistliche Grenzen

Mal brennen Sie für Gott, mal lässt Sie der Glaube völlig kalt. Sie sind nicht in der Lage, unbiblische Lehren oder falsche geistliche Leitung zu erkennen. Sie sind in Ihrem geistlichen Wachstum von anderen abhängig. Sie geben Ihrer persönlichen Beziehung zu Gott nicht die höchste Priorität.

Geistliche Grenzen werden aus den Steinen gebaut, die wir in Gottes Wort finden; es sagt uns, wie wir in unserer Beziehung zu ihm wachsen können. Solche Grenzen zeigen uns auf, wie wir nach seinen Maßstäben leben statt nach eigenen. Doch weil wir die 24 Stunden, die der Tag uns bietet, bereits voll ausgeschöpft haben, nehmen wir uns nicht mehr die Zeit, Gottes Wort zu lesen und die biblischen Leitlinien kennen zu lernen. Manchmal lesen wir sie, aber wir verstehen sie nicht, und deshalb investieren wir keine weitere Zeit in Gottes Wort, sondern verlassen uns bei unserer geistlichen Kost auf andere Quellen – Bücher, Pastoren oder Radiosendungen. Das führt dazu, dass wir nur noch sonntags einen kleinen geistlichen Happen zu uns nehmen, statt uns jeden Tag von Gottes Wort zu ernähren. So werden wir unfähig, gute Lehren von schlechten zu unterscheiden oder bei Entscheidungen die richtige Wahl zu treffen. Unser geistliches Wachstum kommt zum Stillstand.

Grenzen in unseren Beziehungen zu anderen

Sie konnten zu Menschen, die in Ihrem Leben eine Schlüsselfunktion haben, keine stärkenden und erfüllenden Beziehungen aufbauen. Sie freunden sich oft mit den verkehrten Leuten an. Sie lassen zu, dass andere Sie ausnutzen. Sie leben in co-abhängigen Beziehungen.

Beziehungsgrenzen geben uns Leitlinien, welches Verhalten von anderen wir akzeptieren sollten und welches nicht. Ohne solche Grenzen lassen wir Menschen, die uns gefährlich werden können, zu nah an uns heran. Wir lassen zu, dass andere uns ausnutzen, und bauen keine dauerhaften Beziehungen auf.

Finanzielle Grenzen

Sie sind unzufrieden mit dem, was Sie besitzen. Sie leben über Ihre Verhältnisse. Sie gehen so geizig mit Ihrem Geld um, dass finanzielle Sorgen Sie völlig im Griff haben.

Finanzielle Grenzen legen fest, wie wir mit dem Geld, das wir verdienen, umgehen. Die Lebensbereiche, in die wir am meisten Zeit und Geld investieren, zeigen, was uns am wichtigsten ist. Bevor Sie weiterlesen, könnten Sie einmal Ihren letzten Kontoauszug und die Abrechnung Ihrer Kreditkarte zur Hand nehmen. Schreiben Sie eine Liste der Dinge, die Sie gekauft haben. Was fällt Ihnen auf?

Die Autorin Mary Hunt, die für *The Cheapskate Monthly* schreibt, hatte ihren Dispo um 100.000 Dollar überzogen, bevor sie erkannte, dass sie sich dringend finanzielle Grenzen setzen musste. Die neu eingeführten Richtlinien führten schließlich zu einer ausgeglichenen Bilanz, doch sie lernte in dieser Zeit viel über sich selbst und darüber, wie es überhaupt soweit kommen konnte. Larry Burkett, der inzwischen verstorbene Vorsitzende von *Crown Financial Ministries*, sagte oft in seinen Radiosendungen, dass der Umgang mit unseren Finanzen ein äußerer Indikator für unser geistliches Wachstum wäre.

Organisatorische Grenzen

Sie sind oft durch Ihre vielen Termine überlastet. Ihr Zuhause, Ihr Geist und Ihr Leben ganz allgemein sind unorganisiert. Sie kommen ständig zu spät.

Organisatorische Grenzen bringen Ordnung ins Chaos. Durch sie findet alles seinen Platz - entweder wandert es in den Müll oder wir verschenken es oder wir räumen es auf. Wenn wir keine organisatorischen Grenzen haben, entsteht ein Durcheinander. Ein solches Durcheinander kann unterschiedliche Formen annehmen: zu viele Termine und Aufgaben, ein chaotischer, schlecht organisierter Geist oder mangelnde Ordnung im Haushalt. Wenn diese und andere Bereiche nicht richtig im Gleichgewicht sind, kommt es zum Chaos.

Welche Zäune müssen Sie in Ihrem Leben aufrichten? Die Zäune im emotionalen Bereich? Oder die im körperlichen? Im geistlichen? In Ihren Beziehungen? In finanziellen Dingen? Oder bei der Organisation Ihres Lebensumfeldes? Oder gar alle? Der erste Schritt zur Festigung Ihrer Lebenszäune besteht in der Erkenntnis darüber, wie notwendig sie sind; der zweite Schritt ist herauszufinden, was man braucht, um Lebenszäune aufzurichten.

Einen Aktionsplan entwickeln

Lynda

Als ich ein Kind war, beschloss mein Vater eines Tages, dass wir eine neue Garage bräuchten. Nachdem das entschieden war, kalkulierte mein Vater die Kosten und besorgte das nötige Material.

Für den Aufbau unserer Lebenszäune gilt das Gleiche. Sie haben bereits festgestellt, dass Sie wenigstens einen Ihrer Zäune bauen oder verstärken oder ausbessern müssen. Nun ist es an der Zeit, die Kosten zu überschlagen und herauszufinden, was nötig ist, um diesen Job zu erledigen.

Welchem Zweck dienen Ihre Grenzen?

Genauso wie reale Zäune dem Schutz, der Einfriedung oder der Festlegung von Eigentumsgrenzen dienen können, dienen auch unsere Lebenszäune unterschiedlichen Zwecken. Sie brauchen vielleicht eine Grenze, um zu entscheiden und zu definieren, wer Sie sind und wie Sie sich in einem der sechs genannten Bereiche verhalten wollen. Vielleicht ist es auch an der Zeit, dass Sie sich besser schützen. Oder das schlichte Bedürfnis nach Privatsphäre motiviert Sie, Ihr Leben mit Zäunen zu versehen.

Alle Lebenszäune, egal, welchem Zweck sie dienen, haben Folgendes gemeinsam:

- Sie verschaffen ihrem Besitzer Frieden und Sicherheit.
- Sie machen Mut, neue Schritte zu wagen.
- Sie geben uns in unseren Entscheidungen die nötige Beständigkeit.
- Sie können Gott Freude bereiten.
- Sie geben unserem Leben die richtige Balance.

Auf wen wirken sich die Grenzen, die Sie ziehen, aus?

Bevor Sie einen Zaun um ein Grundstück ziehen, müssen Sie mit allen Betroffenen (wie zum Beispiel Ihren Nachbarn) gesprochen haben. Das Klischee, dass gute Zäune für ein gutes Verhältnis zu den Nachbarn sorgen, stimmt nur, wenn vorab klar ist, welche Zäune das sein werden.

Das muss auch für Ihre Lebenszäune gelten. Wer wird von Ihren neu gezogenen Grenzen betroffen sein? Ihre Familie im weiteren Sinn, Freunde, Ihr Ehemann, die Kinder, Ihre Arbeitskollegen? Sie müssen von Ihnen hören: »Von jetzt an gelten neue Regeln.« Oder: »Nur weil ich allein stehend bin, heißt das noch lange nicht, dass man mich ausnutzen darf.« Oder: »Ich bin verheiratet und meine Loyalität gilt an erster Stelle meinem Mann. Ich werde nicht länger dulden, dass du hier dazwischenfunkst!«

Wie zieht man Grenzen?

Lynda

Eine Freundin, die ich Sue nennen möchte, traf sich mit einem jungen Mann namens Dan. Ihre Beziehung war auch sexueller Natur. Dann wurde Sue Christin und erfuhr, dass Gott sexuelle Reinheit fordert. Obwohl Dan ihren Glauben noch nicht teilte, stellte Sue neue Richtlinien für ihr Zusammensein auf, um in Zukunft Sex vor der Ehe auszuschließen. Diese neuen Regeln funktionierten und zwei Jahre später gaben sie sich das Ja-Wort; doch nur, weil Sue eine klare Grenze gesetzt hatte.

Wenn Sie die Betroffenen über Veränderungen informieren, die Ihre neuen Lebenszäune mit sich bringen, wird sie das aufhorchen lassen. Sie werden Sie beobachten, um zu sehen, ob Sie es ernst meinen und ob sich wirklich etwas ändert. Es wird an Ihnen liegen, weitere Grenzen innerhalb dieser Grenzen zu ziehen. Sie sollten den Betroffenen nicht nur mitteilen, dass Sie neue Lebenszäune bauen werden, sondern auch, was das bedeuten und welche Auswirkungen es für sie persönlich haben wird.

Wie können Sie entscheiden, was in Ihre Grenzen gehört und was draussen zu bleiben hat?

Mit hilfreichen Grenzen zu leben, hat viel mit der Frage zu tun, wen wir hineinlassen wollen und wen nicht. Sie haben die Kontrolle über das Tor im Lebenszaun. Sie können entscheiden, wer nach innen und wer nach außen gehört. Sie stellen die Regeln für das Betreten Ihres Grund und Bodens auf und Sie müssen sie durchsetzen.

In einem ihrer Bücher zeigen die Therapeuten Henry Cloud und John Townsend auf, an welchen Strukturen ihrer Persönlichkeit und ihres Verhaltens man Menschen erkennen kann, die eine potenzielle Gefahr für die eigene Person darstellen[6]:

Charakterstrukturen

- scheinen immer alles im Griff zu haben
- sind religiös, aber nicht geistlich gesinnt

- haben ständig das Gefühl, sich wehren zu müssen
- sind selbstgerecht
- entschuldigen sich nie
- vermeiden die Auseinandersetzung mit ihren Problemen
- fordern Vertrauen ein
- behaupten von sich, perfekt zu sein
- machen andere für ihre Probleme verantwortlich
- lügen und betrügen
- sind nicht bereit, sich zu verändern

Beziehungsstrukturen
- meiden Nähe
- drehen sich ständig um sich selbst
- lassen anderen Menschen keine Freiheit
- schmeicheln anderen
- verurteilen andere
- nehmen eine Eltern- oder Kindrolle ein
- sind emotional instabil
- üben einen negativen Einfluss aus

Sie können nun festlegen, von welchen Menschen keine Gefahr für Sie ausgeht, wenn Sie die umgekehrten Eigenschaften der obigen Liste zusammenstellen. Dazu gehören zum Beispiel:
- ehrlich
- geistlich auf solidem Fundament
- demütig
- können sich entschuldigen, wenn es dran ist
- lösen Probleme mit Erfolg
- vertrauenswürdig
- bereit, die Verantwortung für das eigene Handeln zu übernehmen
- keine Stagnation im persönlichen und geistlichen Wachstum

und so weiter ...

Wir müssen jedoch eines bedenken: Wir sollten zwar nicht ständig mit Menschen umgeben sein, die eine Gefahr für uns darstellen, doch manchmal fordert uns Gott auf, für einen solchen Menschen da zu sein, weil er ihn heilen will.

Wie wahren Sie Ihre Grenzen?

Lynda

Ich kannte einmal eine Frau, die ich Nancy nennen will. Ihr Mann missbrauchte die biblische Lehre der Unterordnung und verlangte von ihr, jedem seiner Ansprüche nachzukommen, »weil Gott es so will!« Nancy wandte sich schließlich an eine fachlich geschulte Seelsorgerin, die ihr zeigte, wie sie gesunde Grenzen setzen kann. Nancy betrachtet sich auch heute noch als eine Frau, die sich unterordnet, doch nicht mehr so wie früher. Heute denkt sie über die Anliegen ihres Mannes nach und fragt sich: *Wird mir dies in irgendeiner Weise schaden?* Wenn die Antwort Ja lautet, zieht sie umgehend eine Grenze. Nach einer Weile hatte ihr Ehemann gelernt, dass er Nancy nicht länger herumschubsen konnte.

Ein Zaun ist nur so sicher wie das schwächste Teilstück. An Stellen, an denen der Zaun defekt ist, können Eindringlinge hindurchschlüpfen. Es liegt an Ihnen, solche undichten Stellen schnell zu reparieren, ob sie nun durch Abnutzung oder durch absichtliche Beschädigungen entstanden sind.

Zwei Dinge müssen Sie tun, um Ihren Lebenszaun intakt zu halten: Sie müssen ihn warten und reparieren. Sie werden sich angewöhnen müssen, Ihren Zaun immer wieder auf Risse und Löcher hin zu untersuchen. Manchmal werden Sie Grenzen, die Sie vor langer Zeit eingerichtet und lange nicht mehr beachtet haben, neu aufstellen müssen. Zum Beispiel mag es nötig sein, wieder auf Ihren Selbstschutz zu achten, wenn eine Freundin Ihr Vertrauen missbraucht oder ein Freund versucht, sich Ihnen körperlich zu nähern, oder ein überfüllter Terminkalender Ihnen das Gefühl vermittelt, innerlich vor die Hunde zu gehen. Entfernen Sie sich nicht zu weit von Ihren Lebenszäunen, damit Sie sie schützen können. Je schneller Sie einen streunenden Hund von Ihrem Grundstück vertreiben, umso besser wird er sich überlegen, ob er noch einmal zurückkehrt.

In Buchhandlungen und Bibliotheken gibt es unzählige Bücher darüber, wie man einen Zaun baut. Niemand beginnt ein Bauprojekt, ohne es zuvor zu planen. Nur dann weiß er, wie er vorzugehen hat.

In Ihrem Leben müssen Sie es genauso machen. Sie müssen die Bauanleitung lesen, die Ihnen zeigt, wie Sie Ihren Lebenszaun erfolgreich planen, bauen, erhalten und reparieren können. Diese Bauanleitung ist die Bibel.

Wer bin ich? (vgl. Sprüche 8,22–34)

Ich kenne mich mit dem Ziehen von Grenzen aus. Ich bin die erste *Ischa*, die es je gab. Kennen Sie mich?

Einige von Ihnen werden jetzt sicher antworten: Eva. Oder: Maria, die Mutter Jesu. Doch das ist falsch. Mich gab es schon, lange bevor Eva oder Maria geboren wurden. Ich werde Ihnen einen Tipp geben – ein Zitat aus einem Buch, in dem meine Geschichte erzählt wird:

Am Anfang hat der Herr mich geschaffen, ich war sein erstes Werk vor allen anderen. In grauer Vorzeit hat er mich gemacht, am Anfang, vor Beginn der Welt. Als ich geboren wurde, gab es noch kein Meer, und keine Quelle brach aus der Tiefe hervor. Der Grund der Berge war noch nicht gelegt, die Hügel waren noch nicht entstanden. Gott hatte noch nicht die Erde gemacht, vom festen Land und seinen Feldern war noch nicht das Geringste zu sehen.
Sprüche 8,22–26

Ich wurde geboren, noch bevor Gott die Welt schuf, in der Sie heute leben:

Ich war dabei, als er den Himmel wölbte und den Kreis des Horizonts festlegte über den Tiefen des Ozeans, als er die Wolken hoch oben zusammenzog und die Quellen aus der Tiefe sprudeln ließ, als er dem Meer die Grenze bestimmte, die seine Fluten nicht überschreiten dürfen, als er die Fundamente der Erde abmaß.
Sprüche 8,27–29

Ich bin Gott zur Hand gegangen, als er allem seine Grenzen setzte – allem was jemals sein sollte:
… da war ich als Kind an seiner Seite, ich freute mich an jedem Tag und spielte unter seinen Augen.
Sprüche 8,30

Mein Name ist »Weisheit« und ich bin *Ischa*. Damals war ich schon an Gottes Seite, als er die Grenzen der Erde festsetzte, und heute stehe ich Ihnen zur Seite, damit Sie in Ihrem Leben die richtigen Grenzen ziehen.

Deshalb, ihr jungen Leute, hört auf mich! Wie glücklich sind alle, die mir folgen! Schlagt meine Unterweisung nicht in den Wind, hört darauf und werdet klug! Wie glücklich sind alle, die mir zuhören, die jeden Tag vor meinem Haus stehen und an meinem Tor auf mich warten.
Sprüche 8,32–34

Heute biete ich Ihnen meine Hilfe an und lade Sie ein, sich auf Ihrem weiteren Lebensweg von mir begleiten zu lassen. Lassen Sie mich Ihnen von nun an zeigen, wie Sie zu guten Entscheidungen kommen können. Lassen Sie mich Ihnen zeigen, wie Sie Ihre Lebenszäune aufrichten und erhalten können. Stellen Sie sich den schönsten Ort vor, an dem Sie je gewesen sind. Ich war an Gottes Seite, als er diesen Ort formte und ihm seine Grenzen setzte! Meinen Sie nicht, dass ich Ihnen zeigen kann, wie man seine Grenzen weise zieht?

Ich bin die Weisheit. In heutiger Zeit unterweise ich Menschen durch Gottes Wort in der Bibel. Weil jede gesunde Grenze auf Weisheit beruht, können Sie sich bei jeder anstehenden Entscheidung fragen: *Ist es klug, so zu handeln?* Und dann nehmen Sie am besten Gottes Wort zur Hand. Ich warte nur darauf, Ihnen eine Antwort zu geben.

Alle, die mich finden, finden das Leben, und der Herr hat Freude an ihnen.
Sprüche 8,35

Die Bedeutung gesunder Grenzen für Ihr Leben

Weisheit geht immer mit Wahrheit einher. Was immer die Weisheit uns rät, beruht auf unwandelbaren Grundsätzen, die uns niemals enttäuschen werden. Alles, was der Weisheit entgegensteht, hat mit Lüge zu tun, und wird Ihnen letztlich schaden. Entscheiden Sie sich für die Wahrheit – und für die Weisheit!

Ischa richtet ihr Leben auf die Wahrheit Gottes aus

➤ **Wenn ich alles unter die Herrschaft Gottes stelle, werde ich mit seiner Hilfe die Kontrolle über meine Gefühle erlangen.**

Lüge: Meine Gefühle sind völlig unkontrollierbar!

Lynda

Ich habe in diesem Kapitel bereits darüber berichtet, wie ich Dave einmal mit meinen unkontrollierten Gefühlen bombardiert habe. Und ich habe Ihnen auch erzählt, wie ich einen Tag später wieder zur Vernunft kam. Ich habe lange mit Gott gerungen und ihn gebeten, mir mehr emotionale Stabilität zu geben. Ein Krümel Weisheit, den er mir anvertraut hat, ist: *Reagiere nicht sofort. Warte ab, und wenn es dann noch wichtig ist, tu den nächsten Schritt!* Dave würde Ihnen sicher sagen, dass ich längst noch nicht vollkommen bin, was das angeht. Aber er weiß von meiner Entscheidung, mich der Weisheit Gottes anzuvertrauen, um mit ihrer Hilfe zu erkennen, wie ich meine Gefühle kontrollieren kann, statt von ihnen kontrolliert zu werden.

Ob es nun um Sorgen, Wut, Schmerz oder Bitterkeit geht, immer rät uns die Wahrheit, diesen Dingen keinen Nährboden zu geben.

Rebecca

In meinem Buch *Wait for Me* erzähle ich von einem Ratschlag, den mir eine befreundete Therapeutin aus Australien für den Umgang mit sorgenvollen Gedanken gegeben hat: »Wenn du dem Vogel ungesunder, nicht auf die Realität gegründeter Ängste gestattest, sich in deinem Denken einzunisten, kann er verheerenden Schaden anrichten. Wir dürfen solchen Ängsten nicht erlauben sich bei uns einzunisten, sondern müssen sie über uns hinwegfliegen lassen.«[7]

Außerdem rät uns die Weisheit, unsere Emotionen nicht nur zu kontrollieren, sondern auch zu beschützen.

Lynda

Meine Mutter sagt immer, in jedem Menschen stecke eine Rose; wenn man zu oft auf sie einschlägt, stirbt sie. Schützen Sie Ihre Gefühle unter allen Umständen! Achten Sie darauf, welchen äußeren Bedingungen Sie sie aussetzen, und fragen Sie sich immer wieder: *Ist das klug?*

Die Bibel gesteht uns unsere Gefühle nicht nur zu, sie zeigt uns auch, wie wir sie auf eine gute Weise beherrschen und schützen können. So können wir innerhalb der emotionalen Grenzen, die wir mit Gottes Weisheit gezogen haben, zuversichtlich leben.

Worte der Weisheit

Achte auf deine Gedanken und Gefühle, denn sie beeinflussen dein ganzes Leben.
Sprüche 4,23 (Hoffnung für alle)

Versündigt euch nicht, wenn ihr in Zorn geratet! Versöhnt euch wieder und lasst die Sonne nicht über eurem Zorn untergehen.
Epheser 4,26

Lieber in der Wüste leben als zusammen mit einer zänkischen Frau, die dir auf die Nerven geht.
Sprüche 21,19

➤ **Wenn ich meine körperlichen Grenzen nicht achte, schade ich unweigerlich mir selbst und anderen.**

Lüge: Ich bin eine erwachsene Frau und kann mit meinem Körper machen was ich will, solange ich anderen nicht schade.

Wenn wir uns keine Ruhezeiten gönnen, haben wir nicht mehr die Kraft, für andere da zu sein, und dafür werden wir und andere bezahlen müssen.

Rebecca

Meine Mutter hat mich oft daran erinnert, wie wichtig es ist, dass wir auf uns selbst Acht haben, damit wir uns auch angemessen um andere kümmern können. Obwohl ich nicht verheiratet bin und keine Kinder habe, ist mein geistlicher Dienst manchmal wie ein Kind voller Ansprüche und Erwartungen. Dadurch habe ich diese Lektion schon sehr früh gelernt.

Auf sich selbst Acht zu geben kann zum Beispiel bedeuten, sich ein Mittagsschläfchen zu gönnen oder unnötige Anfragen abzulehnen. In jedem Fall gilt: Wir müssen Stärkung aufnehmen, um andere stärken zu können. Dazu gehören Essen, Bewegung und Schlaf. Die eine Frau braucht viel Schlaf, die andere wenig. Der einen macht Joggen Spaß, der anderen Schwimmen. Manche haben gerne Menschen um sich, andere brauchen ihre Freiräume. Wir kennen uns und unsere Bedürfnisse am besten. Dieses Selbstwissen brauchen wir, um unsere körperlichen Lebenszäune aufzurichten; und immer wieder müssen wir fragen: *Ist das klug?*

Wie wir für unseren Körper sorgen, ist nur ein Baustein unserer körperlichen Grenzen; dazu kommt als zweiter Baustein, dass wir anderen deutlich zeigen, in welchem Rahmen sie ihre Beziehung zu uns gestalten können.

Rebecca

Als ledige Frau habe ich strenge Regeln für Verabredungen mit Männern aufgestellt. So halte ich mich an meinen Grundsatz, »immer einen Schuh in der Tür« zu behalten, wenn ich mich mit jemandem verabredet habe. Wenn ich mit einem Mann allein in einem Raum bin, heißt das dann wörtlich, dass ich einen Schuh in den Türspalt stecke, damit die Tür offen bleibt. Auf diese Weise ist uns beiden klar, dass jederzeit jemand den Raum betreten könnte. Diesen Grundsatz durchzuhalten war zwar manchmal nicht einfach, aber es hat mir geholfen, über jeden Zweifel erhaben zu bleiben. Andere biblische Richtlinien, an die ich mich strikt halte: Ich verabrede mich nur mit Christen und lege einer vertrauten Person gegenüber

Rechenschaft über meine Beziehungen ab. Ich weiß genau, dass nicht nur ich selbst unter meinen Fehlern zu leiden hätte, wenn ich dies nicht täte.

Auch wir brauchen solche Verhaltensregeln wie die mit dem »Schuh in der Tür«. Mit ihrer Hilfe wissen wir, unter welchen Bedingungen wir Menschen in unseren eingezäunten Bereich lassen und wie wir uns gegen Übergriffe schützen. Wie können Sie im Voraus klären, wo Sie Ihre körperlichen Grenzen ziehen müssen? Indem Sie festlegen,

- was Sie zulassen wollen,
- was Sie auf keinen Fall zulassen werden.

Machen Sie dies zu einer allgemeinen Lebensregel und sorgen Sie dafür, dass es Menschen gibt, die Ihnen helfen, sich an diese Regel zu halten.

Worte der Weisheit

Zieht nicht an einem Strang mit Leuten, die nicht an Christus glauben.
2. Korinther 6,14 (Hoffnung für alle)

Wenn ihr schreibt: »Das Essen ist für den Bauch, und der Bauch für das Essen«, dann ist das schon richtig. Und ebenso gewiss hat Gott beides - das Essen wie den Bauch - zur Vergänglichkeit bestimmt. Aber das bedeutet nicht, dass Gott uns den Körper gab, damit wir sexuell zügellos leben! Vielmehr wurde auch unser Körper zum Dienst für den Herrn geschaffen. Deshalb ist es Gott nicht gleichgültig, wie wir damit umgehen.
1. Korinther 6,13 (Hoffnung für alle)

Sie [Gottes Worte] erhalten den Menschen, der sie befolgt, bei Leben und Gesundheit.
Sprüche 4,22

➤ **Geistliche Grenzen sind zeitlose Leitlinien für das, was recht und unrecht ist, und helfen mir, diszipliniert zu leben.**
Lüge: Ich brauche keine geistlichen Grenzen.

Rebecca

Meine Freundin Vanessa lernte auf schmerzhafte Weise, wie wichtig es ist, geistliche Grenzen zu besitzen. Sie beschreibt ihre Erfahrungen mit der Frage: »Ist das klug?« mit eigenen Worten: »Der Pastor [meiner früheren Gemeinde] versuchte, die Stelle Gottes einzunehmen. Er behauptete, wir könnten Gottes Stimme nicht so gut hören wie er, und deshalb müssten wir immer erst ihn um Erlaubnis fragen, bevor wir irgendetwas tun. ... Ich wusste, es war Zeit für mich, die Gemeinde zu verlassen, als er mir sagte, er habe immer Recht.«

Wie Vanessa müssen auch wir das Wort Gottes persönlich kennen, damit wir beurteilen können, was wahr ist und wann jemand versucht, uns geistlich zu manipulieren. Das sollten unsere Maßstäbe sein:

Innerhalb unseres Lebenszauns gehören ...

- Lehren, die mit der Bibel übereinstimmen,
- Leben nach Gottes Willen und Regeln,
- biblische Weisheit.

Außerhalb unseres Lebenszauns muss bleiben ...

- Lehren, die der Bibel widersprechen,
- Lebensweisen, die Gott als falsch betrachtet,
- weltliche Weisheit.

Ein weiterer wesentlicher Aspekt für den Aufbau und Erhalt geistlicher Grenzen ist der Schutz unserer Gottesbeziehung. In einer Welt, die uns ständig in Beschlag nehmen will - unsere Zeit, unsere Zuwendung und unsere Aufmerksamkeit verlangt -, muss Ihre Zeit mit Gott einen festen Platz innerhalb Ihres Lebenszauns haben und alles, was davon ablenken will, muss draußen bleiben.

Gründen Sie jedes Teilstück Ihres Lebenszauns auf die Bibel. Und ziehen Sie andere Menschen zu Rate, die Gott achten, deren Urteil Sie trauen und denen man abspürt, dass sie gute geistliche Leitlinien besitzen.

Worte der Weisheit

Wer der Gerechtigkeit und Güte nachjagt, der findet Leben und Ehre.
Sprüche 21,21 (Luther)

Pläne ohne Beratung schlagen fehl; durch gute Ratgeber führen sie zum Ziel.
Sprüche 15,22

➤ **Gott hat mich so geschaffen, dass ich andere Menschen brauche. Er kann mir zeigen, wie ich gesunde Beziehungen aufbauen kann und ihnen die richtige Priorität in meinem Leben einräume.**

Lüge: Ich brauche in meinen Beziehungen keine Grenzen zu ziehen. Ich kann zu allem und jedem Ja sagen.

Rebecca

An vielen Frauen im Alter meiner Mutter habe ich eine beunruhigende Beobachtung gemacht. Es hat damit zu tun, dass die Kinder flügge werden und ein leeres Nest zurückbleibt. Man sagt, viele Frauen beziehen ihren Selbstwert zu einem guten Teil aus ihren Kindern, während Männer ihren Wert aus dem Beruf beziehen. Das wird zu einem Problem, wenn die Kinder ausziehen und die Ehe zuvor aufgrund falsch gesetzter Prioritäten vernachlässigt wurde. Viele Ehepaare entdecken dann, dass sie sich eigentlich gar nicht mehr richtig kennen.

Für verheiratete Frauen sieht eine gottgemäße Ordnung der Prioritäten wie folgt aus: 1. Gott, 2. Ehepartner, 3. Kinder, 4. Arbeit, gemeindliches Engagement usw. Für Unverheiratete gilt entsprechend: 1. Gott, 2. Familie und Freunde, 3. Arbeit, gemeindliches Engagement usw. Jedes Problem, sich im Beziehungsbereich abzugrenzen, lässt sich stets irgendwie auf falsche Prioritäten zurückführen. Wenn wir zu allem Ja und Amen sagen, geben wir den wichtigsten Dingen nicht die nötige Priorität.

Bevor Sie also einer Sache oder einer Person zu viel Aufmerksamkeit schenken, sollten Sie sich fragen: Besitzt diese Sache oder Person Priorität? Ist das klug?

Worte der Weisheit

Ich, die Weisheit, wohne bei der Klugheit und weiß, guten Rat zu geben. ... Mein ist beides, Rat und Tat, ich habe Verstand und Macht.
Sprüche 8,12.14 (Luther)

Wer sich zu Klugen gesellt, wird klug; wer sich mit Dummköpfen befreundet, ist am Ende selbst der Dumme.
Sprüche 13,20

➤ **Wenn ich mir etwas leisten will, muss ich die Kosten dafür tragen.**

Lüge: Ich kann mir leisten, was ich will. Später kann ich mir ja Gedanken machen, woher ich das Geld nehme.

Lynda

Als meine Tochter Courtney so um die 15 war und sich mit Babysitten etwas Geld verdiente, halfen wir ihr bei der Eröffnung eines Bankkontos. Die Zeit verging und Courtney fing an zu erzählen, wie sehr Gott sie segnete: »Immer wenn ich meinen Zehnten gebe, bekomme ich wieder einen neuen Job als Babysitter. Gott scheint mein Geld zu vervielfältigen.«
Es sah wirklich so aus, als ob sich das Geld auf geistlichem Wege vermehrte – bis wir schließlich den Auszug von der Bank bekamen. Wir hatten vergessen Courtney zu sagen, dass wir einen 1.000-Dollar-Überziehungskredit für sie eingerichtet hatten, um sie vor geplatzten Schecks zu bewahren. Sie hatte planlos Geld ausgegeben und ihre Ausgaben nicht notiert – dieser Fehler hatte sie schließlich eingeholt und nun war es Zeit, die Zeche zu bezahlen!

Viele Erwachsene denken ähnlich wie Courtney. Wir tun so, als könnten wir immer mehr Geld ausgeben und erwarten, dass es einfach da sein wird. Doch Tatsache ist: Selbst wenn es bisher noch nicht so weit gekommen ist, eines Tages wird die Zeche fällig sein!

Gott segnet sein Volk, doch erst verlangt er, dass wir seine Wege gehen. Und dazu gehört der Zehnte, dazu gehört, zufrieden und dankbar zu sein – und klug. Bevor Sie Geld ausgeben, sollten Sie sich Zeit nehmen zu überlegen, ob die Kaufentscheidung richtig ist. Kaufen Sie das Kleid nicht gleich heute. Gehen Sie erst einmal nach Hause und werfen Sie einen Blick auf Ihre Kontoauszüge. Schauen Sie im Kleiderschrank nach, was Sie schon alles besitzen. Und dann fragen Sie sich: *Ist das klug?*

Wenn Sie um Ihre finanziellen Entscheidungen einen Lebenszaun ziehen, werden Sie mit Ihrem Geld gut auskommen.

Worte der Weisheit

Dem Gerechten gereicht sein Erwerb zum Leben, aber dem Gottlosen sein Einkommen zur Sünde.
Sprüche 10,16 (Luther)

Schnell erschwindelter Reichtum verliert sich, langsam erarbeiteter vermehrt sich.
Sprüche 13,11

➤ **Mein Leben ist kurz; ich will es nutzen, statt mir durch Chaos den Frieden nehmen zu lassen.**

Lüge: Sein Leben zu organisieren, ist übertriebene Mühe.

Rebecca

Karleen, meine beste Freundin, ist 26 und hat drei Kinder unter sechs, die sie zu Hause selbst unterrichtet. Diese Arbeit ist oft Belastung genug, aber sie hat erkannt, dass sich ein sauberes Zuhause auch auf ihre Haltung auswirkt. Deshalb hat sie einen festen Platz in ihrem Terminkalender reserviert, um sauber zu machen und Ordnung zu schaffen. Das hilft ihr, auch die wichtigeren Aufgaben erfolgreich zu bewältigen – zum Beispiel genügend Zeit für ihre Kinder zu haben, ohne sich überfordert und unausgeglichen zu fühlen.

Lynda

Ich muss mein Haus zumindest oberflächlich ordentlich haben, um gut arbeiten zu können. Wenn Sie jedoch in meine Brieftasche, meine Schränke oder Schubladen schauen, bekommen Sie ein anderes Bild. Ich komme nicht so gut damit zurecht, jede einzelne Aufgabe aufzulisten und abzuarbeiten, sondern mir ist es lieber, immer eine Aufräumaktion pro Woche durchzuführen und auf diese Weise langsam meine Defizite aufzuarbeiten.

Nehmen Sie sich ein Fenster am Tag vor und schließlich werden Sie die Sonne wieder sehen können. Schaffen Sie sich Zäune, mit denen Sie Ihr Leben organisieren, und Sie werden schließlich das Licht am Ende des Tunnels erblicken.

Worte der Weisheit

Lehre uns bedenken, dass wir sterben müssen, auf dass wir klug werden.
Psalm 90,12 (Luther)

Um Frauen zu sein, die aus Gottes Kraft zum Leben befähigt werden, brauchen wir Grenzen. Um die richtigen Grenzen zu ziehen, brauchen wir immer wieder aufs Neue Weisheit. Je schneller wir klug werden, umso eher werden wir die nötigen Grenzen aufgebaut haben. Und je eher wir diese Grenzen besitzen, umso schneller werden wir von Gott bevollmächtigte und zum Leben befähigte Frauen.

Lynda

Ich hatte mich einmal darangemacht, unseren Partykeller zu tapezieren. Ich dachte, ich könne die Bahnen einfach nach Augenmaß kleben und bräuchte nicht extra ein Lot zu benutzen. Und so klebte ich die erste Bahn und die zweite und alles sah soweit gut aus - bis ich zur letzten Bahn kam. Als diese auf die erste Bahn traf, klaffte zwischen beiden ein Spalt von bis zu 15 Zentimetern, der mich ziemlich wurmte. Ich hätte dieses Problem vermeiden können, wenn ich gleich am Anfang ein Lot benutzt hätte.

Wenn Sie einige Lebensbahnen verkehrt geklebt haben, weil Sie nicht die Lotschnur der Weisheit zu Hilfe genommen haben, dann fangen Sie am besten ganz neu an. Und bringen Sie auch anderen bei, wie wichtig es ist, dass wir uns um Weisheit bemühen. Stellen Sie sich selbst die Frage: *Ist das klug?* Und lehren Sie andere, sich diese Frage ebenfalls zu stellen.

Möge Gott von nun an immer bei Ihnen sein, damit seine Weisheit Ihnen zeigen kann, wie Sie Ihre Lebenszäune planen, bauen, schützen, erhalten und ausbessern können – und wie Sie andere dabei unterstützen können. Es wäre schrecklich, wenn wir die Weisheit derart vergeuden würden.

Trenne dich nie von der Weisheit, sie wird dich beschützen. Liebe sie, dann lebst du in Sicherheit. ... Halte sie in Ehren, dann wird sie dich zu Ehren bringen. Wende ihr deine Liebe zu, und sie wird dir Ansehen verschaffen.
Sprüche 4,6.8

So ist Ischa

Eine *Ischa*, die gesunde Grenzen zieht, ist eine Frau, die sich fragt: *Ist das klug?* Sie wird zum Leben befähigt, indem sie starke, nach biblischen Maßstäben gebaute Lebenszäune aufrichtet und erhält.

---

[1] Barbara Johnson, *The Women of Faith Devotional*, Zondervan, 2002, S. 211.

[2] Rick Hapson, *USA Today*, 26. März 2002, S. 01A.

[3] Hans Selye, *Stress without Distress*, J.B. Lippincott Co., 1974.

[4] Henry Cloud, John Townsend, *Boundaries*, Zondervan, 1992, S. 29 (dt. Nein sagen ohne Schuldgefühle, Edition Trobisch, 2005).

[5] Randy Alcorn, *The Purity Principle*, Multnomah, Publishers, 2003, S. 28 (dt. Beschütze dein Herz, Hänssler, 2005).

[6] Henry Cloud, John Townsend, *Safe People*, Zondervan, 1995.

[7] Rebecca St. James, *Wait for Me*, Thomas Nelson Publishers, 2002, S. 123–124.

10

Das Ziel im Blick – sich nicht nur treiben lassen

Wenn wir ein wirkliches Verlangen haben, unsere Bestimmung, die Absicht, in der wir geschaffen wurden, zu erkennen, gibt es nur einen Ort, an den wir uns wenden können – an unseren Schöpfer, den Urheber allen Sinns und Zwecks.
Kathy Peel[1]

Darum laufe ich wie einer, der das Ziel erreichen will.
1. Korinther 9,26

Auf unserer bisherigen Entdeckungsreise zur wahren *Ischa* haben wir darüber gesprochen, wie man Geborgenheit findet – wie man auf Gottes Art Schutz, Vertrautheit und Weiblichkeit findet. Wir haben den biblischen Weg zu einem gesunden Lebensstil entdeckt – was hinter wirklicher Schönheit, Reinheit und Freiheit steckt. Bevor wir nun das Thema eines von Gottes Kraft bevollmächtigten Lebens hinter uns lassen, müssen wir uns noch der Frage zuwenden, wie man seinem Leben ein Ziel gibt. Ein solches Ziel hebt uns eine Stufe höher. So finden wir die Energie, Perspektive und Konzentration auf das, was vor uns liegt. Ein Ziel zu haben wird uns die Begeisterung für das Heute ebenso schenken wie die Hoffnung für morgen.

In einem Artikel, der in der *Financial Times* erschien, wurden die tödlichen Konsequenzen deutlich, die mangelnde Hoffnung und ein fehlender Lebenssinn haben können:

In den vergangenen Jahrzehnten hat der pünktliche Eisenbahnverkehr in Japan die Effizienz und Kraft der japanischen Wirtschaft symbolisiert. Heute weisen sie auf einen neuen Trend hin – auf die sozialen Kosten einer Wirtschaftskrise.

Nachdem sich die East Japan Railway, *die Eisenbahngesellschaft mit dem weltweit höchsten Verkehrsaufkommen, mit einer wachsenden Zahl von Fällen konfrontiert sah, in denen sich Menschen vor die Züge warfen, reagierte sie nun mit einer ungewöhnlichen Strategie.*

Die Gesellschaft plant, Spiegel an den Gleisen zu installieren und die Bahnübergänge in wirren Farben zu lackieren, um potentielle Selbstmörder von ihren Absichten abzuhalten.[2]

Wie kam es nur soweit, dass wir den Sinn unseres Seins auf Beruf, Besitz und Titel reduziert haben? Wann haben wir die Kontrolle über Hoffnung und Berufung unseres Lebens an beiläufige Veränderungen unserer äußeren Lebensumstände abgegeben? In was für einem Zeitalter leben wir, wenn eine Eisenbahngesellschaft Spiegel an den Gleisen anbringen muss, um eine überhand nehmende Selbstmordrate einzudämmen? Es ist ein Zeitalter, dem es weitgehend an Lebenszielen fehlt.

- Wie sieht das bei Ihnen aus?
- Sind Sie sich unsicher, welchen Sinn Ihr Leben hat?
- Besitzen Sie eine Vision darüber, wie Ihre Zukunft nach Gottes Willen aussehen könnte?
- Kennen Sie Ihre Berufung und prägt sie Ihren Alltag?

Sinnlos oder sinn-voll?

In Lewis Carolls klassischem Kinderbuch *Alice im Wunderland* kommt Alice an eine Weggabelung. Sie fragt die Grinsekatze, welchen Weg sie nehmen soll. Die Katze antwortet ihr, das komme darauf an, wohin sie wolle; worauf Alice erwidert, das sei ihr eigentlich ziemlich egal. »Dann ist es auch egal, welchen Weg du nimmst«, gibt die Katze zurück.

Auch Sie und ich stehen täglich vor Weggabelungen und Entscheidungen. Wenn es uns wie Alice egal ist, wo wir landen, dann werden wir uns vermutlich in einer Art geistlichem Niemandsland wieder finden. Doch wenn wir ein Leben führen wollen, mit dem wir in dieser Welt etwas verändern und in dem unsere Schritte von Gott gelenkt werden, dann hat es sehr wohl Bedeutung, welche Richtung wir einschlagen. Wie also können wir herausfinden, welchen Weg wir gehen sollen?

Indem wir die Absichten Gottes für unser Leben erkennen und umsetzen.

Von Anbeginn der Welt an besaß alles, was Gott tat, einen Sinn (vgl. Psalm 33,11). Nicht nur, dass er die Dinge schuf, indem er sie durch sein Wort »ins Leben rief«, er gab auch jedem Geschaffenen einen bestimmten Sinn. Der Himmel trennt das Wasser oben von dem Wasser unten. Das Land bringt Pflanzen und Tiere hervor. Das Licht trennt den Tag von der Nacht (vgl. 1. Mose 1,6–24):

Denn in ihm ist alles erschaffen worden, was im Himmel und auf der Erde lebt, die sichtbaren Geschöpfe auf der Erde und die unsichtbaren im Himmel ... Alles hat Gott durch ihn geschaffen, und alles findet in ihm sein letztes Ziel.
Kolosser 1,16

Da Gott allem, was er geschaffen hat, einen Sinn gegeben hat, ist es kein Wunder, dass er auch uns in einer bestimmten Absicht erschaffen hat. Eine der tiefsten Sehnsüchte des Menschen ist seine Suche nach einem individuellen Lebenssinn – das Gefühl zu haben, das eigene Leben besitze so etwas wie Bedeutung. Die Sinnfrage ist ein Schlüssel zum Leben. Ohne sie bleibt das Leben bedeutungslos.

Man sollte meinen, Christen müssten eher wissen, wozu Gott uns Menschen geschaffen hat. In Wirklichkeit jedoch fühlen sich viele von uns genauso ziellos wie Alice. Die Suche nach Gottes Willen und Absicht für unser Leben ist wie die Jagd nach dem goldenen Topf am Ende des Regenbogens. Schauen Sie sich um und schauen Sie sich selbst an! Wie führen andere ihr Leben? Wir sprachen im Kapitel 2 von Abraham Maslows Hierarchie der Bedürfnisse: den physiologischen Grundbedürfnissen, dem Bedürfnis nach Sicherheit, den emotionalen Bedürfnissen (nach Annahme, Zugehörigkeit, Wertschätzung) und dem Bedürfnis nach Selbstverwirklichung.

Wir haben diese Bedürfnisse mit den Begriffen »sicher und geborgen«, »emotional und geistlich ausgewogen« und »zum Leben befähigt« wiedergegeben. Wir hätten sie auch anders benennen können: Überlebensmodus, Erfolgsmodus und Bedeutungsmodus.

In welchem Modus leben Sie die meiste Zeit?

Wenn Sie im *Überlebensmodus* leben, geht es Ihnen – obwohl Sie Jesus kennen – nur darum, Ihr Leben zu erhalten. Jeder Tag ist ein mechanischer Ablauf aus Arbeiten, Schlafen, Arbeiten, Schlafen ... Sie kommen irgendwie zurecht und leben nur für die vier Wochen Urlaub im Jahr oder für den Traummann, der Sie eines Tages auf seinen starken Armen davonträgt, oder für den idealen Job, der Ihnen Erfüllung und Anerkennung bringt. Doch Sie werden entdecken, dass all diese Dinge niemals das erfüllen, was Sie brauchen oder sich davon erwartet haben.

Im *Erfolgsmodus* setzen Sie alles auf ein Pferd und das trägt den Namen »Erfolg«. Sie sind ständig damit beschäftigt, etwas aus sich zu machen – etwas zu verdienen, zu erreichen und sich weiter zu qualifizieren. Im Leben etwas zu erreichen ist für Sie gleichbedeutend mit Erfolg. Und so messen Sie das, was Sie erreichen, daran, was andere über Sie sagen oder von Ihnen erwarten – an den Dingen, die Sie anhäufen und der Anerkennung, die Sie sich erwerben. Doch innerlich fühlen Sie sich leer, unerfüllt und ziellos. Der Dichter Edwin Arlington Robinson hat ein Gedicht über einen Menschen geschrieben, der durch sein Leben im *Erfolgsmodus* in ein verzweifeltes Gefühl der Sinnlosigkeit hineingetrieben wurde.

Wann immer Richard Cory in die Stadt kam,
blickten wir Menschen von der Straße ihm nach:
Er war ein Gentleman vom Scheitel bis zur Sohle,
von gefälligem Aussehen und von überragender Statur.

Und er war immer dezent gekleidet,
und er hatte immer etwas Menschliches an sich,
wenn er sprach;
und doch ließ er die Herzen höher schlagen,
wenn er »Guten Morgen« sagte, und sein Gang war voller Glanz.

Und er war reich - ja, reicher als ein König,
und er war bewundernswert gelehrt in jeder Hinsicht:
kurzum - wir dachten, er besäße alles,
was uns wünschen ließ, an seiner Stelle zu sein.

Und so schufteten wir weiter und warteten auf das Licht
und lebten weiter ohne Fleisch und verfluchten unser Brot;
während Richard Cory an einem lauen Sommerabend
nach Hause ging und sich eine Kugel in den Kopf jagte.

Nicht der Tod gehört zu den größten Tragödien des Lebens, sondern ein Mensch, der nicht erkennt, welchen Sinn Gott ihm ganz persönlich geschenkt hat. Der Mensch lebt erst wirklich, wenn er weiß, wozu er am Leben ist. Leben in der Fülle, wie wir es in Kapitel 1 beschrieben haben, findet man nicht im *Überlebens-* oder *Erfolgsmodus*. Dazu müssen Sie sich dem *Bedeutungsmodus* zuwenden.

Der Bedeutungsmodus – durch und durch sinnvoll

Rebecca

Mit 12 Jahren besuchte ich einen Schulgottesdienst, der meine Lebensgeschichte grundlegend prägen sollte. Wer sich von Gott gerufen fühlte, ihm seine Gaben und Talente hinzuhalten, sollte nach vorne kommen. Ich hatte den Eindruck, ich sollte dem Aufruf folgen und Gott um seine Wegweisung bitten, damit ich seinen Willen und seine Absichten für mein Leben entdecken konnte. Noch im selben Jahr begann Gott, mich in die musikalische Berufung hineinzuführen.

Lynda

Ich hatte bereits vier Jahre unterrichtet. Mir machte die Arbeit Spaß, aber sie war nicht meine große Liebe, und ich fühlte mich gerufen, etwas anderes zu tun. Und so machte ich mich auf die Suche. Ich war nicht der Typ, der damit zufrieden ist, zwanzig Jahre an der gleichen Stelle zu arbeiten, und neue Erfahrungen lockten mich. Ich glaubte, meine Antwort gefunden zu haben, und beendete meine Arbeit als Lehrerin, um eine Stelle als Programmkoordinatorin in der freien Wirtschaft anzunehmen. Doch schon bald fand ich mich im reinen *Überlebensmodus* wieder, wie so viele um mich herum, die bestenfalls noch darauf hofften, an ihrem Arbeitsplatz den *Erfolgsmodus* zu erreichen. Die meisten schienen nur auf ihre vier Wochen Urlaub im Jahr hinzuleben, während die etwas Ehrgeizigeren unter ihnen Befriedigung in der Anerkennung durch ihre Vorgesetzten suchten. Also ging meine Jagd nach dem Ort, an dem mein Tun eine Bedeutung haben würde - und damit meine Jobsuche -, weiter. Erst als ich mit dem Glauben ernst machte, fand ich den Lebenssinn, nach dem ich suchte. Ich erkannte, dass die Bedeutung einer Aufgabe nichts damit zu tun hat, wo ich arbeite oder wie lange ich einer bestimmten Beschäftigung nachgehe, sondern allein damit, ob ich Gott ins Zentrum meiner Sinnsuche setze.

Das Leben kann mehr sein als bloßes Überleben oder die Jagd nach vergänglichem Erfolg. Gott hat uns geschaffen, damit wir unser einzigartiges Potenzial verwirklichen. Er hat uns auch die Sehnsucht und den Drang ins Herz gelegt, dieses Potenzial zu erreichen. Wir können unsere Suche nach Sinn messen an dem, was Rick Warren in seinem Erfolgsbuch *Leben mit Vision* schreibt. Warren beschreibt die Ziele, die die Bibel jedem Christen setzt, folgendermaßen:

- Sie wurden zur Freude Gottes erschaffen.
- Sie wurden als Teil von Gottes Familie erschaffen.
- Sie wurden erschaffen, um Christus ähnlicher zu werden.
- Sie wurden erschaffen, um Gott zu dienen.

Doch Warren fügt noch eine weitere Dimension an, und zwar den persönlichen oder individuellen Lebenszweck, zu dem jeder von uns geschaffen wurde: Wir sollen Menschen sein, die einen Auftrag erfüllen.[3]

Lynda

Ich gehöre zu den Hunters, so lautet mein Familienname. Zu den Zielen, die mit diesem Namen verbunden sind, gehört zum Beispiel ein Leben zu führen, wie es Gott gefällt, Menschen so zu begegnen, wie Christus es täte, einander zu lieben und anderen vom eigenen Glauben zu erzählen. Doch neben meiner Identität als Angehörige der Familie Hunter bin ich eben auch Lynda. Ich bin einzigartig erdacht und wunderbar gemacht (vgl. Psalm 139).

In gleicher Weise wünscht sich Gott für alle Angehörigen seiner Familie, dass sie ihn lieben und ihren Nächsten wie sich selbst. Außerdem gibt es drei weitere Dinge, die Gott sich für uns wünscht:

Dass wir zu einer persönlichen und vertrauten Beziehung zu Gott finden

Wir haben über diese Sehnsucht Gottes bereits in Kapitel 3 gesprochen. Bevor Adam und Eva sündigten, begegneten sie Gott ganz natürlich im Garten Eden und unterhielten sich von Angesicht zu Angesicht mit ihm. Nicht weniger als das wünscht sich Gott für uns.

Denn mein Plan mit euch steht fest: Ich will euer Glück und nicht euer Unglück. Ich habe im Sinn, euch eine Zukunft zu schenken, wie ihr sie erhofft. Das sage ich, der Herr. Ihr werdet kommen und zu mir beten, ihr werdet rufen, und ich werde euch erhören. Ihr werdet mich suchen und werdet mich finden.
Jeremia 29,11–13

Dass wir uns seiner Herrschaft unterwerfen und ihm Raum geben, uns in sein Bild zu verwandeln

Es fing damit an, dass er uns zu seinem Bild schuf:

So schuf Gott die Menschen nach seinem Bild, als Gottes Ebenbild schuf er sie und schuf sie als Mann und als Frau.
1. Mose 1,27

Es findet seine Fortführung und sein Ziel in Gottes Sehnsucht, dass wir im Glauben wachsen und seinem Sohn immer ähnlicher werden.

Sie alle, die Gott im Voraus ausgewählt hat, die hat er auch dazu bestimmt, seinem Sohn gleich zu werden. Nach dessen Bild sollen sie alle gestaltet werden, damit er der Erstgeborene unter vielen Brüdern und Schwestern ist.
Römer 8,29

Doch Gott hat auch individuelle Pläne für jede von uns. Er will ...

Dass wir unser einzigartiges und individuelles Lebensziel finden und verwirklichen

Er will, dass wir an seinem Wirken Anteil haben.

Und Gott segnete die Menschen und sagte zu ihnen: »Seid fruchtbar und vermehrt euch! Füllt die ganze Erde und nehmt sie in Besitz!«
1. Mose 1,28

Die Botschaft ist klar: Mensch zu sein bedeutet, ein Lebensziel zu haben. Wir befinden uns auf einer Mission hier auf der Erde – sowohl als Ganzes als auch als Individuum. Wir sollen nicht nur erkennen und mitgestalten, was Gott allgemein auf dieser Welt tut, sondern, was er ganz individuell durch uns tun möchte. Er will, dass wir unser Lebensziel finden und verwirklichen.

Und Gott verbirgt dieses Lebensziel nicht vor uns. Er profitiert doch am meisten davon, wenn wir unser Lebensziel entdecken und seinen Willen tun. Bei allem, worüber wir in diesem Buch geschrieben haben, beginnt und endet unsere Entwicklung zu einer wirklichen *Ischa* immer damit, dass wir in einer persönlichen Beziehung zu unserem himmlischen Vater leben. Wenn wir keine Freundschaft zu Gott entwickeln, wird uns seine Stimme nicht vertraut sein und wir werden sie nicht aus den anderen Stimmen, die in dieser Welt auf uns eindringen, heraushören können. Wenn Sie Christus als Ihren Erlöser angenommen haben, ruft er Ihnen seine Anweisungen und seine Pläne für Ihr Leben zu – so viel ist sicher. Sie müssen nur auf seine Stimme hören, damit Sie Ihren Lebenssinn in sechs Schlüsselbereichen entdecken und verwirklichen können.

Die sechs Bereiche, in denen sich unser Lebenssinn gestaltet

Unseren Lebenssinn finden wir nicht im luftleeren Raum. Er hat etwas zu tun mit unseren Potenzialen, Prioritäten, unserem Lebensweg, mit Menschen, Stolpersteinen und mit Frieden. Schauen wir uns das einmal genauer an.

1. Unser Potenzial

Lynda

Die 23-jährige Megan hat in ihrem Leben schon viele Verletzungen erfahren, unter anderem die Scheidung ihrer Eltern – damals war sie drei. Sie hat gelernt, Gott zu misstrauen. Sie glaubt nicht, dass Gott ihr Bestes will, weil er zugelassen hat, dass ihre Familie auseinander brach. Deshalb hat sie auch Angst, ihm ihr Leben anzuvertrauen. Sie sagte mir, einen Glauben wie meinen oder den anderer Christen aus ihrem Bekanntenkreis wolle sie nicht. Ich erwiderte ihr: »Das liegt daran, dass Gott dich mit einem anderen Lebensziel geschaffen hat. Gott hat mit deinem Leben etwas vor, was all deine Gaben und Fähigkeiten, deine Persönlichkeit und deine Interessen einschließt. Er möchte, dass du deine eigene, ganz und gar einzigartige Beziehung zu ihm findest.«

Das gilt für uns alle. Gott hat in uns all das angelegt, was wir brauchen, um seinem Lebensziel zu entsprechen – die Charakterzüge, die ganz natürlich in uns schlummern. Was in uns angelegt ist, entspricht dem Sinn, den unser Leben hat, und das wiederum weist uns auf unser Potenzial hin. Wenn wir unseren Lebenssinn nicht kennen, werden wir vermutlich kaum unser volles Potenzial ausschöpfen.

Im Grunde sind wir so, wie wir sind, weil hinter unserem Sein eine bestimmte Absicht steht. Die Lebensaufgabe, die Gott uns gibt, offenbart unsere Fähigkeiten und Möglichkeiten. Unser Potenzial setzt sich aus unseren ganz individuellen Gaben, Fähigkeiten und Interessen zusammen.

2. Prioritäten

Jesus erkannte zunächst den Sinn seines Lebens. Dann ließ er zu, dass dieser Lebenssinn seine konkreten Lebensziele bestimmte, auf denen dann wiederum seine Entscheidungen basierten. Auch seinen Erfolg maß er an diesem Lebenssinn und setzte entsprechende Prioritäten.

Da es Jesu Lebenssinn war, den Willen seines Vaters zu tun, brachte er all sein eigenes Tun mit diesem Lebensziel in Einklang. Seine Werte wurden von diesem Ziel definiert und bestimmten ihrerseits, was Jesus als Recht oder Unrecht ansah, was ihm wichtig war und was nicht. Diese Werte bestimmten letztlich die Prioritäten, die er sich setzte.

Lynda

Als ich noch als Grundschullehrerin arbeitete, musste ich für jede Klasse Lehrpläne entwerfen. Diese Pläne machten es notwendig, dass ich mir zunächst ein Ziel für die jeweilige Unterrichtseinheit setzte. Dann ordnete ich meine Prioritäten und legte konkrete Arbeitsziele fest, die dem Gesamtziel untergeordnet waren. So hatte ich immer das Ende im Blick. Während des Unterrichts wusste ich stets, worauf ich hinaus wollte. Die Pläne und Prioritäten ermöglichten es mir, das Ziel im Blick zu behalten, und ohne sie wäre die Schulstunde vergangen, ohne dass ich diesem Ziel näher gekommen wäre.

Prioritäten bewahren uns davor, ineffizient zu arbeiten und den weniger wichtigen Dingen zu große Aufmerksamkeit zu schenken. Sie helfen uns, aus all dem Guten, mit dem wir konfrontiert werden, das Beste zu wählen. Sie sind die Leitlinien, die uns den richtigen Weg erkennen lassen, der uns dann letztlich zu dem Ziel führt, auf das unser Blick gerichtet ist. So setzen wir wie Jesus unsere Prioritäten und treffen die Entscheidungen, die uns dem Lebensziel näher bringen. Leben ohne konkrete, messbare Zielsetzungen bleibt immer halbherzig und dem Zufall überlassen.

3. Unser Lebensweg

In den fünfziger Jahren des 20. Jahrhunderts ersann die US-Marine ein Programm, das sich PERT (*Program Evaluation Review Technique*) nannte. Diese Strategie zur Bewertung von Vorhaben wurde benutzt, um für bestimmte Projekte Zielvorgaben und Vorgehensweisen zu formulieren. Kurz gesagt wurden ein Ausgangs- und ein Zielpunkt festgelegt sowie die zur Erreichung des Zieles notwendigen Schritte. Außerdem wurde jedem Schritt ein Zeitrahmen gesetzt. Ein PERT für die Reinigung einer Küche könnte z. B. so aussehen:

Chaotische Küche	Tisch abräumen (10 Min.)	Geschirrspüler einräumen (20 Min.)	Boden wischen (15 Min.)	**Saubere Küche**

Wir könnten unser Leben als eine Abfolge von PERTs ansehen. Das große PERT beginnt mit unserer Geburt und endet mit unserem Tod. Für die Zeit dazwischen kennen nur Sie selbst die für Ihren Lebensweg ausschlaggebenden Erfahrungen. Kleinere PERTs können Ihnen jedoch helfen, produktive Zwischenziele zu erreichen. Der Prozess beginnt damit, dass Sie sich fragen, was Ihr Ziel ist. Dann beginnen Sie am Ausgangspunkt - wo stehen Sie heute mit Blick auf Ihr Ziel? - und legen fest, welche Schritte Sie zu diesem Ziel führen werden.

4. Menschen

Rebecca

Eine Leitungsposition innezuhaben ist manchmal eine ziemliche Herausforderung. Ich musste auf schmerzhafte Weise lernen, dass ich es nicht jedem recht machen kann, und zwar, als ich einmal über die ungehaltene Reaktion eines Mitarbeiters auf eine meiner Entscheidungen ziemlich bedrückt war. Gott redete sehr deutlich zu mir. In meiner Bibel las ich, dass ich dazu berufen bin, Gott mit Freude zu dienen (vgl. Psalm 100,2). Kurz gesagt soll ich meine Freude daran haben, die mir von Gott gegebenen Aufgaben zu erfüllen. Ich hatte mir von meiner Sorge über die Meinungen anderer meine Freude rauben lassen. Doch ich lernte dadurch, dass es mein wichtigstes Lebensziel sein muss, die Berufung zu leben, die Gott mir gegeben hat, und dabei anderen so liebevoll wie möglich zu begegnen. Doch ich soll nicht danach trachten, Menschen zu gefallen, wenn das bedeutet, Gott weniger zu gefallen.

Es gibt zwar immer wieder Konflikte, wenn wir Seite an Seite mit anderen darum ringen, unser Lebensziel zu erreichen, doch die Gemeinschaft mit anderen Christen, deren erste Priorität Gott ist, birgt in der Regel - wenn auch nicht zu jeder Zeit - eine Kraftquelle. Jesus verbrachte seine Zeit mit Menschen, die seine Lebensziele teilten, genauso wie Abraham. Der Verfasser des Hebräerbriefs nannte die, die mit Abraham zogen, »Miterben der Verheißung« (Hebräer 11,9; Einheitsübersetzung). Diese Zeit, die sie mit Menschen verbrachten, die das gleiche Ziel hatten, bereitete sie auf die Aufgaben vor, zu denen sie berufen waren. Gordon MacDonald beschreibt in seinem Buch *Renewing Your Spiritual Passion* die Menschentypen, mit denen wir uns umgeben und die unsere Leidenschaft und folglich auch unsere Lebensziele beflügeln oder hindern:

- Menschen mit kreativen Ideen entzünden unsere Leidenschaft.
- Menschen, die für unser Leben wichtig sind, teilen unsere Leidenschaft.
- Menschen, die bereit sind zu lernen, lassen sich von unserer Leidenschaft anstecken.
- Menschen, die nett sind, freuen sich an unserer Leidenschaft.
- Menschen, die andere aufzehren, saugen unsere Leidenschaft in sich auf.[4]

Wenn wir uns mit anderen zielstrebigen Menschen umgeben, werden wir uns gegenseitig eine Hilfe sein, unserem Ziel näher zu kommen, es nicht aus den Augen zu verlieren und für andere da zu sein, die noch nicht wissen, wozu Gott sie geschaffen hat.

5. Stolpersteine

Lynda

Ich hörte einmal von einem Mann, der nach Indien reiste und dort Arbeiter beim Weben schöner Teppiche beobachtete. Die Arbeiter saßen in einem Kreis um den Vorarbeiter. Der Besucher fragte einen der Arbeiter: »Was machen Sie, wenn Ihnen ein Fehler unterläuft? Werfen Sie den Teppich weg und fangen von vorne an?« Der Arbeiter antwortete: »Wir bringen unsere Arbeit dem Vorarbeiter. Der schaut sich unsere Arbeit mit dem Fehler genau an und ändert dann das Muster so ab, dass der Fehler in die Arbeit einfließen kann. Und dann machen wir weiter.«

Gott schuf nicht nur den ersten Entwurf unseres Lebenssinns, er entwirft ihn auch neu. Wenn Sie sich Sorgen machen, Ihre Lebensentscheidungen könnten Gottes Pläne durchkreuzt haben, dann dürfen Sie wissen, dass er bereits ein Umkehrprogramm entworfen hat, um Ihre Umwege zu integrieren. Er hat das gesamte Lebensdesign so angelegt, dass Ihre Fehlentscheidungen darin Platz finden. Gott kündigt wegen Ihrer Vergangenheit seine Absichten für Ihr Leben nicht auf. Seine Lebensziele verwandeln Fehler in Wunder und Enttäuschungen in ein lebendiges Zeugnis.

Gordon MacDonald beschreibt im weiteren Verlauf seines Buches Zustände, die unsere Leidenschaft zerstören und uns hindern, unsere Lebensziele weiter zu verfolgen:

- Zustand der Erschöpfung: ausgelaugte oder erschöpfte Energien und Ressourcen
- Zustand der Dürre: unkontrollierte Emotionen, wie Reizbarkeit und Ungeduld
- Verzerrter Blickwinkel: der Blick auf die Wirklichkeit wird getrübt durch die Lügen der Welt und eine Überflutung mit Botschaften
- Zustand der Verwüstung: das Gefühl der Ermüdung, das daher rührt, dass Menschen oder äußere Umstände den Dingen, für die wir uns einsetzen, vehement entgegenstehen
- Zustand der Desillusion: Träume zerplatzen wie Seifenblasen
- Zustand nach persönlichen Niederlagen: Verluste oder Rückschläge
- Zustand der Niedergeschlagenheit: eingeschüchtert durch Menschen, Ereignisse oder Institutionen, die mächtiger erscheinen als Gott[5]

Schützen Sie sich vor Zuständen oder Entscheidungen, die Sie an der Verfolgung Ihres Lebensziels hindern könnten. Doch wenn Sie einmal Mist bauen, dann denken Sie daran, dass Ihr Lebensziel bestehen bleibt und dass Gott Ihnen helfen kann, neu daran anzuknüpfen.

6. Frieden

Wenn wir auf der Suche nach unserem Lebenssinn bei einer Entscheidung das Gefühl haben, dass irgendetwas nicht stimmt, sagen wir manchmal: »Ich finde einfach keinen Frieden darüber!« Wir spielen damit auf den Heiligen Geist an, der uns Christen zeigt, welchen Weg wir gehen sollen.

Psychologen nennen entsprechende Gefühle kognitive Dissonanzen und definieren diese als »eine Spannung, die entsteht, wenn jemand gleichzeitig zwei einander widersprechende Ansichten vertritt«[6]. Kognitive Dissonanzen führen zu einem inneren Konflikt oder Verunsicherung. Diese legt sich erst, wenn wir entweder unsere Gefühlslage verändern oder unser Handeln. Wenn uns bei einer anstehenden Entscheidung der Friede fehlt (oder wir eine kognitive Dissonanz erleben), kann das zwei Ursachen haben: Entweder gibt Gott es uns ins Herz, dass wir dabei sind, einen Fehler zu begehen, oder Satan will uns davon abhalten, unser Lebensziel zu verwirklichen. Unsere Aufgabe ist es dann herauszufinden, was von beiden der Fall ist. Wir können das tun, indem wir mit Gott reden:

- Bitten Sie ihn, zu reden und Ihnen seinen Willen deutlich zu machen.
- Bitten Sie ihn, seine Absichten auf andere Weise zu bestätigen.
- Bitten Sie ihn, nicht zuzulassen, dass Sie falsche Schritte tun.
- Bitten Sie ihn, Ihnen Frieden zu schenken.

Nichts kann den Frieden ersetzen, der uns einhüllt, wenn wir ganz mit Gottes Willen im Einklang sind.

Um zielgerichtet zu leben, müssen Sie über den allgemeinen Auftrag hinausgehen, der allen Christen gilt - Gott zu lieben und ihn durch Ihr Leben zu verherrlichen. Sie müssen einen spezifischen Auftrag finden, der nur Ihnen gilt. Sie werden erst dann *Ischa* sein, deren Leben eine Bedeutung, ein Ziel und die bevollmächtigende Kraft Gottes besitzt, wenn Sie nicht mehr halbherzig ums Überleben oder um Erfolg ringen. Sie können *Ischa* werden, wenn Sie mehr von Ihrer Beziehung zu Gott erwarten. Nichts gewinnt an Kraft, solange es nicht konkret wird. Ihr Lebensziel in seinen Grundzügen zu begreifen ist eine Sache, dieses Ziel anzugehen und alles daranzusetzen, dorthin zu gelangen, ist eine ganz andere. Schauen wir uns eine Frau an, die das getan hat.

Ester – »um dieser Gelegenheit willen« (vgl. Ester 1–10)

Königin Ester erkannte, dass Gott ihr innerhalb der großen Ziele, die er mit seinem Volk hatte, eine individuelle Berufung schenkte. Sie war die Frau des persischen Königs Xerxes, der zwischen 486 und 465 vor Christus über 127 Provinzen von Indien bis Äthiopien herrschte. Ester war keine Perserin, sondern ein jüdisches Waisenmädchen, das von ihrem Cousin Mordechai im Exil großgezogen worden war. Er kümmerte sich wie ein Vater um sie und sie gehorchte ihm wie eine Tochter, obwohl sie die Königin war.

Haman, der ehrgeizige Kanzler des Königs, hasste die Juden. Doch er besaß die Achtung des Königs und so befahl dieser, dass sich das Volk vor Haman zu verbeugen hatte. Als Mordechai ablehnte, sich vor irgendeinem anderen als Gott allein zu verneigen, wurde Haman wütend. Er errichtete einen Galgen für Mordechai und beschloss, alle Juden im persischen Reich zu vernichten. Der König hatte Haman eine Art Generalvollmacht gegeben, sodass er tun und lassen konnte, was er wollte. Unter den Juden machte sich Angst breit.

Auf Mordechais Bitte hin hatte Ester dem König ihre jüdische Abstammung verheimlicht, doch nun erkannte er, dass die Juden ihr Eingreifen nötig hatten.

»Geh zu deinem Mann und bitte ihn, dein Volk zu retten«, wies er Ester an.

»Dein Volk« – das würde bedeuten, dass Ester ihre Herkunft preisgeben musste. Wie würde der König reagieren? Würde er sich von ihr betrogen fühlen? Hasste er die Juden ebenso sehr wie Haman?

Und da gab es noch ein weiteres Hindernis. Niemand durfte vor den König treten, ohne von diesem gerufen worden zu sein – nicht einmal die Königin. Wenn sie es dennoch tat, riskierte sie ihr Leben.

Doch Mordechai bestand darauf: »Wer weiß, ob du nicht genau um dieser Gelegenheit willen zur Königin erhoben worden bist?« (Ester 4,14).

Ester erkannte, dass sie durch ihr Schweigen den Absichten Gottes im Wege stehen könnte. Gott hatte nicht auf übernatürliche Weise eingegriffen, um sein Volk zu retten. Er hatte nicht seine himmlischen Heerscharen herbeigerufen, um das Perserreich in Schutt und Asche zu legen. Der Plan zur Rettung seines Volkes sollte ganz natürlich durch eine Frau in die Tat umgesetzt werden.

Ester rief ein dreitägiges Fasten aus, weil sie Gott um seine Führung bitten wollte. Schließlich setzte sie alles auf eine Karte und beschloss, den ihr vorgezeichneten Weg zu gehen, selbst wenn es sie das Leben kosten sollte: »Komme ich um, so komme ich um!« (Ester 4,16).

Nachdem sie mehrere Tage gebetet hatte, zog sie ihr schönstes Gewand an und trat vor den König. Sie wagte kaum, zu atmen. Sollte sie ihr Leben verlieren?

Plötzliche Stille erfüllte den Raum. Langsam, sehr, sehr langsam streckte ihr der König sein goldenes Zepter entgegen, als Zeichen dafür, dass sie ihr Leben nicht verwirkt hatte. Dann fragte er sie: »Was führt dich her, Königin Ester? Was ist dein Wunsch? Ich gewähre dir alles, bis zur Hälfte meines Königreiches!« (Ester 5,3).

Ihre erste Bitte an Gott war erhört worden. Ihr Leben war verschont geblieben. Doch Ester wusste nicht nur, dass Gott durch sie etwas tun wollte, sondern auch, dass Gott seine eigene Zeit zur Erreichung seiner Ziele bestimmen würde. Sie war so klug, Xerxes nicht eilig ihre Bitte vorzutragen. Stattdessen lud sie ihren Mann und Haman zu einem Festmahl ein. Beim Mahl fragte der König erneut nach ihrem Wunsch, doch wieder hatte sie den Eindruck, sie solle noch abwarten.

»Wenn ich deine Gunst, mein König, gefunden habe, und wenn du so gnädig bist, mir meinen Wunsch zu erfüllen, dann komm doch auch morgen mit Haman zu dem Mahl, das ich für dich vorbereiten werde. Dann will ich dir meinen Wunsch sagen«, entgegnete sie.

In der darauf folgenden Nacht konnte der König nicht schlafen, darum ließ er sich von seinem Diener aus der Chronik vorlesen, in der die wichtigsten Ereignisse seiner Regierungszeit aufgeschrieben waren. Xerxes hörte einen Bericht darüber, wie ihm Mordechai vor Jahren das Leben gerettet hatte. König Xerxes beschloss, dass es an der Zeit wäre, Mordechai für seine Loyalität zu danken.

Beim Mahl am darauf folgenden Tag wusste Ester, dass es nun an der Zeit war, ihren Wunsch vorzutragen. Sie bat den König, ihr Volk zu verschonen. Hätte sie die gleiche Bitte am Tag zuvor vorgetragen, wäre sie vermutlich auf taube Ohren gestoßen. Doch weil Ester Gottes Absichten und der Stimme der Weisheit gehorcht hatte, befand sie sich ganz und gar im Einklang mit Gottes Zielen und Timing.

Ihr Mann wollte wissen: »Wo ist der Mann, der so schändliche Pläne ausheckt?«

Und Ester deutete auf Haman. Der König befahl, Haman an dem Galgen aufzuhängen, den dieser für Mordechai hatte errichten lassen.

Hier wird der Lauf der Geschichte umgeschrieben. Statt dass die Juden getötet wurden, bekehrten sich viele zum jüdischen Glauben, weil sie erkannten, dass Gott für sein Volk sorgt (vgl. Ester 8,17). So wurde das Purimfest ins Leben gerufen, in dem die Juden in aller Welt noch heute daran erinnern, was Königin Ester für ihr Volk getan hat. Ohne sie wäre das jüdische Volk möglicherweise ausgelöscht worden. Jesus, der Messias, war ein Angehöriger des jüdischen Volkes. Ohne ihn wäre die Welt verloren gewesen. Doch Gott befähigte eine Frau, von der er wusste, dass sie vertrauenswürdig war, ihre Lebensaufgabe zu erfüllen, sodass auch seine weitaus umfassenderen Ziele erfüllt werden konnten.

Die Bedeutung von Sinn und Zielen für Ihr Leben

Nun ist es Zeit, dass Sie sich Ihrem persönlichen Lebenssinn zuwenden. Nehmen Sie Ihr Tagebuch oder ein leeres Blatt Papier zur Hand und schreiben Sie Ihre Antworten auf die unten stehenden Fragen auf.

Ischa richtet ihr Leben auf die Wahrheit Gottes aus

➤ **Jeder besitzt irgendein Talent, doch Gott gibt jedem aus seinem Volk – und damit auch mir – spezielle geistliche Gaben, die wir seinen Absichten entsprechend einsetzen sollen.**

Lüge: Ich besitze keine speziellen Gaben oder Fähigkeiten.

- Mit welchen Gaben hat Gott Sie ganz persönlich ausgestattet?
- Was können Sie gut?
- Wo liegen Ihre Interessen?
- Welche persönlichen Stärken und Schwächen beobachten Sie an sich selbst? Welchen Einfluss haben diese auf Ihre Gaben?

Ein Wort, das Sie sich merken sollten

Wir haben ganz verschiedene Gaben, so wie Gott sie uns in seiner Gnade zugeteilt hat.
Römer 12,6

➤ **Ich muss lernen, den Dingen, die mich meinem Lebensziel näher bringen, Aufmerksamkeit und Priorität zu schenken.**

Lüge: Ich habe so viel zu tun, dass ich gar nicht dazu komme, mich um die Dinge zu kümmern, die mir am meisten bedeuten.

- Welche Ziele haben Sie – kurzfristig und langfristig?
- Welche Werte sind Ihnen wichtig? Wofür setzen Sie sich leidenschaftlich ein?
- Wenn Sie nur noch einen Tag zu leben hätten, wie würden Sie ihn gestalten?
- Worauf werden Sie am Ende Ihres Lebens wohl zurückblicken: Was werden Sie erreicht haben?
- Mit welchen Eigenschaftswörtern würden Sie Ihr Leben beschreiben?
- Gibt es einen Menschen oder eine Sache, für die Sie bereit wären, zu sterben?
- Welche kurze und prägnante Inschrift sollte Ihr Grabstein tragen?
- Welchen wichtigen Aspekten Ihres Lebens müssten Sie mehr Aufmerksamkeit schenken?

Ein Wort, das Sie sich merken sollten

Alles ist mir erlaubt, aber nicht alles dient zum Guten.
1. Korinther 6,12

➤ **Gott hat mich in einer bestimmten Absicht geschaffen.**
Lüge: Mein Leben ist so banal. Gott kann ein so durchschnittliches Leben nicht sinnvoll nutzen.

- Welche zehn wichtigen Ereignisse Ihres Lebens - gute oder schlechte - fallen Ihnen spontan ein?
- Wenn Sie auf diese Ereignisse zurückblicken, können Sie ein Muster oder etwas Planvolles erkennen, sodass Sie in eine bestimmte Lebensrichtung geführt wurden?
- Beschreiben Sie diese Lebensrichtung. Skizzieren Sie das PERT für Ihr Leben (wie auf Seite 227) beschrieben) und die dazugehörigen Schlüsselereignisse.
- Und nun skizzieren Sie ein PERT, das dort beginnt, wo Sie im Augenblick stehen, und mit dem Zielpunkt endet, an den Sie als erneuerte, zielgerichtete, veränderte Person gelangen möchten. Beschreiben Sie in drei Schritten, wie Sie an diesen Zielpunkt gelangen können.

Ausgangspunkt: ______________________

Schritt 1: ______________________

Schritt 2: ______________________

Schritt 3: ______________________

Zielpunkt: ______________________

Ein Wort, das Sie sich merken sollten

Denn mein Plan mit euch steht fest: Ich will euer Glück und nicht euer Unglück. Ich habe im Sinn, euch eine Zukunft zu schenken, wie ihr sie erhofft. Das sage ich, der Herr.
Jeremia 29,11

➤ **Gott hat überall auf der Welt Menschen, die von etwas träumen, das gut zu meinen Lebensträumen passt.**

Lüge: Niemand wird ausgerechnet meine Lebensziele unterstützen.

- Welche fünf Personen kennen Sie, die Ihnen besonders zielgerichtet erscheinen? Was zeichnet sie aus?
- Was würden Sie gerne von ihnen lernen?
- Nennen Sie fünf Personen, mit denen Sie in den letzten zwei Wochen mehr als eine Stunde verbracht haben. In welcher Weise haben diese Menschen Sie in der Verfolgung Ihrer Lebensziele unterstützt beziehungsweise gehindert?
- Bitten Sie Gott im Gebet um Menschen, die Sie bei der Suche nach Ihrer Lebensberufung unterstützen könnten! Halten Sie die Augen offen!

Ein Wort, das Sie sich merken sollten

Das Herz freut sich an Salbe und Räucherwerk, und süß ist der Freund, der wohlgemeinten Rat gibt.
Sprüche 27,9

➤ **Gott hat mich nicht nur mit einer bestimmten Absicht geschaffen, er erneuert diese Absichten auch immer wieder.**

Lüge: Ich habe schon so viel Mist gebaut. Gott kann mich unmöglich gebrauchen.

- Gibt es Dinge in Ihrer Vergangenheit, die Sie bereuen?
- Welche Ihrer Lebensentscheidungen könnten Ihrer Meinung nach Gottes Absichten für Ihr Leben zunichte gemacht haben?
- Glauben Sie, dass er Sie mit all Ihren Fehlern erneuern und wieder in seine Ziele einbinden kann?
- Wo haben Sie Gottes Liebe, Gnade und Vergebung erfahren?
- Welche Ihrer Lebensweisen stehen zwischen Ihnen und Gott und seinen Absichten für Ihr Leben? Welche Haltungen, Gefühle oder Motive? Schreiben Sie diese Hindernisse auf und bitten Sie Gott um Vergebung und Erneuerung. Danach dürfen Sie sie hinter sich lassen. Heute ist ein Neuanfang.

Gott nimmt die Gaben, die er gegeben hat, nicht wieder weg. Und er ändert auch nicht plötzlich seine Meinung über die Menschen, denen er seine Gnade geschenkt und die er berufen hat.

Ein Wort, das Sie sich merken sollten

Denn Gott nimmt seine Gnadengeschenke nicht zurück, und eine einmal ausgesprochene Berufung widerruft er nicht.
Römer 11,29

➤ **Wenn ich mit Gott im Reinen bin und nach seinen Plänen lebe, finde ich Frieden.**

Lüge: Ich kann keinen Frieden in einem auf Gottes Ziele ausgerichteten Leben finden.

- Spiegelt mein Handeln wider, was ich mit Hilfe der Bibel als richtig erkannt habe? Finde ich dadurch inneren Frieden?
- Wie häufig spüre ich echten tiefen Frieden?
- Was verschafft mir den tiefsten Frieden?
- Welche Menschen stärken die Ziele und den Frieden Gottes in meinem alltäglichen Leben?
- Was raubt mir immer wieder den Frieden?
- Was sagt der erlebte beziehungsweise fehlende Friede über mein Leben aus?

Ein Wort, das Sie sich merken sollten

Noch einmal sagte Jesus zu ihnen: »Frieden sei mit euch! Wie der Vater mich gesandt hat, so sende ich nun euch.«
Johannes 20,21

Rebecca

Als ich vierzehn war, zog meine Familie von Australien in die USA. Mein Vater hatte eine Stelle in Nashville angenommen und so begann für meine Eltern, meine fünf Brüder und mich das Abenteuer Amerika. Damals glaubten meine Eltern zu wissen, in welcher Absicht Gott uns in ein neues Land und Leben geführt hatte, doch nach ein paar Monaten waren wir uns nicht mehr so sicher. Mein Vater

bekam den versprochenen Job nicht und wir hatten kein Einkommen, keine Möbel, kein Auto, aber acht hungrige Mäuler und ein Baby in Mutters Bauch. In den darauf folgenden Monaten waren wir von Gott abhängig wie nie zuvor. Wir baten Gott, uns zu versorgen, und erlebten, wie unerwartet Schecks in unserem Briefkasten landeten. Wir erhielten die Möglichkeit, uns durch Reinigungs- und Gartenarbeiten sowie Babysitten Geld zu verdienen. Nahrungsmittel und Möbelstücke tauchten vor unserer Tür auf. Eine Familie schenkte uns noch an dem Tag, an dem wir uns kennen lernten, ihren Minivan. Ich könnte ein ganzes Buch über die Wunder schreiben, die Gott in dieser Zeit an uns tat.
Durch die Kämpfe und Siege dieser Monate wurde eine 15-Jährige von Gott dazu angeregt, anderen zu bezeugen, welche Kraft im Gebet liegt und dass Gott auch heute noch Wunder tut, wenn wir ihm vertrauen. Und heute, über zehn Jahre später, reist dieses inzwischen erwachsene Mädchen rund um die Welt und gibt durch ihre Musik die Hoffnung Gottes weiter. Mein Vater hat mittlerweile eine gut gehende christliche Management-Agentur und meine drei ältesten Brüder dienen Gott auf ihre eigene Weise.
Unsere Familie kam nach Amerika, weil wir uns von Gott dorthin gerufen wussten. Doch Gott hatte für jeden von uns Pläne, die weit größer waren, als wir uns je hätten träumen lassen.

Gott hat auch für Ihr Leben große Pläne – weit größere, als Sie es sich je träumen lassen könnten. Machen Sie ernst mit Ihren Lebenszielen, indem Sie Ihre Lebensberufung schriftlich festhalten. Behalten Sie sie stets im Blick und versuchen Sie, jeden Tag auf jede nur mögliche Weise auf diese Berufung hin zu leben. Wenn Dinge Sie ablenken wollen, die nichts mit Ihrer Berufung zu tun haben, lassen Sie sich nicht darauf ein. Verfolgen Sie vielmehr die Dinge, die mit Ihren Lebenszielen im Einklang stehen. Das wird Ihnen die Möglichkeit geben, die Ziele, die Gott Ihnen anvertraut hat, zu erreichen. Auf dem Weg dorthin werden Sie einen neuen Lebenssinn finden und ganz neu mit der Kraft Gottes für Ihr Leben befähigt werden. Machen Sie sich auf. Leben Sie Ihr Leben – mit voller Absicht.

So ist Ischa

Eine wirklich zielgerichtete *Ischa* kennt ihre persönliche Berufung und setzt ihre Fähigkeiten und Gaben wirksam zu Gottes Ehre ein.

---

1 Bill and Kathy Peel, *Discover Your Destiny*, NavPress, 1996.

2 Gillian Tett, Financial Times, May13-14, 2000, S. 3.

3 Rick Warren, *Leben mit Vision*, Projektion J, 2003.

4 Gordon MacDonald, *Renewing Your Spiritual Passion*, Thomas Nelson Publishers, 1985, S. 71–82 (dt. Zurück zur ersten Liebe, Projektion J, 1999).

5 Ebenda, S. 37–64.

6 *Psychology*, McGraw-Hill, 1992, S. 564.

11

Ischa – das sind Sie!

Als Erstes erkannten sie dort oben an den Hängen des Königreiches der Liebe, wie viel mehr es noch zu sehen und zu lernen und zu begreifen gab, wenn der König sie zu einem späteren Zeitpunkt höher hinaufführen sollte.
Hannah Hurnard[1]

Was kein Auge jemals gesehen und kein Ohr gehört hat, worauf kein Mensch jemals gekommen ist, das hält Gott bereit für die, die ihn lieben.
1. Korinther 2,9

Lynda

Ich werde nie das Jahr vergessen, in dem ich mit meinen Geschwistern auf der Wohnzimmercouch Platz nahm, während mein Vater sich vor dem Weihnachtsbaum auf den türkisfarbenen Linoleumboden setzte. Er nahm ein Geschenk nach dem anderen in die Hand, las den Namen vor und gab es dem, für den es bestimmt war. Wie immer am Weihnachtstag war ich gespannt und aufgeregt, obwohl ich wusste, dass Papas geringes Einkommen bei unserer großen Familie nicht weit reichen würde. Ich war das zweite von letztlich acht Kindern, die innerhalb von 18 Jahren in unserer Familie zur Welt gekommen sind. Jedes Jahr erwarteten wir nur ein paar kleine Geschenke, doch wir freuten uns darüber ebenso sehr wie unsere Freunde, die viel mehr geschenkt bekamen. Es war sogar schon Tradition geworden, wie wir in dieser Universitätsstadt an unseren kostenlosen Weihnachtsbaum kamen. Wenn die Vorlesungszeit Anfang Dezember zu Ende ging, stellten die Studenten ihre Bäume hinaus auf die Verandas vor ihren Wohnheimen und Leute aus dem Ort holten sie sich dort ab. Oft war unser Baum viel zu groß für unser Wohnzimmer. Er bog sich unter der Zimmerdecke und breitete seine Äste weit in den Raum hinein aus.

Diese Mischung aus Erinnerungen und Traditionen, dazu noch meine Vorfreude, durchfluteten mich, während mein Vater an diesem Morgen die Geschenke verteilte. Meine jüngeren Brüder und Schwestern jubelten vor Freude beim Öffnen ihrer Geschenke. Schließlich waren all die hübsch verpackten Geschenke, die unter dem Baum gelegen hatten, verteilt, doch ich war leer ausgegangen. Ich sagte nichts, doch meine Lippen begannen zu zittern. Als mein Vater beim letzten Geschenk angekommen war, musste ich meine Tränen zurückhalten – alle möglichen Gefühle überkamen mich: Selbstmitleid und Enttäuschung, aber auch so ein Gefühl wie: *Ach, es ist ja gar nicht so wichtig.*

Da sagte meine Mama plötzlich: »Oh, ich hab ja ein Geschenk vergessen.« Sie eilte aus dem Zimmer und kehrte bald mit einer kleinen – einer winzig kleinen – Schachtel zurück. Sie legte sie in meine Handfläche. Ich erinnere mich noch, wie ich dachte: *Was? Das ist alles? Darauf habe ich so lange gewartet?*

Ich riss das Geschenkpapier auf und hob den Deckel. Die Sonne ließ den Inhalt meines Geschenkes aufblitzen – ein silbernes Armband mit einem besonderen Anhänger als Erinnerung an dieses Fest. So eines hatte ich mir schon lange gewünscht, und während ich Mama und Papa umarmte und küsste, wurde mir bewusst, dass dieses Armband mehr gekostet haben musste, als sie sich eigentlich leisten konnten. In den darauf folgenden Jahren kamen weitere Anhänger für das Armband dazu, und jedes stand für einen besonderen Augenblick in meinem Leben – wie meinen sechzehnten Geburtstag oder meinen Schulabschluss.

Neulich stieß ich wieder auf dieses Armband, das nun beinahe 40 Jahre alt ist. Von Patina bedeckt glitt das Kettchen durch meine Finger. Jeder Anhänger erinnerte an das Ereignis, für das es steht – manche von ihnen besaßen mehr, manche weniger Bedeutung. Leere Stellen zeigten, wo ich einen der Anhänger verloren hatte, der nicht gut genug befestigt gewesen war.

Als ich das Armband wieder in seine Schachtel legte, erinnerte ich mich sogar an die Enttäuschung, die ich damals verspürt hatte. Es gab in den vielen Jahren größere Geschenke, die keinen derart bleibenden Eindruck hinterlassen haben wie dieses. Ich kann mich nicht einmal mehr an alle erinnern.
Da wurde mir bewusst, dass ich den Wert des Armbandes unterschätzt hatte, weil es in einer so kleinen, unscheinbaren Schachtel gewesen war. Was zunächst wie ein ganz normaler Weihnachtsmorgen ausgesehen hatte, wurde zu einem unvergesslichen Tag – denn ich entdeckte ein großes Geschenk in einer winzig kleinen Verpackung.

Unser Geschenk an Sie

Als Sie dieses Buch zur Hand nahmen, dachten Sie vielleicht, es sei ein Buch wie jedes andere. Vielleicht sind Sie zufällig darauf gestoßen und hielten es für eine leichte Lektüre. Doch wir hoffen, dass es für Sie in den nächsten Jahren zu einem großen Geschenk wird, auch wenn es ganz unscheinbar daherkam. Wir hoffen, dass unsere Worte Ihnen biblische Leitlinien vermitteln und Ihnen Zugang zur Fülle Gottes für Ihren ganz persönlichen Weg hin zu *Ischa* schenken konnten. Wir haben Ihnen ein *Ischa*-Armband angeboten mit neun nagelneuen Anhängern daran, die Ihr Leben repräsentieren – als eine von Gott zum Leben befähigte Frau, die Geborgenheit und die richtige Balance findet:

- Geborgenheit und Schutz
- Vertrautheit
- Weiblichkeit
- Schönheit
- Reinheit
- Freiheit
- Seelsorge
- Gute Grenzen
- Sinn und Ziel

Wenn Sie später einmal auf diese Anhänger blicken, werden manche Ihnen mehr bedeuten als andere. Manche gehen vielleicht auch verloren. Es liegt an Ihnen sicherzustellen, dass alle gut verankert sind. Und Sie werden im Verlauf Ihres Lebens weitere Anhänger hinzufügen müssen. Es wird auch an Ihrer Entscheidung liegen, ob Sie Ihr *Ischa*-Armband voller Stolz tragen können – als einen Beweis dafür, dass Gott Ihr Leben dauerhaft verändert hat.

Es liegt an Ihnen. Doch wir hoffen, Sie werden sich uns bei dieser abenteuerlichen Entdeckungsreise hin zu *Ischa* anschließen.

Die Entscheidung für den Weg zu Ischa

Wir haben mehrere Frauen der Bibel kennen gelernt, die diese *Ischa* verkörpern. Wir sahen ...

- wie Hagar den Schutz Gottes erfuhr.
- wie Maria aus Bethanien und Maria Magdalena zu einer vertrauten Beziehung zu Christus fanden.
- wie Deborah ihre Weiblichkeit entdeckte, verborgen in einem sanften und ruhigen – aber doch temperamentvollen – Wesen.
- wie Batseba durch die Vergebung eine Schönheit entdeckte, die nicht vergeht.
- wie Maria, die Mutter Jesu, sich ihre Reinheit bewahrte.
- wie Rahab von einem Fluch frei wurde und unter dem Segen Gottes zu leben begann.
- wie Rut durch ihre Seelsorgerin Wegweisung, Unterstützung und einen Ort der Verantwortlichkeit fand.
- wie die Weisheit in Gottes Gegenwart lebte und nun uns alle einlädt, mit ihrer Hilfe kluge Grenzen zu setzen und bewahren.
- wie Ester im Einklang mit Gottes Absichten ihr Leben sinnvoll und zielgerichtet einsetzte.

Doch bevor wir Sie wieder sich selbst überlassen, möchten wir Ihnen zwei weitere weibliche Gestalten der Bibel vorstellen. Sie sind anders als die übrigen neun, die in fernen Ländern lebten. Diese beiden leben im Reich der Tiere. Es sind die Straußenhenne und das Weibchen des Adlers. Folgendes sagt das Buch Ijob über die Straußenhenne:

Die Straußenhenne schlägt zwar mit den Flügeln, doch kann sie damit fliegen wie der Storch? Die Eier legt sie einfach auf die Erde und überlässt dem heißen Sand das Brüten. Sie denkt nicht dran, dass sie ein Fuß zertreten und wilde Tiere sie zerbrechen können. Die Jungen lässt sie stehn, als wären's fremde; sinnlose Mühe macht ihr gar nichts aus. Als ich sie schuf, gab ich ihr keine Klugheit, und an Verstand hat sie nichts mitbekommen. Doch wird sie aufgeschreckt und läuft davon, so lacht sie Pferd und Reiter spöttisch aus.
Ijob 39,13–18

Diese Verse hatten es uns angetan und so machten wir einen Besuch in einer Bibliothek, um zu erkunden, warum Gott so über die Straußenhenne spricht. Folgendes haben wir herausgefunden.

Der Strauß ist der größte aller Vögel und lebt vor allem in den sandigen Landschaften Afrikas. Durch seine große Schrittlänge ist der Strauß der schnellste Vogel überhaupt und erreicht Geschwindigkeiten von bis zu 65 Stundenkilometern. Strauße essen so ziemlich alles, was sie finden können, und entgehen durch ihre große Schnelligkeit ihren natürlichen Feinden.

Die Straußenhenne lebt polygam. Mehrere Weibchen paaren sich mit einem Männchen und legen ihre Eier in ein gemeinsames Nest, das als flache Grube im Boden zwischen 15 und 60 Eiern beherbergt. Oft lassen die Weibchen ihre Eier einfach zurück, nachdem sie sie gelegt haben, und dann bleibt es dem Männchen überlassen, sie auszubrüten. Da das Nest so ungeschützt ist, werden die Eier oft von anderen Tieren zertrampelt oder gefressen. Die Jungen, die es bis zum Schlüpfen schaffen, finden sich in einer unruhigen, verschwenderischen Welt wieder.

Ganz anders der Adler:

Schickt dein Befehl den Adler hoch hinauf, dort in der Höhe seinen Horst zu bauen? Hoch in den Bergen baut er seine Wohnung, auf Felsenzacken und an steiler Wand. Von dort aus blickt er weit hinaus ins Tal, sein Auge sucht und späht nach einer Beute …
Ijob 39,27–29

Der Adler baut sein Nest hoch oben in unzugänglichen Felswänden. Adlerweibchen bleiben ihren Männchen ein Leben lang treu und oft kehren sie jedes Jahr zum selben Horst zurück. In Ohio wurde einmal ein Adlerhorst entdeckt, der von den Vögeln bereits 36 Jahre genutzt wurde und mittlerweile fast eine Tonne wog. Das Adlerweibchen brütet sehr lange über den Eiern und wenn die Jungen geschlüpft sind, beschützt und schult sie die Kleinen 130 Tage lang, bevor sie alleine den Horst verlassen. Ein Reproduktionszyklus kann bis zu zwölf Monaten dauern.

Das erstaunlichste Merkmal des Adlers ist jedoch seine Sehkraft, die ihn auch auf weite Distanzen Einzelheiten erkennen lässt. Auch der Strauß hat gute Augen, die von langen Wimpern geschützt werden. Doch anders als beim Adler ist die Wahrnehmung der Wirklichkeit beim Strauß beschränkt auf das, was er sehen, tasten, hören, riechen oder spüren kann. Der Adler behält alles im Blick, selbst wenn es weit entfernt ist. Die Straußenhenne befasst sich hingegen nur mit dem, was unmittelbar um sie herum geschieht. Die Perspektive des Adlers ermöglicht es ihm herauszufinden, welches Ziel sich lohnt und welche Orte er besser meidet, wo er Futter findet und wo Gefahren lauern. Der Adler erkennt nicht nur, was unter ihm ist, sondern auch, was über ihm ist. So lebt das Adlerweibchen mit seinem scharfen Blick zu jeder Zeit oben in der Höhe.

Wir meinen, dass Ihnen und uns die Entscheidung offen steht, ob wir eher wie die Straußenhenne leben wollen oder lieber wie das Adlerweibchen. Dabei geht es um zwei entscheidende Merkmale: den Blickwinkel und die Hingabe. Lassen Sie uns das einmal näher erklären.

Der richtige Blickwinkel

Der Unterschied zwischen dem Blickwinkel der Straußenhenne und dem des Adlerweibchens lässt sich mit der Unterscheidung zwischen horizontalem und vertikalem Denken zusammenfassen, wie es K. P. Yohannan, der Leiter von *Gospel for Asia,* genannt hat. Er beschreibt das horizontale Denken als einen Blickwinkel, der auf den kleinen Kreis unmittelbar um die eigene Person gerichtet ist. Dazu gehören die primären Nöte wie körperliche Erschöpfung, Hunger und Unwohlsein. Das vertikale Denken hingegen behält Gottes Blickwinkel im Auge, der stets das größere, von der Ewigkeit bestimmte Bild sieht. Vertikales Denken wendet sich anderen zu und ist darum bemüht, in der Liebe zu Gott zu wachsen, weil es das Leben auf dieser Erde als einen Teil der Ewigkeit begreift.[2]

Wir alle haben Fragen und Probleme und Herausforderungen, die durchaus wichtig sind. Gott möchte, dass wir ihn in diesen Dingen um Rat fragen. In diesem Buch haben wir das für neun Lebensbereiche getan. Doch wenn wir immer auf die Probleme um uns herum starren, erkennen wir nicht, dass Gott uns in einem größeren Ganzen sieht und möchte, dass wir daran Anteil haben – indem wir anderen helfen, Jesus kennen zu lernen. Wenn wir uns als Frauen wie die Straußenhenne auf die horizontale Perspektive beschränken, »vergessen wir«, wie Yohannan es formuliert, »den Kampf, der sich hinter den Kulissen abspielt, und interpretieren alles, was uns im Leben begegnet, durch den Filter unserer fünf Sinne.«[3]

Doch wir wurden nicht für die Endlichkeit geschaffen. Wir wurden für die Ewigkeit geschaffen. Wir sollen einen vertikalen Blickwinkel haben – Jesus immer mehr zu lieben und zu kennen und dann andere mit ihm bekannt zu machen. Wenn wir einen vertikalen Blickwinkel haben und uns darauf konzentrieren, Gott und Menschen zu dienen, sind wir besser ausgerüstet, um zu verstehen, was er zu all den anderen Dingen zu sagen hat – zu Geborgenheit und Schutz, Vertrautheit, Weiblichkeit, Schönheit, Reinheit, Freiheit, Seelsorge, guten Grenzen und Sinn und Ziel.

Eine vertikale Gesinnung macht uns Mut, weniger auf Gebote und Verbote zu schauen und mehr auf Gott selbst. Wenn wir unsere Adleraugen auf Gott richten, werden wir wissen, wie wir zu leben haben.

Lynda

Als ich noch ein Kind war, arbeitete mein Vater bei der Post. Wenn er nicht gerade seine Tour über Land fuhr, parkte sein Firmenwagen vor unserer Garage. Um in den kalten Wintern Ohios Eis und Schnee abzuhalten, schütze mein Vater die Windschutzscheibe mit einer Pappe. Morgens ließ er den Motor an, entfernte die Pappe und machte sich an seine Arbeit. Hätte er die Pappe an ihrem Platz gelassen, wäre er unmöglich vorwärts gekommen.

Ein horizontaler Blickwinkel bewirkt das Gleiche. Durch ihn rücken die Alltagsprobleme in den Vordergrund, sodass wir nicht mehr sehen können, was Gott durch uns erreichen oder wohin er uns senden will. Durch einen vertikalen Blickwinkel geben wir hingegen jeden Tag die Pappe mit unseren Sorgen an Gott ab, damit sie uns nicht die Sicht nimmt. Wir lenken unseren Blick auf die Bereiche, in denen Gott uns wachsen lassen will, und auf das, was er durch uns erreichen will. Und er kümmert sich dafür um unsere Nöte. Verstehen Sie das? Wir setzen unsere Energie ein, um Gott zu dienen und andere zu lieben, und er kümmert sich derweil um uns.

Rebecca

Mein 17-jähriger Bruder Lukas und ich hatten neulich ein sehr erhellendes Gespräch in der Küche unseres elterlichen Bauernhofs. Wir erzählten einander, wie wichtig es uns ist, zu einer immer vertrauteren und tieferen Beziehung zu Gott zu finden. Wir sprachen darüber, dass man nur allzu leicht in die Falle tappt, zwar viel über Gott zu wissen, ihn aber persönlich nicht wirklich zu kennen. Ich meinte zu Luke, das sei ungefähr so, als würde man im Internet alles Mögliche über seinen Lieblingsstar oder -sportler herausfinden, ohne ihm je persönlich begegnet zu sein.

Versäumen wir nicht das Wesentliche: Das Wesentliche ist Gott. Jeder dieser neun Aspekte einer wirklichen *Ischa* ist ein Weg, der uns in eine tiefere Beziehung zu Gott führen kann. Wenn dieses Buch Ihnen nicht mehr vermittelt hat als Kopfwissen, war es ein Fehlschlag. Wenn es Sie jedoch dazu bewegt, bestimmte Bereiche Ihres Lebens Gott noch intensiver zu öffnen, oder Ihnen hilft, seine Absichten für Ihr Leben besser zu verstehen, dann war es ein Erfolg.

Hingabe

Das horizontale Denken der Straußenhenne führt dazu, dass sie ihr Nest verlässt, sobald ihr etwas Angenehmeres über den Weg läuft. Das vertikale Denken des Adlerweibchens verlangt von ihr, dass sie ihre Aufgabe so lange erfüllt, bis alle Arbeit getan ist.

Wir leben in einer unbeständigen Welt. Man probiert erst diese Diät und dann jene. Man besucht heute diese Gemeinde und morgen eine andere. Man konzentriert sich für einen Augenblick auf dieses Thema und dann schon wieder auf das nächste. So kann man keine Hingabe an Gott leben.

Hingabe ist das, was die Glaubenshelden aus dem Hebräerbrief auszeichnet:

In solchem Vertrauen sind sie alle gestorben - Abraham, Isaak und Jakob. Sie haben zu Lebzeiten nicht bekommen, was Gott ihnen versprochen hatte. Doch sie sahen es aus der Ferne und freuten sich darauf. Sie bekannten sich offen dazu, dass sie Gäste und Fremde auf der Erde waren. Wenn sie so etwas sagen, bringen sie damit zum Ausdruck, dass sie ihre wahre Heimat erst noch suchen. Wenn sie nämlich unter »Heimat« das Land verstanden hätten, aus dem sie weggezogen waren, dann hätten sie Gelegenheit gehabt, dorthin zurückzukehren. Doch sie sehnten sich nach einer besseren Heimat, nach der himmlischen, und deshalb schämt Gott sich auch nicht, ihr Gott - der Gott Abrahams, Isaaks und Jakobs - zu heißen. Er hatte ja auch schon eine Stadt für sie gebaut.

Hebräer 11,13–16

Hingabe ist etwas, das auch Sie leisten können. Vielleicht ist Ihnen der Gedanke an eine Beziehung zu Gott völlig neu. Oder Sie haben in Ihrem Leben als Christ bisher in der Mittelmäßigkeit herumgedümpelt. Ein bisschen Glaube hier, ein wenig Hoffnung da. Mit der Masse mitgeschwommen, nicht bereit, sich auf etwas Tieferes einzulassen. Doch jetzt ist die Zeit für eine Entscheidung zur Hingabe - unwiderruflich, ohne Hintertürchen und mit ganzer Überzeugung.

Wenn wir uns zur Hingabe verpflichten, überqueren wir sozusagen den Rubikon. Dieses Sprichwort geht zurück auf die historische Tatsache, dass der norditalienische Fluss Rubikon bis 49 vor Christus die Grenze zwischen dem cisalpinen Gallien und Italien bildete. Als Julius Cäsar den Rubikon überquerte, galt das im römischen Senat unwiderruflich als Kriegserklärung gegen Gallien. Seitdem bedeutet »den Rubikon zu überqueren«, eine Grenze zu überschreiten, die kein Zurück mehr duldet.

In seinem Buch *The Life God Blesses* spricht Gordon MacDonald davon, dass wir auf unterschiedliche Art und Weise auf geistliche Erfahrungen reagieren können. Die Art, wie wir reagieren, bestimmt, ob die Veränderungen zum Guten dauerhaft sein werden. MacDonald nennt es geistlich, wenn wir »mit Christus unterwegs sind, von seinem Heiligen Geist erfüllt werden und Leben in der Fülle haben«[4]. Geistliche Erfahrungen hingegen sind nur schöne Höhepunkte im Glauben, nach denen wir aber wieder zum Alltag zurückkehren müssen. MacDonald schreibt: »Das bloße ›geistliche Erlebnis‹ gleicht einer Ölquelle mit zuerst viel versprechender Leistung (lange genug, um darüber zu reden), die jedoch bald erschöpft ist. Echte Spiritualität dagegen ist wie eine stetig sprudelnde Quelle.«[5]

Was werden Sie also nun tun? Wird Ihre *Ischa*-Identität bleibenden Charakter haben und dauerhafte Veränderungen in Ihrem Leben bewirken? Oder geben Sie sich mit einem schönen Hochgefühl zufrieden, das Sie nur allzu bald auf den Boden der Tatsachen zurückbringt?

Willentliche Hingabe macht den Unterschied zwischen echter Spiritualität und einem kurzen geistlichen Erlebnis aus. Der Unterschied zwischen einem von anhaltender Fülle geprägten Leben und kurzlebigen Veränderungen besteht in Ihrer Bereitschaft, sich ganz Gott hinzugeben. Sie müssen bereit sein zu vergessen, was hinter Ihnen liegt, und Ihr Adlerauge auf den richten, der bereit ist, zu jeder Stunde Ihres Lebens voller Hingabe für Ihr Wohl zu sorgen.

Wir wollen Ihnen heute helfen, den Rubikon zu überqueren. Mit Hilfe dieses Gebetes können Sie mit Gott einen Bund schließen, in dem Sie ihm für immer Ihre Hingabe erklären – Ihr Leben mit ihm zu führen bis in Ewigkeit.

Lieber Herr,

Ich beschließe heute, am ________________ (Datum), meine Hand für immer in die deine zu legen, damit du mich über den Rubikon führen kannst. Lass diesen Tag zu einem Signal werden für eine neue und bessere und reichere und bleibende geistliche Beziehung zu dir. Ich werde mich nicht mit einem lauwarmen Christsein zufrieden geben. Von nun an werde ich mich nicht nur auf die Ewigkeit mit dir freuen, sondern auch die Erfüllung und den Frieden genießen, den ich in der vertrauten Beziehung zu dir auf dem Weg dorthin erlebe. Ich möchte, dass die Veränderungen, die du in mir bewirkst, dauerhaft sind und dir Ehre machen und andere ermutigen, sich dir ebenfalls anzuvertrauen. Ich sehne mich danach, zu der geborgenen, ausgewogenen und bevollmächtigten Ischa *nach deinem Herzen zu werden. Ich wünsche mir deinen Schutz. Ich möchte zu wirklicher Vertrautheit fähig sein. Ich möchte in meinem Frausein ein gesundes Gleichgewicht zwischen Stärke und Sanftheit finden. Ich sehne mich danach, wirklich schön zu sein und in Reinheit und Freiheit zu leben. Ich werde mich um Seelsorge bemühen und darum, die nötigen Grenzen zu ziehen. Und ich will von nun an sinnvoll und zielorientiert leben. Ich bin gespannt auf die Abenteuer, die mich an deiner Seite erwarten. All das schenkst du mir, ich schenke dir meine Entschlossenheit, dir für immer zu folgen, wohin auch immer du mich führen wirst.*

Danke für mein neues Leben als Ischa *in deiner Gegenwart.*

In Jesu Namen, Amen.

»Ich ließ dich aufblühen wie eine Blume. So wuchst du heran und wurdest groß und überaus schön. ... Ich breitete meinen Gewandsaum über dich zum Zeichen, dass du mir gehören und nicht mehr nackt und bloß sein solltest. Ich schwor dir Treue und schloss den Bund fürs Leben mit dir, ich, der Herr. So wurdest du mein. ... Ich legte dir Schmuck an: Armspangen, Halskette ...So warst du nun mit Gold und Silber geschmückt und trugst Kleider aus den schönsten und erlesensten Stoffen. Du hattest Gebäck aus feinstem Mehl zu essen, das mit Honig und Öl bereitet war. Du warst unaus-

sprechlich schön und wurdest zur Königin. Alle Welt rühmte deine Schönheit, die durch meinen Schmuck erst vollkommen wurde«, sagt der Herr, der mächtige Gott!
Hesekiel 16,7–8.11.13–14

Liebe Freundinnen und Schwestern, die durch Gottes Reichtum zu *Ischas* geworden sind, möget ihr euer Leben weiterhin mit Adleraugen leben, die Gottes Wahrheit erspähen und die Lügen des Feindes zunichte machen. Heftet euren Blick auf die Dinge des Himmels und lasst euch von den Dingen unten nicht ablenken. Bleibt bei eurem Entschluss zur Hingabe an diesen Weg – lauft mit Ausdauer und legt alles ab, was euch beschwert.

Und wenn wir nicht die Gelegenheit haben, euch diesseits der Ewigkeit zu begegnen, so werden wir euch am Ende unseres Weges kennen lernen, wenn sich die *Ischas* aller Zeitalter versammeln, um Jesus anzubeten – ihn, der uns in das Bild *Ischas* verwandelt.

So ist Ischa

Ischa ist jede Frau, die immer mehr von Gott erfahren will und ihr Leben seinem lebensverändernden Handeln unterwirft; die für die Ewigkeit von neuem geboren wird, um das zu sein, was Gottes ursprüngliche Absichten widerspiegelt.

---

[1] Hannah Hurnard, *Hinds Feet on High Places*, Tyndale House Publishers, 1975, S. 235 (dt. Leichtfüßig wie die Hindin, Edition Naam, 1998).

[2] K. P. Yohannan, *Living in Light of Eternity: Your Life Can Make a Difference*, Chosen Publishers, 1995, S. 19.

[3] Ebenda, S. 22.

[4] Gordon MacDonald, *The Life God Blesses: Weathering the Storms of Life that Threaten the Soul*, Thomas Nelson Publishers, 1997, S. 48 (dt. Getragen vom Segen Gottes, Brockhaus, 2000).

[5] Ebenda, S. 52. Zitiert nach der deutschen Ausgabe: S. 60.

ERMUTIGUNG FÜR DEN ALLTAG

Max Lucado:

LEICHTER
DURCHS LEBEN

Inspirationen aus Psalm 23.

Ausgelaugte Reisende – wer kennt sie nicht? Sie scheinen alles, was sie besitzen, in ihre Koffer und Taschen gestopft zu haben. Sie schleppen sich mit ihren überladenen Gepäckstücken über Bahnsteige und durch Hotelhallen. Ihre Rücken schmerzen, die Füße brennen und sie können ihre Augen kaum noch aufhalten.

Es gibt Zeiten, da gehören wir selbst zu diesen völlig überlasteten Menschen, wenn auch eher im übertragenen Sinn. Denn wir mühen uns mit geistlichen Lasten ab, die wir uns eigentlich nie hatten aufhalsen wollen: Wir kämpfen uns mit Angst, Sorge und Unzufriedenheit ab. Kein Wunder, dass wir so müde sind.

Wäre es nicht schön, einige belastende Gepäckstücke loszuwerden? Der Bestseller-Autor Max Lucado möchte Ihnen dabei helfen. Kommen Sie mit auf eine Reise durch den Psalm 23. Vers für Vers lernen Sie, Ihre Lasten loszulassen und damit leicht und unbeschwert durchs Leben zu gehen!

Gebunden, 187 Seiten, Bestell-Nr. 815 888